JOHN M. WATERS · BLUTIGER WINTER

JOHN M. WATERS

BLUTIGER WINTER

Höhepunkt und Ende
der großen Geleitzugschlachten im Atlantik
Winter 1942/43

VERLAG WELSERMÜHL MÜNCHEN—WELS

Titel der Originalausgabe:
BLOODY WINTER by Captain John M. Waters

Übersetzung: Günter Schomaekers

2. Auflage

Gesamtherstellung: Welsermühl, Wels
Printed in Austria
ISBN 3 85339 104 4

INHALT

VORWORT

Das U-Boot ist der einzige Kriegsschiffstyp, der sich für offensive Operationen in Gebieten feindlicher Seeherrschaft eignet. Diese Tatsache wird erneut in diesem Buch nachgewiesen.

Die Schlacht im Atlantik war die längste, grimmigste und — für den Ausgang des zweiten Weltkrieges — wichtigste Operation des Seekrieges. Ihre kritischste Periode war der „blutige Winter" 1942/43, als der erfolgreiche U-Boot-Krieg seinen Höhepunkt erreichte, als aber schließlich die U-Boot-Abwehr die Oberhand gewann und eine Wende zu ihren Gunsten herbeiführte.

Dieser bedeutsame Zeitabschnitt ist das Thema dieses Buches. Der Verfasser, selbst ein aktiver Teilnehmer an dem Abwehrkampf und ein gründlicher Auswerter aller diesbezüglichen Kriegstagebücher und Memoiren, zeichnet ein solch treffendes und lebendiges Bild der Handelnden auf beiden Seiten der Schlacht und gibt einen solch bewegenden Bericht über ihre Entschlüsse und den Ablauf ihrer Handlungen, daß sogar alte Atlantik-Kämpfer — wie ich — noch davon ergriffen werden. Es ist eine erregende Geschichte, die nicht nur den Seemann, sondern wohl jeden Menschen anspricht.

Dieses Buch handelt von dem Zeitabschnitt, der etwa eineinhalb Jahre nach dem Ende meiner aktiven Teilnahme an der Atlantikschlacht beginnt. Alte und neue Freunde von beiden Seiten treffe ich darin wieder: meine Crewkameraden Siegfried Freiherr von Forstner und Dietrich Lohmann, die die Krönung ihrer Kommandanten-Gefechtsausbildung als „Konfirmanden" bei mir an Bord von „U-99" auf je einer Feindfahrt im Nordatlantik im Spätherbst 1940 erhalten hatten; Klaus Bargsten, mein Erster Wachoffizier bis Anfang 1941; und schließlich Donald Macintyre, mein alter Gegner aus dem Jahre 1940, der im März 1941 mein Boot versenkte, meine Besatzung und mich aus dem Wasser fischte und als Kriegsgefangene nach England brachte; nach dem Kriege wurden wir Freunde.

Es ist interessant zu verfolgen, wie sich die Taktiken auf beiden Seiten weiterentwickelten. Bei dieser anscheinend ganz natürlichen Evolution, parallel zur Einführung wirksamerer Waffen und Ortungsmittel, fällt mir allerdings eine Tatsache besonders auf: das häufige Absetzen von Funksprüchen seitens der U-Boote, beobachtet von den gegnerischen Geleitfahrzeugen, wodurch deren Hochfrequenzpeiler so wirksam wurde, ganz zu schweigen von der ausgedehnten feindlichen Funkpeilorganisation an Land. Zu meiner Zeit, als die deutsche Wehrtechnik zumindest Hochfrequenz-Kurzsignale noch für peilsicher erklärte, waren wir U-Boot-Kommandanten doch weit vorsichtiger, da wir die Gefahr der Preisgabe des eigenen Standorts mittels der Funktaste höher einschätzten. Ich erinnere mich, daß wir sogar dann nur sehr widerwillig funkten, wenn ein ausdrücklicher Befehl des Befehlshabers der U-Boote dazu vorlag. Wir konnten damals beispielsweise nicht verstehen, weshalb U-Boote im Einsatz zu Atlantikwettermeldungen für die Luftwaffe herangezogen wurden. Dagegen war es selbstverständlich, daß jedes U-Boot, welches als erstes einen feindlichen Verband oder Geleitzug sichtete, unverzüglich eine Feindsichtmeldung (Standort, Kurs, Fahrt, Schiffszahl, Sicherung) durch Funk abgab. Im Sinne der Rudeltaktik war es damit zum „eigentlichen Fühlunghalter" geworden, d. h. es blieb verantwortlich dafür, daß die Fühlung mit dem Feind nicht verlorenging und daß die anderen U-Boote in demselben Seegebiet ebenso wie die Führung an Land durch periodische Fühlunghaltermeldungen in Form von Kurzsignalen über Standort, Kurs und Fahrt des Gegners unterrichtet wurden. Die Rudeltaktik sah vor, daß nach der ersten Feindsichtmeldung alle anderen U-Boote frei waren, auf den Geleitzug zu operieren und ihn anzugreifen; aber sie selbst funkten auf keinen Fall. Durch ihre Funkstille erhielten sie sich das Überraschungsmoment für den Angriff.

Ich bin oft gefragt worden, wer als erster das Wort „Rudeltaktik" gebraucht hat. Es besteht kein Zweifel darüber, daß Admiral Dönitz, der Erfinder dieser Taktik, auch den Fachausdruck dafür prägte. Er hatte es überhaupt mit den Wölfen. Typisch dafür ist folgende kleine

Begebenheit: Um die Jahreswende 1939/40 traf ich Dönitz zufällig im Speisewagen des Abend-D-Zuges Berlin—Wilhelmshaven. Bei dem herzlichen Verhältnis, das zwischen dem Befehlshaber der U-Boote und seinen Kommandanten bestand, war es selbstverständlich, daß er mich aufforderte, mit ihm und den Herren seiner Gesellschaft zu Abend zu essen. Nachdem die neuesten Kriegsereignisse (die U-Boot-Waffe war praktisch der einzige Verband der Wehrmacht, der sich im Kampf befand; der britische Kreuzer *„H.M.S. Belfast"* war gerade im Firth of Forth auf eine der von Fritz Frauenheim mit „U-21" gelegten Minen gelaufen und schwer beschädigt worden) durchgesprochen waren, kam das Tischgespräch auf neue Wahlsprüche, mit denen die Truppe sich selbst darstellte und anfeuerte. Dem Admiral gefiel General Guderians „Wo die Panzer sind, da ist vorn" besonders gut. Obwohl das gleiche für die U-Boote auch zutraf, kam eine plumpe Kopie natürlich nicht in Frage. Schließlich nahm Dönitz einen Bleistift zur Hand und schrieb auf seine kriegsmäßige Papierserviette: „U-Boote sind die Wölfe zur See — angreifen, reißen, versenken!"

Der für mich sehr ehrenvollen Bitte des Verfassers nach einem Vorwort für sein vortreffliches Buch habe ich besonders gern entsprochen.

Otto Kretschmer, Flottillenadmiral

EINLEITUNG

Dies ist die Geschichte des bitteren sechsmonatigen Kampfes und Höhepunktes der Schlacht im Atlantik, die mit der Niederlage und dem Rückzug der deutschen U-Boot-Rudel von den Schiffahrtswegen im Frühjahr 1943 endete. Zuerst wollte ich von den Geschehnissen erzählen, die ich auf einer Unternehmung der *„Gemini"* und als Wachoffizier auf dem US-Küstenwachkutter *„Ingham"* (WPG-35) in vier der entscheidenden Schlachten um die Konvois SC-107, SC-118, SC-121 und SC-122 erlebt hatte. Kriegsteilnehmer werden zugeben, daß ein Soldat, der selbst im Kampf steht, nur eine begrenzte Übersicht hat, so lebhaft sie auch sein mag. Das traf besonders für die Geleitzugschlachten zu, die sich oft über Tage und in laufenden Gefechten über Hunderte von Seemeilen auf dem Ozean hinzogen. Jeden Augenblick kann ein Geleitfahrzeug, wenn es einer Radarortung vor dem Konvoi nachgeht, von einem Rettungsschiff, das weit achtern Überlebende aufnimmt, bis zu 50 sm (Seemeilen) getrennt werden. Außerdem kann die Schlacht nur insofern in ihrer richtigen Perspektive beurteilt werden, wenn der Leser in der Lage ist, die Kampfhandlung aus der viel günstigeren Stelle entweder der höheren Befehlshaber an Land oder von der Brücke eines Kriegsschiffes zu verfolgen. Um das Bild des gewaltigen Kampfes abzurunden, ist es gleichfalls wichtig, die andere Seite zu berücksichtigen, nämlich wie die U-Boot-Kommandanten die Situation vom Turm und durch das Sehrohr beurteilen.

Den Feind sah man selten, obgleich sich seine Gegenwart durch brennende Schiffe, einen dunklen Schatten in der Nacht, einen kleinen Punkt auf dem Radarschirm, ein Echo im Asdic-Gerät oder einen Funkspruch anzeigte. Was ging auf den deutschen U-Booten während dieser Schreckensnächte voll Blut und Feuer vor? Wer hatte die Torpedos gefeuert, die ein wertvolles Schiff und 60 Mann in den Tod schickten? Wie war die Reaktion der U-Boot-Besatzungen auf unsere

Gegenangriffe, wenn wir Hunderte von Wasserbomben warfen, die das Meer aufwühlten? Auf welche Weise versuchte der Feind, uns in 180 m Tiefe zu entkommen? Was für Männer waren das?
Während der Zeit ihrer großen Erfolge dachten wir immer in unseren schlaflosen Nächten an diese Deutschen, aber zunächst wußten wir doch wenig von ihnen, und zeitweilig schienen sie für uns Riesen, vielleicht 2,50 m groß zu sein. Als sich später das Blatt gewendet hatte und uns die Überlegenheit an Waffen, Schiffen und Taktik eindeutig die Oberhand verschaffte, die uns auch nicht mehr entrissen werden konnte, lernten wir viel von ihnen, indem wir sie wie ein Jäger seine Beute beobachteten. Die aus dem Wasser gefischten triefenden, benommenen und erschütterten Besatzungsmitglieder der deutschen U-Boote waren weniger imponierend, als wir sie uns früher vorgestellt hatten. Doch blieb der Geist der deutschen Kriegsmarine selbst während ihres fürchterlichen zweijährigen Todeskampfes nach der Niederlage von 1943 ungebrochen, und bis zum bitteren Ende fuhren sie weiter aus. Ihre Geschichte sowie die der Männer auf den Geleitfahrzeugen, die sie schließlich besiegten, verdient daher objektiv berichtet zu werden.
Dieses Buch beschränkt sich auf die Nordatlantik-Konvoi-Routen zwischen Amerika und Großbritannien. Auf ihnen mußte sich der Ausgang der Schlacht im Atlantik entscheiden. Nur durch Unterbinden des Nachschubs an Menschen und Material nach England besaßen die Achsenmächte überhaupt eine Chance für den Endsieg. Viele alte Freunde, die unter dem schrecklichen Wetter litten, das die Grönland-Konvois begleitete, in der brütenden Hitze der Karibik schier erstickten oder die Eintönigkeit der Mittelatlantik-Geleitzüge nach Gibraltar erdulden mußten, bitte ich um Verständnis für diesen begrenzten Rahmen und versichere ihnen mein Bedauern, daß es der Umfang des Werkes nicht erlaubte, auch die Handlungen in diesen Seeräumen miteinzubeziehen.
Ebenfalls bitte ich jene um Entschuldigung, die nach dem Monat Mai 1943 eine Rolle spielten. Mit der Niederlage und dem Rückzug der Wolfsrudel im Mai fand die gefährliche Bedrohung der alliierten Le-

benslinien ihr Ende, ebenso die Rolle des Atlantiks als entscheidender Kriegsschauplatz. In den folgenden Monaten war das Wetter so unangenehm wie vorher, die Tage lang und öde, noch immer starben die Männer, aber die meisten von ihnen waren Deutsche. Für die Alliierten waren die zwei Jahre nach dem Mai 1943 trotz gelegentlicher Verluste die Zeit des Jägers, und sie nahmen an den deutschen U-Booten fürchterliche Rache.

Hier ist also die Geschichte der Winterkrise von 1942 bis 1943 und die einiger Männer, Schiffe und Flugzeuge, die in dieser Zeit durchhielten und das Gespenst der Niederlage, das im März 1943 drohte, in den Sieg der Geleitfahrzeuge im Monat Mai verwandelten. Es ist aber auch die Geschichte der U-Boot-Besatzungen, die die Alliierten beinahe in die Knie gezwungen hätten. Als dies schließlich mißlang, bezahlten die meisten mit dem Tod, weil sie bis zum harten Ende eine Schlacht durchfochten, die längst entschieden war.

Der alliierte Sieg im Mai 1943 war hauptsächlich ein britischer und im geringeren Maße ein kanadischer. Aus Gründen, die später erläutert werden, nahm nur eine Handvoll amerikanischer Geleitfahrzeuge und deren Besatzungen, wahrscheinlich insgesamt 3000 Mann, an den entscheidenden Winterschlachten teil. Zusätzlich zu den wenigen alten ausgedienten, aber doch noch fahrbaren Flushdeck-Zerstörern aus dem Jahre 1918 bestanden die amerikanischen Überwasserstreitkräfte im Mittelatlantik aus fünf modernen Küstenwachkuttern der „Hamilton"-Klasse. Sie bildeten damals den zähen Kern der amerikanischen Anstrengungen. Diese Zerstörer und Küstenwachkutter stehen nun im Mittelpunkt des Buches.

Im Krieg war das Führen von persönlichen Tagebüchern verboten. Daher begann ich erst 1946 mit der Niederschrift jener Ereignisse, die später die Grundlage für dieses Buch wurde. Hinzu kamen gelegentlich weitere Notizen nach Unterhaltungen mit alten Kameraden. Schließlich ging ich 1964 dienstlich nach Washington, wo ich Zugang zu sehr vielen offiziellen Unterlagen hatte. Daraufhin fing ich mit dem Schreiben des Buches selbst an. Im Laufe von zwei Jahren nahm ich brieflich und persönlich Verbindung mit vielen Teilnehmern der

Schlacht auf, sowohl mit denen auf alliierter als auch auf deutscher Seite, und in fast allen Fällen wurde mir in großzügiger Weise geholfen. Durch Zusammenfassen meiner eigenen Beobachtungen und Notizen mit denen anderer Teilnehmer und nach einer Überprüfung dieser Fakten mit den offiziellen Akten und Dokumenten entwickelte sich allmählich das wahre Bild der Schlacht.

Diese Dokumente schlossen die Logtagebücher und KTBs der einzelnen Schiffe ein, ferner die Gefechtsberichte der verschiedenen Escort Commanders, Berichte über Wasserbombenangriffe und die Befragung alliierter Überlebender und der „post-mortem"-Berichte auf der Grundlage von Aussagen gefangener deutscher U-Boot-Besatzungsmitglieder. Auf deutscher Seite waren die besten Quellen die sehr ausführlichen Kriegstagebücher des Befehlshabers der U-Boote (BdU), die KTBs der jeweiligen U-Boote sowie die Unterlagen über die Torpedoangriffe. Eine Reihe von sehr eingehenden Niederschriften und Manuskripten wurde auch von deutschen Marine-Offizieren für die Besatzungsmächte kurz nach Kriegsende zusammengestellt.

Die Rekonstruierung der Einzelheiten, was tatsächlich während der Gefechte unter der Beteiligung von Dutzenden von Schiffen und U-Booten geschah, konnte wohl für viele Geschehnisse niemals die volle Wahrheit ans Tageslicht bringen. Einige der ins Dunkel gehüllten Ereignisse nahmen längst Verstorbene mit in ihr Grab, und dort werden sie auch bleiben. In dem bitteren Kampf des Überlebens und des Tötens oder Getötetwerdens handelten nicht alle heroisch oder unter einer gemeinsamen Disziplin. Das Phänomen besteht aber nicht darin, daß wenige versagten, sondern daß die Männer größtenteils auf beiden Seiten mutig, ehrenhaft und mit lang ausdauernder Tapferkeit kämpften.

Ganz besonders bin ich Herrn Dr. Jürgen Rohwer, Leiter der Bibliothek für Zeitgeschichte, Stuttgart, für seine sorgfältige Analyse des von mir zusammengetragenen Materials dankbar. Auch für seine freimütige und scharfsinnige Kritik einiger meiner Schlußfolgerungen und für viele wertvolle Angaben über einzelne Torpedoangriffe der deutschen U-Boote möchte ich ihm danken. Als früherer U-Boot-Fahrer

und weitbekannter Autor und Historiker ist Dr. Rohwer wahrscheinlich heute die hervorragendste Autorität für die Geschichte der U-Boot-Operationen im zweiten Weltkrieg.
Ebenfalls danke ich Rear-Admiral P. N. Buckley, C.B., D.S.O., Royal Navy (Ret.), und anderen der Naval Historical Branch des British Ministry of Defence für ihre Hilfe bei der Beschaffung von Material, insbesondere aber für die Beantwortung zahlreicher Fragen über das Schicksal britischer Schiffe.
Vice-Admiral B. C. Watson, C.B., D.S.O., Royal Navy (Ret.), war ebenfalls sehr hilfsbereit. Die seinem Tagebuch entnommenen Informationen, seine Schilderungen aus der Erinnerung an viele Begebenheiten aus diesen Tagen sowie seine Verbesserungsvorschläge für mein Manuskript waren mir wertvoll. Die Gelegenheit, Vice-Admiral Watson viele Jahre nach der Torpedierung seines Schiffes wiedersehen zu können, war außerdem einer der vielen Höhepunkte beim Schreiben dieses Buches.
Auch Rear-Admiral D. W. Piers, D.S.C., C.B., Royal Canadian Navy (Ret.), stellte mir seine Unterlagen über die einzelnen Gefechtshandlungen zur Verfügung und widmete mir seine Zeit zur konstruktiven Kritik meines Manuskriptes, die unschätzbar für die Zusammenstellung eines genauen Bildes der Ereignisse war.
Vice-Admiral Roy L. Raney, USCG (Ret.), ein ausgezeichneter Escort Commander, unter dem ich die Ehre hatte, auf drei Meeren zu fahren, half mir bei der Darstellung des Geschehens um den Konvoi SC-118 und der folgenden Rettung der Überlebenden.
Auskünfte und Hintergründe über den gefallenen deutschen Korvettenkapitän Siegfried Freiherr von Forstner verdanke ich seiner Witwe Annamaria, jetzt Frau Rapp, und seinem einzigen überlebenden Bruder, Korvettenkapitän Wolfgang-Friedrich Freiherr von Forstner, Bundesmarine, einem ehemaligen U-Boot-Kommandanten.
Mr. Dean Allard, Mrs. Mildred D. Mayeux und Mr. Harry E. Rilley von der Division of Naval History, Chief of Naval Operations, waren außerordentlich zuvorkommend bei der Beschaffung von Dutzenden von Dokumenten sowie bei der Beantwortung von mir gestell-

ten endlosen Fragen. Ohne sie wäre es unmöglich gewesen, meine Nachforschungen zu Ende zu führen.
Captain Joseph R. Steele, USCG, und Mr. Henry Winters vom US Coast Guard Headquarters opferten viele Stunden für die Übersetzung deutscher Unterlagen und Briefe, und ich bin ihnen hierfür besonderen Dank schuldig.
Für ihre Bemühungen, die Photographien aus den Archiven herauszusuchen, spreche ich meinen Dank Miß Elizabeth Segedi von der Public Information Division, US Coast Guard Headquarters, aus.
Bei der Beschaffung von Berichten über viele Begebenheiten auf der deutschen Seite wäre ich hilflos gewesen ohne die großartige Unterstützung von Kapitän z. S. Helmut Schmoeckel, dem deutschen Marine-Attaché in Washington. Er beantwortete nicht nur zahlreiche technische Fragen aus seiner Erfahrung als U-Boot-Kommandant, sondern durch ihn war ich auch in der Lage, viele ehemalige U-Boot-Fahrer in Deutschland aufzufinden.
Schließlich bin ich Flottillenadmiral Otto Kretschmer, Bundesmarine, zu Dank für sein Vorwort zu diesem Buch verbunden. Der erfolgreichste U-Boot-Kommandant des zweiten Weltkrieges mit über 300 000 BRT versenkter Schiffstonnage ist wie kein anderer dazu berufen, auf Grund seiner Kriegserfahrung für die Männer der deutschen U-Boot-Waffe zu sprechen. Seine Unternehmungen als U-Boot-Kommandant und seine spätere, fast unglaublich klingende Flucht aus dem Kriegsgefangenenlager wurde von Terence Robertson in seinem Buch „The Golden Horseshoe" (deutsche Ausgabe „Der Wolf im Atlantik" im Verlag Welsermühl, München) beschrieben. Captain Donald Macintyre, Royal Navy, der U-99 versenkte und dessen Kommandanten Kretschmer und seine Besatzung im Jahre 1941 gefangennahm, gab von sich aus gesehen folgende Charakterschilderung der damaligen Sicht:
„Otto Kretschmer war von allen der gefährlichste Feind. Äußerlich furchtlos, äußerst überzeugt von seinen Fähigkeiten als Seemann und Soldat, widmete er sich zielbewußt seiner Laufbahn in der Marine und befehligte sein U-Boot mit der eisernen Hand eines Zuchtmei-

sters. Er brachte seine Besatzung, die ihn trotz allem verehrte, zur höchsten Leistungssteigerung. Für Kretschmer gab es keine dröhnenden Reden oder theatralischen Gesten, auch keine verachtungsvolle Selbstüberschätzung im Angesicht des Gegners. Seine Kameraden hatten es schwer, ihn genau zu ergründen, und nannten ihn daher den „schweigsamen Otto". Die Heldenverehrung, mit der er überschüttet wurde, und der Glanz, der seinen Namen umgab, waren ihm gleichfalls zuwider. Verglichen mit den anderen U-Boot-Assen schien er eine unheimliche Gestalt zu sein. Draußen im Nordatlantik waren er und U-99 tatsächlich eine finstere und tödliche Bedrohung . . ."

Obgleich Kriegsgefangener am Wendepunkt der Schlacht im Atlantik, waren viele Offiziere, die er persönlich als Kommandantenschüler ausgebildet hatte, inzwischen Kommandanten geworden, und wie in diesem Buch zu lesen sein wird, setzten uns einige von ihnen ziemlich hart zu.

Es wäre unhöflich, wenn ich zum Schluß nicht auch die große Geduld und das Verständnis meiner Frau Peggy erwähnen würde, die nicht nur die vielen Stunden erduldete, die ich in meiner Freizeit der Niederschrift des Buches widmete, sondern vielleicht auch dazu verhalf, den Seemännern des zweiten Weltkrieges ihre Erinnerungen zu bewahren und sie darauf aufmerksam machte, daß nämlich mit den Jahren die See höher geht, die Stürme stärker werden und die Schlacht noch härter wird.

Kapitel 1

DIE GEGNER

Über Sprechfunk kam der Befehl „Raspberry Crack" des Escort Commander, und wenige Sekunden später erhellte das erste Geschützfeuer das frühe Morgendunkel, gefolgt vom schwachen gelben Schein der Leuchtgranaten, die fast bewegungslos am Himmel standen. Viele der Handelsschiffe hoben sich deutlich ab, und weiter entfernt von den Dutzenden von Leuchtgranaten und Raketen sah man die anderen als Schatten in der Nacht. Der Geleitzug mit 50 Schiffen erstreckte sich über sieben sm bei einer Breite von zwei sm und marschierte langsam, aber unermüdlich weiter, während um ihn herum in einem schützenden Ring die Kriegsschiffe der Geleitsicherung nach einem bestimmten Plan liefen, wobei sie versuchten, in dem trüben Licht der Leuchtgranaten die U-Boote zu finden, die von ihren Schützlingen ein Opfer gefordert hatten.

Fünf sm achteraus fischte das Rettungsschiff, gesichert von einer Korvette, die ölverschmierten Überlebenden eines versenkten Tankers aus dem Wasser. Die Rettungsmannschaft arbeitete mit einer Schnelligkeit, die schon an Verzweiflung grenzte. Sie wußte, daß das Leben eines Schiffbrüchigen in dem kalten Wasser des winterlichen Nordatlantik von Bruchteilen einer Sekunde abhing; außerdem war der Tanker nur eines der getroffenen Schiffe. Andere trieben weiter ab, und für jene, die nicht das Glück hatten, in Rettungsbooten oder auf Flößen zu sein, war nicht mehr viel Zeit zur Rettung.

Der Escort Commander hatte in vollem Bewußtsein, daß die Leute, für deren Sicherheit er verantwortlich war, in der dunklen Nacht achtern vom Konvoi den Tod fanden, eine schreckliche und qualvolle Entscheidung getroffen: er schickte keine weiteren Geleitfahrzeuge zu Hilfe. Eine weitere Schwächung der Konvoi-Sicherung hätte nur noch größere Verluste zur Folge gehabt, denn die U-Boote, weit überlegen an Zahl, standen an den Flanken des Konvois und suchten nur nach einer Lücke, um durchzuschlüpfen und noch mehr Torpedos loszumachen. Seit drei Tagen dauerte der Kampf, Pardon wurde weder gegeben noch gesucht, und noch war kein Ende in Sicht. Als die Leuchtgranaten erlöschten und die Dunkelheit sich wieder über den Geleitzug legte, nahmen die Sicherungsfahrzeuge erneut ihre Positionen ein, ihr Radar wurde eingeschaltet, das Asdic suchte die Tiefe des Meeres ab, und die Ausgucks hielten angestrengt Ausschau nach einer niedrigen Silhouette, die ein über Wasser laufendes U-Boot sein konnte.

Dieser erbitterte Kampf hatte keinen speziellen Namen; nur die Konvoi-Bezeichnung, die Nummer und die Längen- und Breitengrade faßte ihn zu einer Schlacht zusammen. Die meisten Historiker nennen diese großen Kämpfe die Schlacht im Atlantik; einige wenige sprechen von den Geleitzugschlachten. In einem nahezu sechsjährigen Kampf, der sich auf Tausende von Seemeilen über den Ozean erstreckte, gingen 2828 Handelsschiffe, 158 alliierte Kriegsschiffe und 781 deutsche U-Boote verloren. Über 45 000 Matrosen der Handels- und Kriegsmarine und 32 000 Mann der deutschen U-Boot-Waffe fanden hierbei den Tod, eine Zahl, die die Gefallenen aller anderen Seeschlachten in den vergangenen 500 Jahren übersteigt.

Als die Schlacht einen ungeahnten Höhepunkt im März 1943 erreichte, stiegen die Geleitzugverluste in einem derartigen Verhältnis, daß ernsthafte Zweifel auftauchten, ob das Konvoi-System immer noch wirkungsvoll wäre und fortgesetzt werden sollte. Wie aber sollte sich, wenn man die großen Geleitzüge, die Lebensmittel, Öl und Munition von der Neuen nach der Alten Welt beförderten, einstellte, dann die Lage der Alliierten zum Bessern wenden? Niemand wußte es. Immerhin mußten die Folgen eines solchen Schrittes weitreichend, ja schrecklich sein; denn dieses komplizierte System des Handelsschutzes hatte zweimal in einem Vierteljahrhundert die Alliierten vor der Niederlage bewahrt, und bis zur Katastrophe im Winter 1942/43 war dieser Gedanke auch nicht erwogen worden.

Geleitzüge sind keine neue Erfindung. Die Briten führten sie schon im

13. Jahrhundert ein, um ihre Schiffahrt über den Kanal zu schützen. Einige dieser früheren Konvois bestanden aus 200 Segeln und wurden von bis zu zwei Dutzend Kriegsschiffen gesichert. Zwei Offiziere des Königs befehligten sie: der Geleitzug-Kommodore, verantwortlich für die Handelsfahrzeuge, und der Escort Commander, ebenso für die Kriegsschiffe. Aber selbst während dieser frühen Jahre zögerten die Handelsschiffs-Matrosen und die Schiffseigentümer, mit ihren Schiffen im Konvoi zu segeln. Eduard III. verbot durch ein königliches Edikt schließlich die Einzelfahrer.
Im 16. Jahrhundert waren die Verluste der Galeonen, die zwischen den überseeischen Kolonien und Spanien verkehrten, so bedrohlich angestiegen, daß auch die Spanier Konvois einführten. Gesichert von mächtigen Kriegsschiffen, bekannt als „Indische Wache", waren die Geleitzüge so wirksam, daß die Kaperschiffe den Schatzschiffen nicht mehr allzu gefährlich wurden. Allerdings kaperten sie viele Einzelfahrer.
Während der englisch-holländischen Kriege im 17. Jahrhundert sah man auf beiden Seiten Konvois, die oft durch die Hauptflotte gesichert waren. Die Versuche der britischen Marine, die holländischen Geleitzüge anzugreifen, führten fast stets zu größeren Seeschlachten.
Der Geleitzug war auch in den Napoleonischen Kriegen gang und gäbe, ja für alle englischen Schiffe obligatorisch. Lloyd's versicherte daher auch keine Einzelfahrer. Die gewaltigen Konvois segelten nach sorgfältig entwickelten Instruktionen und Plänen; viele von ihnen besaßen noch ein Jahrhundert später Gültigkeit. Die Notwendigkeit von Geleitzügen wurde mit dem Ende der napoleonischen Ära im Jahre 1815 von Marineoffizieren stets von neuem bestätigt.
In den folgenden 100 Jahren fanden keine größeren Seeschlachten mehr statt. Nur ein einzigesmal, bei der Bedrohung durch einige Raider der Konföderierten gegen die Schiffahrt der Union, war es notwendig, das Konvoisystem erneut einzuführen. Die Konvois gerieten wegen ihrer Umständlichkeit in Vergessenheit. Das hatten sie freilich nicht verdient. Um sie zu ersetzen, entwickelte die Royal Navy neue und unbewährte Theorien zum Schutz der Handelsschiffahrt. Bei aller

Gerechtigkeit gegenüber den Seekriegstheoretikern in diesen Friedensjahren muß man bedenken, daß das U-Boot um diese Zeit noch keine einsatzfähige Waffe war. Die Planung beschränkte sich auf die Bedrohung der Handelsschiffe durch eine kleine Zahl von Handelsstörern, die wiederum durch die häufige Kohlenaufnahme in ihrem Aktionsradius beschränkt waren. Angesichts der unangefochtenen numerischen Überlegenheit der britischen Flotte und des Besitzes von sicheren Stützpunkten in der ganzen Welt, die kein potentieller Gegner besaß, konnte es nur eine Frage der Zeit sein, bis britische Kreuzer die Raider abgefangen und niedergekämpft hatten. Man rechnete hierbei wohl mit einigen Verlusten, hielt sie aber von geringer Bedeutung, verglichen mit den administrativen und taktischen Problemen der Konvois.

Die Gegner des Konvoisystems, und sie waren bei den Marine-Offizieren in den Jahren vor dem ersten Weltkrieg in der Mehrzahl, hatten eine Reihe von Argumenten zur Unterstützung ihrer Ansichten zur Hand. Einige waren schwer zu widerlegen; denn die langen Friedensjahre verhinderten die Realisierung neuer Seekriegstheorien, die ein Kampf zur See hätte rechtfertigen können.

Das gleichzeitige Einlaufen von vielen Schiffen würde, wie da immer wieder behauptet wurde, die Hafenanlagen überlasten und lange Verzögerungen zur Folge haben. Der Geleitzug müßte sich in seiner Geschwindigkeit nach dem langsamsten Schiff richten, schnellere Schiffe vertrödelten dadurch ihre Zeit. Schließlich glaubten einige Planer aus dieser Epoche, daß nicht genügend Kriegsschiffe zur Verfügung stünden, um gleichmäßig die vielen erforderlichen Konvois zu schützen.

Auch die Schiffahrtsgesellschaften nahmen einen Geleitzug nur widerwillig in Kauf. Die langsame Geschwindigkeit und die langen Wartezeiten im Hafen, die er forderte, verminderten ihre Einnahmen. Die Matrosen der Handelsmarine — eine unabhängige und auf ihre Privilegien eifersüchtig bedachte Gruppe — widersetzten sich der Disziplin der Kriegsmarine, sie wollten sich den vielen Anforderungen und der ständigen Alarmbereitschaft während einer Konvoi-Überfahrt nicht unterwerfen. Alle sowohl von der eigenen als auch von der feindlichen

Seite wünschten ein Schutzsystem, das den Handelsschiffen erlaubte, sich wie in Friedenszeiten bei einem Minimum an Einmischung zu bewegen.

In einer derartigen Atmosphäre war es nur natürlich, daß das Konzept, die Seewege durch Überwachung offen zu halten, von der Handelsmarine wie auch von den Marineoffizieren angenommen wurde. Die Marineoffiziere befürworteten selbstverständlich „offensive" Maßnahmen; denn eine Strategie, nach der die Kriegsschiffe die ruhmlose Aufgabe der Verteidigung langsamer Konvois zu übernehmen hatten, konnte doch nie ihre Liebe gewinnen. Im Hinblick auf U-Boote übersah eine derartige Theorie jedoch die Tatsache, daß nach Absuchen eines bestimmten Gebietes durch ein Kriegsschiff der Ozean so ungeschützt war wie vorher. Nur wenige dieser Männer gaben zu, daß trotz der patrouillierenden Schiffe und der Anwesenheit der Hauptflotte ein solches System den Handelsschiffen nie direkten Schutz verschaffen könnte.

Das Erscheinen des Unterseebootes machte diese Strategie ungültig, ehe sie überhaupt angewandt worden war, aber die Phalanx der Konvoigegner weigerte sich, die geänderte Situation anzuerkennen. Was dem modernen Leser als sonderbare Naivität erscheinen mag, war in Wirklichkeit der blinde Glaube an die Kriegsregeln nach dem Haager Abkommen. Danach war es keinem Kriegsschiff erlaubt, ein ungesichertes Handelsschiff ohne Warnung zu versenken und ohne sich zu vergewissern, daß die Besatzung mit Sicherheit die Küste erreichen werde. Die Beachtung dieser Regeln schränkte die Verwendung des U-Bootes in einem Krieg gegen die Handelsschiffahrt natürlich ernsthaft ein.

Infolge dieses festen Glaubens an die erfolgreiche Überwachung der Seewege und des Fehlers, das U-Boot als zukünftigen Handelsstörer nicht voll erkannt zu haben, trat Großbritannien ohne Vorbereitungen für die Aufstellung von Geleitzügen in den ersten Weltkrieg ein. Nicht einmal die Absicht dazu bestand. Glücklicherweise waren sich die Deutschen damals ebensowenig wie die Engländer der Bedeutung der U-Boot-Waffe bewußt, sie traten mit nur 28 U-Booten in den

Krieg ein und hatten nur ungenaue Vorstellungen über deren Einsatz gegen die Handelsschiffahrt. Da man Schwierigkeiten mit den Neutralen vermeiden wollte, hielt Deutschland tatsächlich bis zum Ende des Jahres 1916 viele Regeln des Haager Abkommens ein. Die meisten von den deutschen U-Booten versenkten Schiffe wurden über Wasser angehalten und der Besatzung erlaubt, von Bord zu gehen. Trotzdem gelang es einer verhältnismäßig kleinen Zahl von U-Booten bis Anfang des Jahres 1917 mehr als 1300 Schiffe zu vernichten. Tausende von alliierten Kriegsschiffen, Luftschiffen und Flugzeugen überwachten die Seewege in offensiven Unternehmungen während dieses Zeitraums, versenkten aber nur vier U-Boote. Die Fehler dieser Taktik, die U-Boot-Offensive zum Stehen zu bringen, waren erschreckend klar, doch hielten sich die Verluste der Handelsschiffahrt immer noch in annehmbaren Grenzen. Genügend Vorräte erreichten England, um eine Krisis aufzuschieben.

Bei einem gesteigerten Bauprogramm und geringen Verlusten stieg die U-Boot-Waffe um 1917 auf 100 einsatzbereite Einheiten an. Schließlich fielen am 1. Februar 1917 alle Beschränkungen, und nun begann eine Offensive mit dem Ziel, Großbritannien durch Aushungern zu unterwerfen. Für die Alliierten war das Ergebnis katastrophal.

In den ersten drei Monaten seit Beginn des uneingeschränkten U-Boot-Krieges wurden 800 Schiffe mit zusammen zwei Millionen BRT versenkt. Allein im schwarzen Monat April 1917 gingen insgesamt 420 Schiffe mit 881 000 BRT verloren. Die Getreidereserven auf der Insel reichten nur noch für sechs Wochen. Nun stellte sich die Regierung selbst eine Frist bis spätestens zum 1. November 1917; bis dahin sollte ein wirksamer Schutz der Schiffe einsetzen.

Der Erste Seelord, Admiral Sir John Jellicoe, machte das Kriegskabinett darauf aufmerksam, daß die Marine weder die See beherrsche noch über wirksame Gegenmittel verfüge. „Falls wir dies nicht anerkennen", erklärte er, „so ist es meine feste Überzeugung, daß wir den Krieg durch Aushungerung unserer Bevölkerung verlieren werden, sowie durch die Lähmung unserer Alliierten, weil wir sie nicht mehr mit Kohle und anderen lebenswichtigen Gütern beliefern können."

Trotz der erschreckenden Situation widerstand die Admiralität noch immer der Einführung des Konvoisystems. Einer der Hauptgründe hierfür lag in ihrer Behauptung, daß man nur eine unzureichende Zahl an Geleitfahrzeugen zur Sicherung der ein- und auslaufenden Schiffe zur Verfügung hätte, wobei man diese auf ungefähr 2500 in der Woche schätzte. Tatsächlich waren es wöchentlich nur 130 Fahrzeuge, wie zwei untergebene Offiziere in der Admiralität feststellten. Die größere Zahl schloß alle Schiffe von 300 BRT und darüber ein, einschließlich der Fähren.

Während der sich ständig verschlimmernden Krise hätten die Schiffseigentümer und die Handelsmarine die stärksten Befürworter für den Schutz der Handelsschiffe sein müssen. Tatsächlich waren sie aber genauso widerstrebend wie die Admiralität. Ein Teil der Schuld kann dem Versicherungsschema der Regierung zugeschrieben werden, die den privaten Schiffahrtsgesellschaften alle durch Feindeinwirkung verursachten Verluste ersetzte. Die Regierung hatte Lloyd's als erste Versicherung ersetzt; ohne den Druck erhöhter Versicherungsraten war die Fahrt in einem Geleitzug keine wirtschaftliche Notwendigkeit.

Es blieb den Franzosen überlassen, den erforderlichen Anstoß zu geben. Da Frankreich von der Kohlenzufuhr über den Kanal abhing, forderte die französische Regierung, die Kohlendampfer zu Geleitzügen zusammenzufassen. Die britische Admiralität stimmte diesem Verlangen schließlich zu. Mit Beginn der Konvoi-Überfahrten im Februar 1917 liefen die Kohlendampfer, die bisher schwere Verluste erlitten hatten, unter dem Schutz von Kriegsschiffen. Im Norden erhielt Admiral Sir David Beatty, Befehlshaber der Grand Fleet, von der Admiralität die ungern gegebene Erlaubnis, Geleitzüge nach Skandinavien aufzustellen. Die Verluste auf dieser Route nahmen gleichfalls merklich ab.

Aber trotz der kritischen Lage und des augenscheinlichen Erfolges auf den bereits bestehenden zwei Konvoirouten weigerte sich die Admiralität, dieses System auszudehnen. Das durchzusetzen, blieb dem Premierminister Lloyd George, der von jüngeren Offizieren in der Admiralität unterrichtet wurde, überlassen. Er teilte dem Ersten Seelord mit, daß er ihn wegen einer diesbezüglichen Besprechung aufsuchen werde, und ließ mit dieser Nachricht kaum Zweifel an seinen Absichten. Die Admiralität war inzwischen schon umgestimmt, und als der Premierminister ankam, empfahl sie die weitgehende Einführung des Konvoisystems.

Die Folgen waren verblüffend. Die Verluste der Geleitzüge fielen auf zehn Prozent im Vergleich zu den von den Einzelfahrern erlittenen Abgängen. Gegen Ende des Jahres war die Krise überwunden, obgleich noch ein harter Kampf bevorstand.

Die Erfahrungen einer 700jährigen Konvoi-Geschichte hatten sich wieder einmal bestätigt, und sie wurden auch nicht mehr so schnell vergessen. Im Jahre 1939 waren die Pläne für etwaige spätere Geleitzüge fertig, und man verwirklichte sie auch sofort bei Ausbruch des zweiten Weltkrieges.

Die Alliierten waren jedoch wieder nicht ganz auf dem laufenden geblieben; sie hatten die gewaltigen Vorteile unberücksichtigt gelassen, die Flugzeuge zum Schutze von Konvois boten. Von 275 im ersten Weltkrieg aus Konvois versenkten Schiffen gingen nur fünf verloren, als Flugzeuge die Überwassersicherung verstärkten. Dennoch waren die Alliierten zu Beginn des zweiten Weltkrieges nicht in der Lage, die Konvois durch Langstreckenflugzeuge zu sichern. Hunderte von Schiffen und Tausende von Seeleuten gingen hierdurch verloren. Erst im Jahre 1943 standen die erforderlichen Maschinen zur Verfügung. Überraschende Erfolge stellten sich nun ein.

Eine weitere Lehre aus dem ersten Weltkrieg, die man gleichfalls im zweiten Weltkrieg nicht in Betracht zog, betraf die Unzulänglichkeit, den Ozean weit entfernt von den Konvois mit Kriegsschiffen abzusuchen und zu überwachen. Ein U-Boot kann immer nur auf seine eigene Sicherheit bedacht sein und macht sich womöglich unsichtbar. Daher ist es schwer, es aufzuspüren und zu vernichten. Die Royal Navy begann im September 1939 die U-Jagd-Operationen mit einer Verzettelung ihrer Anstrengungen. Einige Sicherungsfahrzeuge teilte man den Konvois zu, aber viele andere gehörten zu den Suchgruppen auf offener See. Mit Ausnahme einiger weniger, überaus selbstsicherer U-Boot-Kommandanten, deren Boote versenkt wurden, hatten die Suchgruppen keine Erfolge zu verzeichnen. Die Abstellung wertvoller Flotteneinheiten für diese wilde Jagd zeitigte ein klar vorauszusehendes Ergebnis. Der Flugzeugträger „*Courageous*" wurde im September von einem U-Boot torpediert und versenkt. Ein weiterer Träger entging dem gleichen Schicksal nur durch fehlerhafte U-Boot-Torpedos.

Die Befürworter der Konvois hatten die eine Tatsache übersehen: daß die enge Sicherung eines Geleitzuges durch Bewacher nicht nur eine defensive Taktik ist. Einer der erfolgreichsten britischen Escort Commander im zweiten Weltkrieg schrieb: „Der Geleitzug ist das Wesen des Angriffs. Denn anstatt seine Kräfte auf der Suche nach einem Feind zu zersplittern, dessen Ziel es ja ist, auszuweichen, wird dieser nun gezwungen, selbst seine Streitkräfte auf der Suche nach dem Schiffsverkehr zu zerstreuen. Findet er den Geleitzug, so muß er auf der von uns beherrschten See kämpfen und unsere Bedingungen annehmen, um an die Schiffe heranzukommen, oder er bleibt ohne Erfolg [1]." Diese Ansicht ist fast identisch mit der des amerikanischen Admirals W. S. Sims vor ungefähr 50 Jahren.

Die Jagd nach U-Booten ist besonders erfolgversprechend in der Nähe von Konvois, da sich hier die U-Boote konzentrieren. Sobald man diese grundlegende Wahrheit erkannt hatte, wurden die Kriegsschiffe von den Suchgruppen auch zurückgezogen und den Konvois zugeteilt. Die Verlustrate der U-Boote stieg daraufhin sofort an. Selbst die wagemutigsten deutschen U-Boot-Kommandanten waren nicht begeistert, stark gesicherte Konvois angreifen zu müssen; das Risiko war einfach zu groß. Auch die erfolgreichsten U-Boot-Kommandanten, wie Kretschmer, Schepke und Prien erzielten die meisten ihrer Versenkungen gegenüber Einzelfahrern oder schwach gesicherten Geleitzügen.

[1] P. Gretton: Convoy Escort Commander. Seite 199. London 1964.

Niemand erkannte diese Schwierigkeit besser als Admiral Karl Dönitz, Befehlshaber der U-Boote (BdU), selbst früher einer der bekanntesten U-Boot-Kommandanten. Er schrieb über seine Erfahrungen im ersten Weltkrieg:
„Der deutsche U-Bootkrieg im ersten Weltkrieg war nach größten Erfolgen im Jahre 1917 durch die Einführung des englischen Geleitzugsystems um seine entscheidende Wirkung gekommen. Durch die Konvoi-Bildung war der Ozean leer geworden; die deutschen U-Boote standen einzeln in See, sahen und fanden lange Zeit nichts und trafen dann plötzlich auf eine große Häufung von Dampfern, 30 bis 50 und mehr, umgeben von einer starken Sicherung von Kriegsschiffen verschiedenster Art. Das eine U-Boot, welches vielleicht zufällig den Geleitzug sah, griff an, versuchte noch einmal anzugreifen und immer wieder, wenn der Kommandant Nerven hatte, über mehrere Tage und Nächte hinweg, bis die physische Erschöpfung von Kommandant und Besatzung den Angriffen Einhalt gebot. Waren auch ein, zwei oder mehr Schiffe von dem einen U-Boot versenkt, es war doch immer nur ein geringer Prozentsatz [2]."
Während der ersten dreieinhalb Jahre des zweiten Weltkrieges waren in den meisten Fällen die Sicherungsstreitkräfte unzureichend, und die Escort Commander konnten selten ein Schiff entbehren, das einer U-Boot-Ortung nachging, bis eben das Boot vernichtet war. Die Verteidigung des Geleitzuges blieb vorrangig. Anfang 1943 standen jedoch genügend Geleitfahrzeuge zur Verfügung, um besondere Suchgruppen (Support Groups) zu bilden, die zwar bedrohte Konvois verstärkten, aber nichts mit deren eigentlichen Verteidigung zu tun hatten. Sie operierten wohl in der Nähe der Konvois, doch waren sie von der Notwendigkeit befreit, einen engen Sicherungsring um sie zu bilden. Somit wurden sie in die Lage versetzt, die sich sammelnden U-Boote zu jagen und einer Ortung bis zur Vernichtung des Bootes nachzugehen. Die Zahl der versenkten U-Boote stieg ständig. Vor dem Ende des Krieges überwachten dann eine größere Anzahl von

[2] Karl Dönitz: 10 Jahre und 20 Tage. Seite 10. Frankfurt/Bonn 1963.

Suchgruppen (von den Amerikanern „Hunter-Killer-Groups" genannt) die Meere und Seewege. Hervorragende Erfolge erzielten aber nur die Gruppen, die in der Nähe der Konvois operierten oder auf eine Ansammlung von U-Booten stießen, die durch HF/DF-Peilung geortet worden war. Das Konvoisystem konnte der U-Boot-Gefahr nur dann erfolgreich begegnen, wenn es im Rahmen der technischen Entwicklungen mit neuen Taktiken und mit vermehrten Sicherungsstreitkräften eingesetzt wurde. Zusammen mit den neuen technischen Errungenschaften und gewaltigen materiellen Anstrengungen, vor allem aber durch Tapferkeit der Angehörigen der alliierten Flotte und der Handelsmarine ergab sich der Endsieg über die U-Boote. Es war eine Schlacht, die so verlief, als führe sie in eine Niederlage.

Daß dies nicht geschah, lag an der überraschend mangelnden Vorbereitung der deutschen Kriegsmarine auf einen Krieg, den man weder erwartet noch gewünscht hatte. Der deutschen Kriegsmarine war es nach dem Versailler Vertrag nicht erlaubt, U-Boote zu besitzen, und so baute man die ersten Einheiten der neuen U-Boot-Waffe erst 1935. Als der Krieg vier Jahre später ausbrach, besaß Deutschland 46 einsatzbereite Boote, wovon nur 22 im Atlantik operieren konnten. Angesichts der erforderlichen Zeit für Reparaturen und dem Hin- und Rückmarsch vom Operationsgebiet standen allerdings durchschnittlich immer nur sechs U-Boote in See, um Handelskrieg gegen die alliierte Schiffahrt zu führen.

Zum großen Teil ist hierfür Hitler mit seiner kurzsichtigen kontinentalen Strategie verantwortlich, aber die Lage wurde durch die deutsche Marine selber nicht gerade verbessert. Die deutsche Kriegsmarine brachte nämlich die sich widersprechenden Ansichten über die Verwendung der U-Boote im Krieg, jedoch auch die des erforderlichen Typs nicht auf einen Nenner. Infolgedessen wurde das Bauprogramm mehrmals verschoben, und so baute man in den drei Jahren vor 1939 nur 28 U-Boote für eine Nation, die eine Aggression ansteuerte — im Hinblick auf einen voraussichtlichen Gegner mit der größten Seemacht der Welt ein unverständlicher Fehler. Die augenscheinlichen Lehren aus dem ersten Weltkrieg waren ungenützt geblieben.

In der Nachkriegsbeurteilung von Sir Winston Churchill heißt es, daß „der U-Boot-Krieg unser größtes Übel war. Für die Deutschen wäre es besser gewesen, alles auf eine Karte zu setzen".

Wenn auch diese handgreifliche Tatsache von Hitler und der Regierung nicht in Betracht gezogen wurde, so entging sie keinesfalls Admiral Dönitz, der in den Jahren nach dem ersten Weltkrieg ungeduldig auf die Zeit wartete, da Deutschland wieder U-Boote zu bauen begann. Er war der richtige Mann für die Führung dieser Waffe. Ein einseitiges Genie auf dem Gebiet der Marine, glaubte er begeistert an das U-Boot als an eine entscheidende Waffe und widmete sich mit Leib und Seele dem Aufbau der U-Boot-Waffe. Behindert durch die Unschlüssigkeit der Regierung und der Marine selbst beim Aufbau einer zahlenmäßig angemessenen Streitkraft, verlegte er daher seine vielseitigen Talente auf Ausbildung und Taktik. Im Jahre 1939 war die kleine deutsche U-Boot-Waffe hervorragend ausgebildet, und die U-Boote galten Tonne für Tonne als die besten in der Welt. Aus dieser kleinen Zahl einsatzfähiger U-Boote sollten die erfolgreichsten U-Boot-Kommandanten kommen, ferner die Männer, die die Kader für die neuen von den Werften abgelieferten Boote bildeten. Sie waren vorzüglich geschult und begeisterte Berufssoldaten mit einem hohen „esprit de corps". Das Verhältnis zwischen dem Admiral und seinen U-Boot-Kommandanten war außergewöhnlich herzlich, die Loyalität gut von oben nach unten und umgekehrt [3]. Dieses Gefühl herrschte sowohl in den Tagen ihrer größten Erfolge als auch beim Rückgang des Glücks und in der endgültigen vernichtenden Niederlage.

Die Zuversicht von Dönitz und seiner jungen Offiziere wurde nicht von der gesamten deutschen Kriegsmarine geteilt. Das Konvoisystem hatte sich im ersten Weltkrieg als sehr wirksames Gegenmittel gegen

[3] Selbst heute noch sprechen seine ehemaligen U-Boot-Kommandanten mit Hochachtung von Dönitz. Einer, der sich an die persönlichen Mitteilungen vom BdU an die Kommandanten auf See erinnert, erzählte von einem Funkspruch des Admirals an den erfolgreichen Kommandanten Korvettenkapitän Günther Prien anläßlich der Geburt von dessen Tochter. Der Funkspruch lautete: „Ein U-Boot ohne Sehrohr ist heute angekommen."

die U-Boot-Gefahr erwiesen, und die Bedingungen schienen sich in den Zwischenjahren für die U-Boote nicht verbessert zu haben. Tatsächlich hatte die Royal Navy in den Nachkriegsjahren ein neues Unterwasserortungsgerät, genannt Asdic, vervollkommnet, dessen Geheimnis sorgfältig gehütet wurde und das man als viel wirksamer als die früheren Ortungssysteme ansah. Mit Asdic konnte man die Position eines getauchten U-Bootes auf eine Entfernung von mehreren tausend Metern entdecken. Für viele ernsthafte Forscher auf dem Gebiet der Marinewissenschaft war daher das U-Boot veraltet.

Unter Beibehaltung der Taktik des ersten Weltkriegs mag dies wohl den Tatsachen entsprochen haben. Aber Karl Dönitz hatte nicht die Absicht, den ersten Weltkrieg auf See noch einmal durchzufechten. Seit 1918 glaubte er, daß die beste Angriffstaktik darin bestände, einen Geleitzug gleichzeitig mit einer großen Zahl von U-Booten anzufallen, und zwar hauptsächlich aufgetaucht während der Nacht. Ein U-Boot mit seiner niedrigen Silhouette ist in der Dunkelheit sehr schwer auszumachen, selber kann es aber in den meisten Fällen ein Sicherungsfahrzeug erkennen und ausweichen, ehe es entdeckt wird. Über Wasser läuft das U-Boot mit hoher Geschwindigkeit; ein getauchtes U-Boot hingegen ist gezwungen, langsam zu steuern, so daß es praktisch ausgeschaltet ist. Ein aufgetauchtes U-Boot besaß also alle Vorteile: es konnte vom Asdic der Überwasserfahrzeuge nicht geortet werden. Radar aber lag noch in weiter Ferne.

Es mußte noch hart gearbeitet werden, bevor diese Theorie zum Standardverfahren wurde. Als die erste neue U-Boot-Flottille im Jahre 1935 in Dienst gestellt wurde, hatte die Entwicklung der Gruppentaktik des nächtlichen Überwasserangriffs bereits Vorrang.

Schon 1918 führten einige wenige wagemutige U-Boot-Kommandanten Nachtangriffe durch, die sich auch als wirksam erwiesen. Die U-Boote besaßen aber in jenen Tagen gegenüber den nachmaligen nur armselige Funkeinrichtungen, so daß es unmöglich war, eine größere Zahl von einer zentralen Befehlsstelle aus zu leiten. Wenn man einen Konvoi sichtete, konnte man mit anderen U-Booten keine Verbindung aufnehmen und sie nicht heranführen. Im Jahre 1938 hatten die Manöver jedoch einwandfrei gezeigt, daß eine große Anzahl von U-Booten durch verbesserte Funkanlagen gegen einen Konvoi angesetzt werden konnte. Nachtangriffe über Wasser mußten nun überwältigende Ergebnisse bringen. Im Jahre 1939 veröffentlichte Dönitz das Buch „Die U-Bootswaffe", in dem er klar und deutlich diese Angriffstaktik darlegte. Seltsamerweise machte das wenig Eindruck auf die britische Marine.

Im ersten Jahr des zweiten Weltkrieges operierten die deutschen U-Boote noch einzeln, fast wie in den Jahren 1914 bis 1918. Erst im frühen Herbst 1940 verfügte Dönitz über genügend Boote, um seine neue Taktik anwenden zu können. Sie wirkte sich auch sofort tödlich aus. Die Briten wurden unvorbereitet überrascht, die Ansammlungen von U-Booten rieben einen Geleitzug nach dem andern auf. Die U-Boote steuerten aufgetaucht mit hoher Fahrt zwischen den Dampferkolonnen und verrichteten ihr vernichtendes Werk. In den folgenden Monaten hatten die U-Boote ihre glückliche Zeit. Die Alliierten bezeichneten die U-Boot-Konzentration um die Geleitzüge mit „Wolf packs" und die Deutschen sprachen von der „Rudeltaktik".

Gegen diese Männer und diese neue Taktik mußten die Konvoischlachten ausgefochten werden. Der harte Kampf wogte hin und her. Die U-Boot-Rudel versenkten die Schiffe, wo sie sie trafen, und England stand mehrmals am Rand der Niederlage. Obgleich die meisten Geleitzüge sich irgendwie durchkämpften, waren die Verluste doch erschreckend. Radar kam erst 1941 an die Front, und manchmal konnte man bereits des Nachts ein aufgetauchtes U-Boot orten. Um die Mitte dieses Jahres machte sich die ständig steigende amerikanische Hilfe bemerkbar, der Nachschub, obgleich vermindert, ging weiter nach England. Der Eintritt Amerikas in den Krieg bedeutete für die deutschen U-Boote jedoch erneut eine glückliche Zeit. Sie operierten längs der fast ungeschützten amerikanischen Ostküste und versenkten 2,5 Millionen BRT, ehe die verspäteten amerikanischen Gegenmaßnahmen sie aus diesem Gebiet vertrieben.

Die Krisis sollte aber noch kommen. Das sich stetig vergrößernde Waffenarsenal der USA und die Truppen mußten nach Europa transportiert werden, und zwar meist mit großen Truppenkonvois. Nur der BdU verfügte über das einzige Mittel, diese Bewegung zu unterbinden. Mit Beginn des Jahres 1942 stellte man alle deutschen Werftkapazitäten auf ein großzügiges U-Boot-Bauprogramm um. Zwischen Juli und Oktober stießen 90 neue Boote zur U-Boot-Waffe. Dönitz dachte, mit 300 U-Booten die Schlacht im Atlantik zu gewinnen. Dadurch wurde diese Schlacht nun zu einem Wettrennen zwischen dem Aufbau der deutschen U-Boot-Flotte und dem Bau alliierter Geleitfahrzeuge und Flugzeuge, zwischen versenkter Handelsschiffstonnage und Ersatzbauten sowie zwischen der Einführung moderner Geräte und einer neuen Taktik auf der einen und Gegenmaßnahmen auf der anderen Seite.

Die Entscheidung lag auf den stürmischen Nordatlantik-Konvoirouten. Vom Oktober 1942 bis Mai 1943 hatte die Schlacht im Atlantik ihren Höhepunkt. In der Erinnerung blieb sie der „Blutige Winter“.

Kapitel 2

VORSPIEL ZUR KATASTROPHE
Oktober 1942

Am 20. Oktober 1942 übermittelte die Convoy and Routing Section des Commander-in-Chief der US-Flotte (COMINCH) eine geheime verschlüsselte Funkmeldung an die Briten über das bevorstehende Auslaufen des Geleitzuges SC-107, der am 24. Oktober 1942 New York mit Kurs auf England verlassen sollte. Die vor diesem Termin angesetzte Konferenz der Kapitäne, des Konvoi-Kommodore und Escort Commander, war für den folgenden Tag in New York vorgesehen. Sie wurde auch planmäßig abgehalten. Eine andere eilig einberufene Besprechung fand in derselben Woche in der Befehlsstelle des BdU in der Avenue Maréchal Maunoury in Paris statt. Das Thema beider Konferenzen war das gleiche — das Auslaufen des Geleitzuges SC-107. Der Befehlsstelle lag die vollständig entschlüsselte Meldung über die Route und Zusammensetzung des Geleitzuges vor.

Das war aber nicht auf Verrat oder Sorglosigkeit zurückzuführen, sondern aufgrund des sehr leistungsfähigen deutschen B-Dienstes, der Funkbeobachtung des Oberkommandos der Kriegsmarine. Er überwachte den alliierten Funkverkehr und versuchte ihn zu entziffern.

Während der ersten zwei Kriegsjahre verzeichneten die deutschen Stellen einigen Erfolg im Entschlüsseln des britischen Geheimkodes. Diese Arbeit nahm aber viel Zeit in Anspruch, und daher erreichten die Informationen den BdU meist so spät, daß er davon keinen Gebrauch mehr machen konnte. Nachdem man im Sommer 1942 eine Unmenge von alliierten Funksprüchen verarbeitet hatte, gelang es dem B-Dienst, den britischen Geheimkode zu knacken. Fast ein Jahr lang war es möglich, dem BdU schnell und genau die Informationen über die Routen und Positionen der alliierten Konvois zu geben. Wenn sich die Marschgeschwindigkeit von Konvoi SC-107 auch vielleicht änderte und taktische Kursänderungen im Bereich des Möglichen lagen, so hatte Admiral Dönitz doch ein Bild der Feindlage. Im Süden von Grönland und vor den nebeligen Neufundlandbänken besaß er 15 Trumpfkarten. Ihr gemeinsamer Name lautete U-Boot-Gruppe „Veilchen".

Für die Kapitäne der Schiffe dieses Geleitzuges war es nur gut, daß sie das alles nicht wußten, als sie sich am Nachmittag des 21. Oktober 1942 zur Besprechung versammelten. Unter den 28 im Raum anwesenden Kapitänen und Marineoffizieren waren alle Altersgruppen und Temperamente vertreten. Viele kamen in Zivil und der Rest in einer Vielzahl von Uniformen, die fünf Nationen und mehreren Schiffahrtslinien angehörten.

Nach Verteilung der Geheimbücher und Papiere dauerte die folgende Einweisung nahezu eine Stunde. Danach wiederholte der junge US-Offizier nochmals bestimmte Punkte:

„Werfen Sie keinen Abfall über Bord, man kann hierdurch verraten, daß der Konvoi diese Stelle passiert hat. Versuchen Sie, während des Tages so wenig wie möglich zu qualmen; für U-Boote ist das bis auf 25 sm ein sicheres Anzeichen. Vergewissern Sie sich, daß in der Nacht kein Licht zu sehen ist. Damit ist auch die Zigarette des Kapitäns gemeint. Vor allen Dingen, meine Herren, halten Sie Ihre Position im Konvoi ein. Ich weiß, daß nicht viel Platz zum Manövrieren ist, aber Kollisionen folgen nach den Versenkungen durch die Deutschen als zweite Verlustursache [1]. Falls Sie vorhaben, dies nicht zu beachten oder im Konvoi einfach herumlaufen oder Nachzügler spielen wollen, dann überlegen Sie sich das noch einmal. Machen Sie es auf keinen Fall. Es könnte sehr wahrscheinlich Ihr Ende sein. Nun viel Glück und gute Fahrt!"

Der Escort Commander der Western Local Escort, ein junger Offizier, Kommandant des Zerstörers „*Walker*", wies nun die Männer ein. Seine Aufgabe war es, den Konvoi bis zu einem bestimmten Punkt

[1] Während des Krieges entfielen ein Viertel aller Schiffsverluste auf Kollisionen, Strandung und Schiffsunfälle, ohne direkte Feindeinwirkung.

vor Neufundland zu begleiten, wo ihn die Sicherungsstreitkräfte des Mid-Ocean Escort ablösen sollten.

Der Escort Commander führte den Befehl über den Geleitzug, sowohl über die Kriegsschiffe als auch über die Dampfer, und er trug die alleinige Verantwortung für ihre Verteidigung und sichere Ankunft.

Die britischen und kanadischen Escort Commanders waren auch zugleich die Kommandanten ihrer Schiffe. Ein amerikanischer Escort Commander dagegen befand sich gewöhnlich auf einem Kriegsschiff, das ein anderer befehligte, so daß er frei war, seine Aufgaben durchzuführen, ohne sich um das Flaggschiff kümmern zu müssen. Sie waren auch ranghöher als ihre britischen Kollegen, oft sogar Kapitäne zur See mit vier Streifen.

Als er seine Einweisung beendet hatte, lächelte der junge britische Offizier und sagte: „Einige von Ihnen denken bestimmt, daß sie mehr Leuchttürme passiert haben als wir in der Marine Telefonmaste besitzen. Ich werde versuchen, Sie so weit wie möglich nicht zu belästigen. Seien Sie jedoch versichert, daß, wenn ich einen Befehl erteile, dies aus gutem Grund geschieht".

Der letzte Sprecher war der Konvoi-Kommodore, Vizeadmiral B. C. Watson (a. D.), C.B., D.S.O., Royal Navy. Schnell erläuterte er, wie die Schiffe im Geleitzug laufen und ihre Fahrtstufen koordiniert würden. Der Kommodore war verantwortlich für die Führung und Disziplin der Handelsschiffe im Konvoi; er achtete auf die genaue Einhaltung der Positionen und führte die Manöver aus, wenn der Escort Commander Kursänderungen oder Ausweichbewegungen befahl.

Die Kommodore der Atlantik-Geleitzüge waren gewöhnlich pensionierte Admiräle der Royal Navy, die man aus ihrer Ruhe zurückgerufen hatte zu einer Aufgabe, die oft hart und undankbar war. Man beauftragte damit aber auch erfahrene Kapitäne der Handelsmarine. Sie dürfen auf eine stolze und ruhmvolle Zeit zurückblicken. 21 Konvoi-Kommodore fielen auf See — mehr als aktive Admiräle der Royal Navy. Der Dienst war nicht nur gefährlich und schwierig, sondern sie unterstanden auch noch den Escort Commanders, die rang- und altersmäßig niedriger bzw. jünger waren [2]. Es gab hierfür natürlich gute Gründe und eine Notwendigkeit. Der Escort Commander verfügte über Kriegsschiffe, Nachrichtenmittel und erforderliche Informationen zur Verteidigung des Konvois. Dadurch war er, trotz des höheren Rangs des Kommodore, am besten in der Lage, die Gesamtführung auszuüben. (Die Notwendigkeit dieser Anordnung wird von den Marineoffizieren durchaus anerkannt. Sie funktioniert im allgemeinen auch ohne Reibungen, wenn die normalen Höflichkeitsformen beachtet werden.)

Als sich Vizeadmiral Watson auf seine sechste Fahrt als Konvoi-Kommodore vorbereitete, konnte er auf eine lange und bewährte Karriere auf See zurückblicken. Er begann als Navigationsoffizier der „Harwich"-Kreuzer unter dem berühmten Tyrwhitt im ersten Weltkrieg, und zwischen den Kriegen befehligte er eine Sloop in China, eine Zerstörer-Flottille und einen Kreuzer im Mittelmeer, dann ein Schlachtschiff der Home Fleet. Von 1938 bis 1940 war er Befehlshaber der U-Boote und wurde dann im Alter von 53 Jahren bei gleichzeitiger Ernennung zum Vizeadmiral pensioniert. Sofort wieder einberufen, ernannte man ihn zum Flaggoffizier der Marinestützpunkte an der Westküste von Schottland, mit dem Hauptquartier für die Sicherungsstreitkräfte im großen Hafen Greenock. Zwei Jahre später fuhr er als Konvoi-Kommodore, eine Aufgabe, die am allerwenigsten mit der gewöhnlichen Ruhe eines Pensionärs übereinstimmte.

Zu dieser Zeit gab es zu viele Kommodore in New York, und die Admiralität befahl deshalb, auch noch einen Vizekommodore mitzuführen. SC-107 übernahm Captain Pat McKay, Royal Navy (a. D.), für diesen Dienst. Es sollte sich später als eine glückliche Wahl erweisen.

Der Kommodore schiffte sich auf den Dampfer *„Jeypore"* ein, einem

[2] Vizeadmiral Watson unterstand bei diesem Konvoi dem Escort Commander des Mid-Ocean Escort, Lieutenant-Commander D. W. Piers, RCN, 24 Jahre jünger als er. Piers hatte unter ihm als Lieutenant gedient, als Vizeadmiral Watson in Greenock war.

großen Frachter der P & O-Linie, der vor dem Krieg die östlichen Schiffahrtswege befahren hatte. Die Geleitstreitkräfte (Local Escort) bestanden aus nur drei Schiffen und standen unter dem Befehl des jungen Kommandanten der „*Walker*". Er trug für die ersten Tage auf See die volle Verantwortung. Sobald der Konvoi in der Nähe von Kap Race bei Neufundland stand, kamen weitere Handelsschiffe aus Halifax und St. John's hinzu. Außerdem würden dann die Sicherungsfahrzeuge der Local Escort von der Geleitgruppe Mid-Ocean für die Überfahrt über den Atlantik abgelöst werden.

Während sich in New York und in Paris die Stäbe eifrig mit der Angelegenheit von SC-107 beschäftigten, bereiteten sich die Untergebenen sorglos auf ihre Aufgaben vor. In Boston fuhren Lastkraftwagen in die South Boston Army Base und entluden an der Pier Passagiere für die US-„*Gemini*".

Für die Passagiere, zwölf Offiziere der Küstenwacht und 255 Offiziere und Mannschaften des Heeres, hatte der Tag grau und düster begonnen, und die „*Gemini*" verbreitete dieselbe Stimmung. Ein alter Frachter von den Großen Seen aus dem ersten Weltkrieg, von der Marine als Transporter übernommen, um die von den U-Booten im Jahre 1942 gerissene Lücke zu füllen, war er in seinem Äußeren wenig vertrauenerweckend. Dieser alte Kahn zeigte deutlich, daß bereits der letzte Schiffsraum herbeigeholt werden mußte. Am 4. August 1942 war „*Gemini*" in Dienst gestellt worden und lag seit über zwei Monaten an der Pier, ohne jemals auszulaufen. Ihre Jungfernfahrt erfolgte mit dem Konvoi SC-107 mit einer ungeübten Besatzung, die zum größten Teil aus jungen Reservisten bestand.

Ebenso wie die Passagiere und die Besatzungen vieler anderer Konvoi-Fahrzeuge waren sich gleichfalls die auf der „*Gemini*" glücklicherweise nicht der ihnen auflauernden Gefahren bewußt, obgleich viele Anzeichen an diesem Tag vorlagen, daß die Lage auf dem Atlantik schlimmer als je war. Die meisten „Landratten" konnten sich das gar nicht vorstellen. In der Nähe lag der große, durch ein Feuer auf See ausgebrannte Transporter „*Wakefield*". Am Morgen lief mit vier Schleppern ein Tanker in den Hafen ein, der am Bug einen

Torpedotreffer groß wie ein Scheunentor hatte. Am vorhergehenden Tag machte ein großer Küstenwachkutter der „Hamilton"-Klasse an einem naheliegenden Pier fest, seine bärtige Besatzung zeigte deutlich die Anstrengungen wochenlanger unbarmherziger Konvoifahrten. Aber jede Woche brachten stereotyp die Zeitungen den Bericht der Marine über die Versenkung zweier mittelgroßer Frachter im Nordatlantik in der vergangenen Woche. Die Marine log aus Notwendigkeit.

Der Eintritt Amerikas in den Krieg im Dezember 1941 fand die US-Marine jammervoll unvorbereitet auf die U-Boot-Gefahr. Trotz der unheilvollen und nahezu fatalen Erfahrung mit den U-Booten in den Jahren 1917 und 1918 und dem erbitterten Kampf zwischen den U-Booten und den Briten nach 1939 waren die amerikanischen Gegenmaßnahmen hoffnungslos unterlegen. Die Marine richtete ihr Augenmerk zu sehr auf den Pazifik.

Im gesamten Atlantik war aufgrund der steigenden Anzahl und der Qualität der Geleitfahrzeuge die britische Verlustrate an Handelsschiffen im Jahre 1941 viel geringer als in der letzten Hälfte von 1940. Anfang Januar 1942 schickte Dönitz jedoch sechs U-Boote zur amerikanischen Ostküste, die unter der Küstenschiffahrt ein Schlachtfest anrichteten. Diese Unfähigkeit, dieses Unvorbereitetsein der Amerikaner mag lächerlich erscheinen, wären sie nicht so tragisch gewesen. Es gab keine Küstenkonvois und nur schwache Anstrengungen zur U-Boot-Jagd. Erst im April 1942 versenkte das amerikanische Kriegsschiff *„Roper"* ein deutsches U-Boot, und kurz darauf erfolgte die Vernichtung von U-532 durch den Küstenwachkutter *„Icarus"* sowie jene von U-517 durch die *„Thetis"*.

Im selben Monat begannen die zuständigen Stellen die Verdunklung längs der Ostküste durchzusetzen. Die Dampfer waren nun in der Lage, in Nähe der Küste zu steuern, ohne durch die Lichter an Land eine zu große Silhouette abzugeben und damit ein Opfer der auf der Lauer liegenden U-Boote zu werden. Bis Juni 1942 gingen 360 Handelsschiffe mit insgesamt 2 250 000 BRT längs der amerikanischen Küstenlinie bei einem Verlust von nur acht deutschen

U-Booten unter. Schließlich führte man Küstenkonvois ein. Geleitfahrzeuge und Flugzeuge wurden erst verspätet herangezogen. Im Juli 1942 zogen sich die Deutschen in die Karibik oder in den Nordatlantik zurück, da sich die Abwehr in den amerikanischen Küstengewässern fühlbar bemerkbar machte.
Die Erfolge vor Amerika waren leicht zu erzielen, und so hatte Dönitz im Atlantik nur wenige U-Boote stehen, um Sicherungsstreitkräfte zu binden. Die Versenkungen in diesen hohen Breitengraden gingen daher in der ersten Hälfte von 1942 drastisch zurück. Als man aber die deutschen U-Boote Mitte des Sommers erneut auf die nördlichen Konvoirouten verlegte, stiegen die Verluste schnell an. August und September 1942 waren schlechte Monate, und das Gebiet der größten Erfolge wurde wiederum der Nordatlantik. Angesichts der ständig steigenden Zahl der in der Ostsee ausgebildeten und nun in den Operationsgebieten des Atlantiks eingesetzten U-Boote wurden die Zukunftsaussichten für die Alliierten schlechter. Daß jetzt der U-Boot-Blitz einsetzen würde, war zur Gewißheit geworden. Nur der Zeitpunkt lag noch nicht fest.
Die großen Entscheidungen fällte man jedoch in den Konferenzen in London, Washington, Berlin und Paris, und die nicht eingeweihten Offiziere konnten noch ihre letzten Stunden an Land genießen und zeigten sich auch dementsprechend vergnügt.
In Boston aber herrschte nicht nur frohe Laune. „*Gemini*" sollte nach Island laufen und zusätzlich zu der allgemeinen Ladung und der kleinen Gruppe von Offizieren für die Küstenwachkutter der Task-Group 24.6, die von diesem wichtigen Stützpunkt aus operierte, noch Einheiten des Heeres für die Garnison in Island übernehmen. Diese Kommandierung war nicht beliebt. Die Soldaten, wie in jedem Krieg, gingen resigniert auf das Schiff. Es blieb ihnen nichts übrig, als die Überfahrt in einer ungewohnten Umgebung zu erdulden. Die Männer der Küstenwache, hauptsächlich frisch aus der Akademie oder aus der Reserveoffiziersschule entlassen, kamen zu den von ihnen selbst ausgewählten Kommandos. Die Soldaten des Heeres jedoch hatten keine derartige Wahl.

Nachdem sie sich an Bord gemeldet hatten, wurden ihnen die Quartiere unter den Decks zugewiesen, nicht gerade die Art einer Unterbringung, die Marine-Offiziere gewöhnlich beanspruchen. Es waren aber die besten Plätze, die das Schiff zu bieten hatte. Außerdem dauerte die Überfahrt nur zwei Wochen. Am späten Nachmittag verließ *„Gemini"* Boston. Zum ersten Mal nach vielen Monaten spürte das Schiff wieder die Bewegung der See, als es auf New York zusteuerte, dem Geleitzugtreffpunkt.

Drei Tage darauf formierte sich der Konvoi beim Verlassen des New Yorker Hafens. Die kleinen blau und weiß getarnten Zerstörer und Korvetten arbeiteten wie Schäferhunde, die ihre Herde zusammentrieben und für Ordnung sorgten. Vor Einbruch der Dunkelheit waren alle Positionen eingenommen. Die Zerstörer liefen zwischen den Dampfer-Kolonnen, die Blinklichter leuchteten und die Signalflaggen flatterten im Wind, als der Escort Commander eine letzte Kontrolle für die Nacht vornahm. Der rostgezeichnete Veteran zahlreicher Konvois war ein willkommener Anblick für die Matrosen der Kriegs- und Handelsmarine, die die Reling der 22 Schiffe säumten, und der Name *„Walker"* gab jedem Vertrauen, der die Geschichte dieses Zerstörers kannte. Im März 1941 hatte er zusammen mit der *„Vanoc"* U-99 und U-100 unter Kretschmer und Schepke versenkt. In derselben Woche hatte *„Wolverine"* Prien vernichtet, das dritte As unter den deutschen U-Boot-Kommandanten. Obgleich die Sicherungsstreitkräfte schwach waren, wies die Anwesenheit der *„Walker"* doch darauf hin, daß eines der besten Kriegsschiffe mit im Spiele war. Die Royal Navy verfügte nach dreijährigem erbitterten Kampf immer noch über hochqualifizierte Fahrzeuge. Die Verluste waren schwer und zeitweilig hatte die Schlacht das Gleichgewicht erreicht, aber stets überwand man die Krisis aufgrund der verbissenen Hartnäckigkeit der britischen und kanadischen Geleitfahrzeuge, die Angriff über Angriff überstehen mußten. Amerikanische Verstärkungen im Nordatlantik waren bisher nur eine schwache Hilfe. Es sollte noch über ein Jahr dauern, bis sich deren volles Gewicht bemerkbar machte.

Als der Zerstörer die letzte Kolonne verließ und seine Position für die Nacht mehrere sm voraus vom Konvoi einnahm, konnte man die beiden anderen Geleitfahrzeuge — einen Minensucher und eine Korvette — kaum an den Flanken des Konvois erkennen. Auf jeder Seite ein Kriegsschiff und voraus ein Zerstörer, eine schwache Sicherung für 22 Schiffe! Es handelte sich aber nur um die Local Escort Group. Die Mid-Ocean Group würde zweifellos stärker sein.
Ein SC-Konvoi, der von New York nach Großbritannien lief, marschierte mit einer Geschwindigkeit von nur sieben Knoten. Die schnellen Handelsschiffe gehörten zu den Neun-kn-HX-Geleitzügen [3]. Nach dem Verlassen von New York wurde der Konvoi in den ersten Tagen von der Local Escort Group begleitet, dann erschien am dritten Tag noch ein Zerstörer. Am Donnerstag, dem 29. Oktober 1942, als man nördlich der Sable-Insel stand, warf ein Flugzeug voraus vom Geleitzug eine weiße Rauchbombe — das Signal über die Sichtung eines U-Bootes. Der Konvoi drehte nach Backbord ab, und die zwei Zerstörer verschwanden im Südosten unter dem Horizont. Es handelte sich aber um eine Falschmeldung. Die Flugzeuge und Kriegsschiffe hatten untereinander keine Sprechfunkverbindung. Nach der Dunkelheit kehrten die Zerstörer zurück. Während der ganzen Nacht war der nördliche Horizont von der Aurora Borealis hell erleuchtet, und lange flackernde Streifen machten die Nacht zum Tag, aber der Konvoi blieb unbelästigt.
Am 30. Oktober 1942, kurz nach Mittag, sichtete der 22 sm achtern vom Konvoi laufende kanadische Zerstörer *„Columbia"* ein aufgetauchtes U-Boot auf Parallelkurs zum Geleitzug. Er drückte das U-Boot jedoch unter Wasser, ehe es die Handelsschiffe ausmachen konnte.
Als der Konvoi Kap Race passierte und damit den amerikanischen Kontinent verließ, schlossen sich ihm sechs Handelsschiffe aus Sydney und 16 aus Halifax an, so daß er jetzt aus 42 Schiffen bestand.

[3] In der Praxis liefen die meisten Konvois ungefähr ein oder zwei kn weniger als die vorgesehene Geschwindigkeit.

Am gleichen Nachmittag kam die Mid-Ocean Escort Group auf und übernahm für die restliche Überfahrt die Sicherung.
Diese war für einen so großen Konvoi enttäuschend schwach. Außer dem kanadischen Zerstörer *„Restigouche"*, dem einzigen schnellen Fahrzeug, mit Lieutenant-Commander Piers als Kommandanten, der nunmehr den Geleitzug befehligte, gehörten zu der Gruppe vier kleine Korvetten der „Flower"-Klasse mit nur 16 kn Geschwindigkeit.
Die Korvette, trotz ihres traditionsreichen Namens aus der Segelschiffszeit, war kein richtiges Kriegsschiff, sondern ein Abkömmling des Walfangbootes. Während des ersten Weltkrieges stellten viele Offiziere auf Geleitfahrzeugen fest, daß U-Boote manches mit Walen gemein haben. Sie tauchten oft auf, verschwanden mit großer Geschwindigkeit und wendeten schnell unter Wasser. Daher war zu ihrer Verfolgung ein sehr manövrierfähiges Schiff erforderlich. Außerdem bevorzugten sie rauhe und stürmische Gewässer, und ein Jäger mußte schon seefest sein. Kurz vor dem zweiten Weltkrieg entwarf man ein etwas größeres Schiff als das Walfangboot, man nannte es „Wachboot", Walfangboot-Typ. Gegen 1939 hatte man zwei Versuchsfahrzeuge gebaut und erprobt. Es waren die Vorläufer der berühmten Korvetten. Der Entwurf erreichte Kanada erst drei Tage nach Kriegsausbruch. Man fällte die Entscheidung, diesen Typ sowohl in Kanada als auch auf britischen Werften zu bauen und mit kanadischen Besatzungen zu bemannen. Der Beschluß war aber leichter getroffen als durchgeführt. Kanada verfügte weder über Werften noch über Techniker zur Ausführung eines derartigen Programms. Außerdem hatte Kanada für diese Schiffe keine ausgebildeten Offiziere und Mannschaften, vorausgesetzt daß sie überhaupt gebaut werden konnten. Gegen alle diese starken Hindernisse nahm man das Programm jedoch in Angriff. Das bedeutete eine Revolution der kanadischen Industrie. Als die Korvetten ihre Werften verließen, wurden sie von der sich schnell vergrößernden kanadischen Marine bemannt, doch besaß man nur sehr wenig Erfahrung. Die meisten der Besatzungsmitglieder dieser kleinen Fahrzeuge kamen

aus den mitten in Kanada gelegenen Provinzen, die, als sie sich an Bord meldeten, noch nie das Meer gesehen hatten [4]. Sie machten viele Fehler, aber mit der Zeit lernten sie von der unversöhnlichen und harten Schule — der See. Schließlich war die kanadische Marine, die 1939 weniger als 4000 Offiziere und Mannschaften hatte und im Krieg auf über 90 000 Mann anstieg, eine der wichtigsten Faktoren für die Sicherung der Nordatlantik-Seewege. Hätte sie versagt, wären die Folgen katastrophal gewesen. Bei der Vergrößerung der Marine legte man zunächst das Hauptgewicht mehr auf die Quantität als auf die Qualität, und die begangenen Fehler waren in dieser Zeit oft schmerzlich. Aber alle Seeleute, die in diesen Krisenzeiten jene Gewässer befuhren, sollten dankbar die kanadische Kriegsflagge grüßen, wann immer sie ihr begegnen.

Die Geleitfahrzeuge für SC-107 waren weit davon entfernt, einsatzbereit zu sein. Der junge Escort Commander des Mid-Ocean Escort, Lieutenant Commander Desmond W. Piers, RCN, galt als ein erfahrener Offizier auf diesem Gebiet, aber die von ihm zu tragende Verantwortung hätte selbst einen erfahreneren und älteren Offizier erdrückt [5].

„Arvida" und *„Amherst"* befehligten ebenfalls junge Kommandanten [6]. Auf fast allen Schiffen hatte man nahezu die gesamte Besat-

[4] Es gibt eine schon oft erzählte Geschichte über zwei kanadische Korvetten, die von sehr unerfahrenen Reserve-Offizieren befehligt wurden und sich mitten im Atlantik trafen, nachdem sie die Verbindung zu ihrem Konvoi verloren hatten. „Auf welcher Position sind wir?" fragte der eine Offizier. Der andere antwortete: „Woher soll ich das wissen? Ich bin doch selbst fremd hier."

[5] Hierfür erhielt er $ 7,50 pro Tag. Nach fünfjähriger Ausbildung in der Royal Navy im Jahre 1937 zum Sub-Lieutenant befördert, diente er als Wachoffizier auf der „Restigouche", deren Kommandant er 1941 wurde. Zu der Zeit war er 28 Jahre alt und hatte bereits zehn Jahre als Seekadett, Fähnrich und Offizier Dienst getan. Aufgrund der Besonderheit der Besoldung kanadischer Marine-Offiziere, erhielt der Escort Commander weniger Gehalt als sein Steuermann, LI und Bordarzt, die der Reserve angehörten.

[6] „Arvida" wurde indirekt nach Arthur Vinning Davis benannt, amerikanischer Industrieller und Vorsitzender der Aluminium Company of Canada. Die Stadt Arvida in Kanada, der Sitz einer der Werke dieser Gesellschaft, wurde nach Davis benannt, und die Korvette übernahm wiederum den Namen dieser Stadt.

zung gewechselt, da erfahrene Mannschaften den Stamm für die neuen Fahrzeuge bildeten. Abgesehen von den langsamen und kleinen Schiffen der Escort Group, lag deren größte Schwäche in dem Erfahrungsmangel der Zusammenarbeit als Gruppe. Die U-Boot-Jagd-Taktik erfordert ein hohes Maß an Koordination unter den Schiffen, die nur durch wiederholte Praxis unter einem Escort Commander erreicht werden kann. Unter dieser Schwäche litten alle alliierten Sicherungsstreitkräfte, bis genügend Schiffe zur Verfügung standen, um ständige Geleitgruppen aufstellen zu können. Bis zu diesem Zeitpunkt mußte ein Escort Commander versuchen, das beste aus den seltsam zusammengewürfelten Besatzungen und Fahrzeugen zu machen, die man ihm für die jeweilige Überfahrt gab. Dies hatte unvermeidlich eine langsame und unkoordinierte Reaktion auf U-Boot-Angriffe zur Folge, selbst wenn sich die einzelnen Fahrzeuge in vielen Fällen in einem guten Ausbildungszustand befanden. Aber am 30. Oktober 1942 gab es wenig Gelegenheit zur Einübung, als Piers seine Schiffe um SC-107 aufstellte.

Irgendwo voraus vom Konvoi lagen im Nebel die U-Boote der Gruppe „Veilchen" in einem Vorpostenstreifen von Norden nach Süden in einem Abstand von je 15 sm. Piers und seine fünf kleinen Schiffe waren ihnen weitaus unterlegen. Das Verhältnis lag bei 3 : 1. Außerdem standen sie unter dem Befehl von Admiral Dönitz, dem BdU, ohne Zweifel dem größten taktischen Genie in der Geschichte der U-Boote.

Gruppe „Veilchen" stand in dem Gebiet, das der Konvoi passieren mußte. Wenn der Geleitzug den Vorpostenstreifen durchlief, würde das erste U-Boot, das ihn entdeckte, eine Sichtmeldung an die Befehlsstelle in Paris unter Angabe von Position, Kurs und Geschwindigkeit absetzen. Der BdU befahl dann den anderen Booten, auf den Fühlungshalter zu marschieren, der achtern vom Geleitzug operierte und laufend Meldung über die weitere Lage funkte. Sobald genügend Boote zur Stelle waren, würden sie sich in der Dunkelheit zum Angriff auf den Konvoi sammeln. Die U-Boote mit ihrer niedrigen Silhouette, die man des Nachts schlecht ausmachen kann, blieben nach Möglichkeit aufgetaucht, um ihre höhere Überwassergeschwindigkeit auszunutzen. Am Tage griff man bei sich bietender Gelegenheit unter Wasser an. Aber das Hauptaugenmerk lag auf den nächtlichen Überwasserangriffen. War der Konvoi erfaßt, legte Dönitz auf Aktionsfreiheit größten Wert. Der eigentliche Angriff wurde unter einem Minimum an Einmischung [7] der Initiative seiner erfahrenen Kommandanten überlassen. Der gesamte Plan war einfach, aber gerade deswegen genial.

Im Krieg spielt oft das Glück — wie auch bei anderen Dingen — eine große Rolle. Gruppe „Veilchen" hatte eine gute Portion davon, als der verschlüsselte Funkspruch vom 20. Oktober 1942 entziffert wurde und der Kurs von SC-107 nach dem Passieren von Kap Race bekannt war. Die Gruppe stand rechtzeitig in einem weiten Streifen zum Geleitzug, um ihn abzufangen. Da sie allerdings nicht mehr über genügend Brennstoff verfügte, befahl Dönitz, den Vorpostenstreifen zu verkürzen und nach Westen zu laufen.

Am Nachmittag des 30. Oktober 1942 hatten die U-Boote wiederum Glück. U-522 stand aufgetaucht südlich von Kap Race. Auf der Brücke befanden sich der Wachoffizier und vier Ausgucks, die aufmerksam die See und den Himmel absuchten. Plötzlich rief der Steuerbord-Ausguck: „Rauch zwei Strich voraus an Steuerbord."

Der Wachoffizier überprüfte schnell die angegebene Position und rief nach unten: „Kommandant auf die Brücke."

Wenige Sekunden später kletterte Kapitänleutnant Herbert Schneider auf die Brücke, zog seine Lederjacke an und legte sich das Fernglas

[7] Dennoch neigte Dönitz vor den Angriffen dazu, aufmunternde Funksprüche zu senden und seine Kommandanten zu noch größeren Erfolgen anzuspornen. Ein gefangener U-Boot-Kommandant erzählte von Korv.-Kpt. Rainhard „Teddy" Suhren, der sich bei Dönitz von einer Feindfahrt zurückmeldete. Während seiner Fahrt hatte er mehrere solcher Funksprüche erhalten; danach sollte er „unbarmherzig verfolgen und rücksichtslos angreifen". Im Laufe der Unterhaltung sagte Suhren dem BdU, daß er diese Funksprüche für unnötig und verletzend halte. Dönitz war im Augenblick durch die Unverschämtheit verblüfft, fing sich jedoch schnell wieder und griff über dem Tisch nach dem Nacken von Suhren und gab dem „ungezogenen Jungen" einige Klapse.

um. Mehrere Minuten suchte er mit dem Glas den Horizont ab und sagte zum Wachoffizier: „Wir gehen näher heran, dann können wir besser sehen."
„Hart Steuerbord, Kurs 315, beide Maschinen AK voraus."
U-522 erhöhte die Geschwindigkeit, schüttelte sich unter den dröhnenden Dieselmotoren und tauchte gelegentlich mit dem Bug in die westerliche Dünung.
Zwanzig Minuten später war der Rauch deutlich sichtbar, auch die Masten mehrerer Schiffe. Dann sagte der Wachoffizier: „Korvette, ein Strich Backbord voraus."
Drei Gläser richteten sich auf das Geleitfahrzeug, das zwei sm an der Steuerbordseite des Konvois lief. Infolge der niedrigen Silhouette des U-Bootes schien es kaum möglich, daß die Korvette das Boot bereits gesehen hatte, aber die Entfernung verringerte sich zusehends.
Kapitänleutnant Schneider war ein erfahrener und wagemutiger Kommandant [8]. Aber schon drei Monate nachher führte dieser Angriffsgeist zu seinem Tod durch die *„Totland"*. Damit bewahrheitete sich wieder einmal das Sprichwort: „Es gibt alte und kühne Kommandanten, aber keine alten kühnen Kommandanten."
Im Augenblick war es jedoch Schneiders allererste Aufgabe, nicht anzugreifen, sondern eine Fühlungshaltermeldung über den Konvoi an den BdU abzusetzen und den Geleitzug zu beschatten, bis die anderen Boote heranschlossen. Schneider wußte, was er zu tun hatte: herausfinden, was der Geleitzug machte, und die Sichtmeldung durchgeben. Er ging daher auf Nummer sicher.
„Alarm!"
Der Wachoffizier und die vier Ausgucks ließen sich ins Boot fallen.
„Tauchen, tauchen, tauchen!"

[8] Schneider gehörte bis September 1940 zur Luftwaffe. Da er glaubte, bei der U-Boot-Waffe wäre mehr los, meldete er sich in diesem Monat zur Kriegsmarine. Im Juni 1942 erhielt er im Alter von 26 Jahren als erstes Boot U-522. Er versenkte über 50 000 BRT feindlichen Schiffsraums.

Die Alarmglocke schrillte durch das U-Boot, und als Schneider nach unten kam und das Turmluk schloß, betätigte man die Hebel, um die Hauptventile zu öffnen. Als die Luft entwich, glitt U-522 in die Tiefe bis auf 30 m in Trimmlage.
„L. I., auf Sehrohrtiefe, wenn alles in Ordnung."
„Boot auf Sehrohrtiefe."
„Danke. Wollen wir mal einen Rundblick nehmen."
Schneider kletterte auf den Sitz des Angriffsehrohrs, fuhr es vorsichtig aus und suchte den Horizont ab. Dann ein langsamer, genauer Blick. Nun beobachtete er die Schiffe und fuhr schnell das Sehrohr ein.
„Zwei Sicherungsfahrzeuge, 14 Dampfer, fünf davon Tanker."
Er hatte mit dem Periskop nur einen Teil des Konvois gesehen, aber es genügte. Er wandte sich an den Horchpeiler und fragte: „Was hören Sie?"
„Geräusche in 010 bis 030. Viele Schraubengeräusche."
„Gut. Verlieren Sie nicht den Kontakt und halten Sie die Peilungen fest. Auf 345, langsame Fahrt voraus."
U-522 steuerte näher auf den Geleitzug zu. Schneider fuhr für einen kurzen Augenblick das schmale Angriffsrohr aus.
„Da ist die Korvette. Entfernung 5500. Steuerbord 60, 12 kn."
In der nächsten Stunde sah er von Zeit zu Zeit rasch durch das Periskop und gab die Informationen an den Steuermann weiter, der sie auf die Karte eintrug. Mit Einbruch der Dunkelheit stand U-522 sechs sm achtern vom Konvoi, und Schneider hatte nun alle Angaben über SC-107, die er für die Sichtmeldung brauchte. Er setzte sie schnell auf, verschlüsselte sie und übergab sie dem Funker.
„Sehrohr aus!" Schneider nahm einen langen, sorgfältigen Rundblick mit dem großen Sehrohr und beobachtete die See und den Himmel.
„Geräuschpeilung?"
„Geräusche 035 bis 050. Stehen weit ab."
„Gut. Sehrohr ein. Auftauchen!" Die Ausgucks standen unter dem Turmluk, bereit, auf die Brücke zu klettern.

Die Dieselmotoren wurden eingeschaltet, die Luke geöffnet, Schneider sprang auf die Brücke, beobachtete den Horizont und rief nach unten: „Brückenwache nach oben."
„Hauptballasttank mit Diesel ausblasen."
„AK voraus. Kurs 050."
Unter dem Dröhnen der beiden Dieselmotore erhöhte U-522 die Geschwindigkeit und lief auf SC-107 zu, der in der Dunkelheit voraus stand.
„Sichtmeldung absetzen."
Der Funker gab die Meldung um 16.24 Uhr ab, und 15 Minuten später war die Bestätigung vom BdU da. Dieser gab Befehl, Fühlung zu halten und sich alle zwei Stunden zu melden. Dann kam die Meldung vom BdU an alle Boote der Gruppe „Veilchen", auf U-522 zu halten. Zuerst bestätigten U-520 und U-521: „Kommen mit AK."
In der Nacht meldeten sich weitere Boote auf der Kurzwelle. Während U-522 Fühlungshaltersignale sendete, antwortete das Wolfsrudel. Der Ring um SC-107 schloß sich immer enger. Eine kanadische Canso sichtete U-522 und drückte das Boot unter Wasser, aber schon nach einer Stunde tauchte Schneider erneut auf und folgte dem Konvoi.
Während U-522 an Steuerbord stand und durch das Sehrohr seine Beobachtungen vornahm, ließ auf SC-107 die Aufmerksamkeit nach. Selbst in der Gefahr wird man mit der Zeit unaufmerksam. Außerdem schien kein Angriff bevorzustehen. Fast eine Woche war man auf See, und nichts von Bedeutung hatte sich bisher ereignet. In der Offiziersmesse der *„Gemini"* spielten zwei Parteien Bridge und Cribbage. Die Offiziere hatten als Passagiere keinen Dienst oder Wache und konnten daher schlafen, essen, lesen oder Karten spielen. An diesem grauen Freitagnachmittag waren viele des Lesens überdrüssig und gingen auf das Achterdeck zu sportlicher Betätigung. Nach einigen Übungen lehnten sie sich über die Reling und schauten auf das graue, sich bewegende Meer.
Der Nordatlantik ist keine ruhige See. Kalt und drohend ist seine

dunkle graugrüne Farbe, ein deprimierender Kontrast zu dem klaren blauen Wasser der Karibik und des Golfstroms. Weit draußen an Backbord lief eine kleine Korvette, die in der See stampfte und des öftern mit dem Bug eintauchte, während sie versuchte, ihre Position einzuhalten. Andere Geleitfahrzeuge sah man nicht, doch schien kein Grund zur Beunruhigung zu herrschen; denn der Konvoi erstreckte sich soweit das Auge reichte. Die übrigen Sicherungsfahrzeuge überwachten sicherlich die See voraus und die andere Seite. Die Aussicht auf einen Angriff lag in weiter Ferne, es gab keine Anzeichen eines Krieges, ausgenommen die Geschützbedienung, die am achteren 7,5-cm-Geschütz stand, und einige Soldaten, die unkriegerisch auf dem Deck lagen.

Auf der *„Restigouche"* war ebenfalls alles ruhig. Am frühen Morgen hatte sie achtern vom Konvoi die Nachzügler aufgefordert, wieder aufzuschließen. Hier befanden sich ständig die chronischen Nachzügler, die ein einladendes Ziel für ein verfolgendes U-Boot bildeten. Sie wieder zum Konvoi zurückzubringen, bedeutete eine weitere Schwächung der wenigen Geleitfahrzeuge. Auf eine entsprechende Aufforderung der *„Restigouche"* kam stets die Standardantwort „Laufe so schnell wie möglich". Es war jedes Mal überraschend, wie sie ihre Geschwindigkeit erhöhten, wenn die ersten Wasserbomben fielen [9].

Mehrere Male am Tage warnte *„Restigouche"* durch Signal vor der starken Rauchentwicklung der Frachter im Geleitzug. Der hoch über dem Konvoi stehende Qualm war für die weit entfernten U-Boote ein sichtbares Zeichen und hatte SC-107 auch an U-522 verraten. Aber angesichts der vielen alten Schiffe und unerfahrenen Maschinisten war es schwierig, die entsprechende Disziplin durchzusetzen, und selbst die *„Jeypore"*, auf der sich der Kommodore eingeschifft hatte, qualmte entsetzlich. Während der Nacht sprühten Funken aus dem

[9] Manchmal warf ein Sicherungsfahrzeug eine Wasserbombe achtern vom Nachzügler, damit er mit der Fahrt heraufging. Man mußte aber vorsichtig sein. Ein britischer Zerstörer machte dies auch, und die nervöse Besatzung des Frachters verließ daraufhin sofort ihr Schiff.

Schornstein eines Dampfers mit Dieselmotoren. Bei der geringen Geschwindigkeit des Konvois war es schwer, so etwas zu vermeiden.

Der Kommodore hatte die ruhige See am Morgen zum Anlaß genommen, mit den Dampfern einige Kursänderungen zu üben. Vizeadmiral Watson wußte sehr gut, daß diese seltsame Sammlung von Handels- und Marinehilfsschiffen alle Erfahrungs- und Ausbildungsstufen aufwies, und so nahm er jede Gelegenheit wahr, sie einzuweisen, ehe der Fall eintrat, eine Kursänderung bei Nacht durch Signal anzuzeigen. Dies gleichzeitig mit 42 Frachtern durchzuführen, ist ein schwieriges Manöver. Wenn ein Schiff nicht rechtzeitig wendet, so kann hierdurch der gesamte Konvoi durcheinandergeraten oder Kollisionen verursachen. Der Verlust eines oder mehrerer Dampfer ist dann mehr als wahrscheinlich. Nach Abschluß der Morgenübungen war der Kommodore zufrieden. Man hatte die Manöver besser als erwartet ausgeführt.

Auf der *„Restigouche"* wurden mit HF/DF ständig die Frequenzen eingepeilt [10]. Gelegentlich erhielt man eine Peilung, aber keine in bedrohlicher Nähe. Gegen 16.24 Uhr hörte man laut und deutlich einen Funkspruch. Sofort schaltete *„Restigouche"* die Frequenz ein, und auf dem Schirm wurde die Peilung abgelesen. Das U-Boot stand in der Nähe, und zwar westlich vom Konvoi. Der Funker beugte sich vor und rief in das Sprachrohr.

„Hier Brücke", antwortete der Wachoffizier.

„Asdic an Brücke. U-Boot-Signal, Stärke 5, Peilung rot 160."

Die Meldung wurde an Piers weitergegeben, der auf die Brücke kam und dessen Magen sich bei der ersten Warnung vor drohender Gefahr zusammenzog.

Der Funkspruch war auch an der Küste durch HF/DF eingepeilt

[10] Mit der HF/DF-Ausrüstung an Bord der Schiffe konnte man einen abgegebenen Funkspruch einpeilen, aber nicht die Entfernung. Wenn jedoch zwei Schiffe einen Funkspruch einpeilten, so war es möglich, eine genaue Peilung festzulegen. Der Schnittpunkt beider Peilungen ergab die ungefähre Position, wo der Funkspruch gesendet worden war.

worden, und der Commander-in-Chief, US-Fleet (COMINCH), funkte an die *„Restigouche"* die Position des in der Nähe des Geleitzuges lauernden U-Bootes [11].

„Restigouche" steuerte auf die *„Jeypore"* und übermittelte mit der Klapplaterne dem Kommodore die Nachricht, daß wahrscheinlich ein U-Boot Fühlung am Konvoi hielt. Nachdem man die Lage besprochen hatte, wurde beschlossen, den Kurs des Konvois nach Einbruch der Dunkelheit zu ändern und zu versuchen, die U-Boote abzuschütteln. Da diese bereits den Geleitzug beschatteten, entschloß sich Piers, die Funkstille zu brechen und für die Morgenstunden Flugzeugsicherung anzufordern. Falls sich die U-Boote zum Angriff sammelten, waren die Flugzeuge die beste Verteidigung. Sie konnten die aufgetauchten U-Boote vernichten oder zumindest unter Wasser drücken, so daß ihre geringe Unterwassergeschwindigkeit sie hindern würde, sich zu konzentrieren. *„Restigouche"* wußte nicht, daß eine kanadische Maschine bereits U-520 angegriffen und versenkt hatte, als es auf den Konvoi zulief. Es war das erste U-Boot, das auf die Fühlungshaltersignale von U-522 herangekommen war. Eine Stunde später vernichtete ein Flugzeug der RCAF-Squadron Nr. 145 das über Wasser laufende U-658. Zwei U-Boote waren also schon untergegangen, kein schlechter Anfang.

Der folgende Morgen zog grau und nebelig herauf. Die Nacht war ruhig geblieben. Die größten Schwierigkeiten bereitete die Einhaltung der Dampfer-Positionen bei stark verminderter Sicht und Dunkelheit. Der Escort Commander zeigte sich trotzdem sehr beunruhigt. Während der Nacht hörte man 35 Funksprüche von U-Booten achtern vom Konvoi, und es bestand kein Zweifel mehr, daß sich ein Wolfsrudel formierte. COMINCH sandte nochmals eine dringende Warnung an *„Restigouche"*, daß nach der eigenen Funküberwachung eine Sichtmeldung abgegeben worden wäre und SC-107 beschattet würde. Das Schema schien bedrohlich bekannt zu sein. Die Funksignale der

[11] Das Küsten-HF/DF-Netz arbeitete nach dem gleichen Prinzip; man konnte daher die U-Boote von den Stationen rund um den Atlantik leicht einpeilen.

U-Boote klangen ähnlich wie die Warnung einer Klapperschlange, ehe sie angreift. COMINCH schickte erneut vor Mittag eine Warnung, daß immer mehr U-Boote den Konvoi umlauerten.
Der Konvoi setzte seinen Marsch nach Nordosten fort, und Piers suchte besorgt den Himmel nach der versprochenen Luftsicherung ab. Aber alle Flüge mußten wegen des schlechten Wetters eingestellt werden. Er bat auch *„Walker"*, die nicht mit der Local Escort Group zurückgekehrt war, angesichts des bevorstehenden Angriffs so lange wie möglich beim Konvoi zu bleiben. Es gab nichts weiter zu tun, als zu warten; so folgerte er.
Auf den Frachtern im Konvoi erfuhr man nur wenig von den unheimlichen Nachrichten. Die Passagiere und Besatzungen verbrachten einen weiteren langweiligen und ereignislosen Tag. Man war ungewöhnlich ruhig und sorglos. Auf der *„Gemini"* wurden noch nicht einmal Rettungsübungen durchgeführt. Es gab nur wenige Bootsmanöver zum Verlassen des Schiffes. Dabei hatte man die *„Gemini"* erst kürzlich in Dienst gestellt, und sie befand sich noch immer im Ausbildungszustand. Nach der Bemerkung eines Heeresoffiziers handelte es sich wohl um einen Scheinkrieg.
Die Unterhaltung in der Offiziersmesse wurde lebhafter und fröhlicher. Die Seemannsgeschichten blühten, Wind und Wetter wurden mit jeder neuen Erzählung stärker und schlimmer. Ein Offizier der Küstenwache berichtete vom Rumkrieg während der Prohibition, und Lieutenant-Commander K. C. Phillips bemerkte, daß sich damals ein bißchen mehr abgespielt habe als jetzt auf diesem Konvoi. In weniger als zwei Jahren sollte dieser Offizier mit seinem Schiff untergehen, das ein U-Boot-Torpedo in zwei Teile zerriß. Ein frisch verheirateter Leutnant des Heeres erzählte von den Schwierigkeiten seiner oft verschobenen Flitterwochen, deren erste Hälfte er mit seiner anwesenden Schwiegermutter verbringen mußte, während der Rest ständig durch Manöver unterbrochen wurde. Anschließend hatte er sich schnellstens in Boston und auf der *„Gemini"* zu melden. Die Reservisten und Leute vom Fach beschäftigten sich mit dem Austausch lustig gemeinter Beleidigungen, wie es in diesem frühen Kriegsstadium noch allgemein üblich

war. Man sprach allerdings wenig über U-Boote und Geleitzüge. Dazu verlockte kein Gespräch. Es war eine langweilige und Routineüberfahrt.

Während sich die Passagiere unter Deck ausruhten, war die Brückenwache auf der *„Gemini"* angespannt tätig und lernte, die Formation einzuhalten und die Geheimnisse der Seefahrt zu ergründen. Sie hatte auch ohne Störung durch U-Boote genug Schwierigkeiten zu überwinden. Immerhin war sie leidlich eingeübt. Jetzt blieb nicht mehr viel Zeit. Die Uhr lief ab. Der Zeitmesser war Kapitänleutnant Heinsohn auf U-438, der an diesem Tag die Rolle des Fühlungshalters von U-522 übernahm. Er lehnte sich gegen den Turm, richtete sein Glas auf die Rauchfetzen und Masten voraus und wartete. Er hatte keine Eile. In der kommenden Nacht würde das Wolfsrudel um den Konvoi versammelt sein, und SC-107 lief in das „Luftloch" bei Grönland ein, in die „schwarze Grube" außerhalb des Bereichs der alliierten Luftwaffe.

Als Heinsohn die Leiter herunterkletterte und sein Ölzeug ablegte, um sich schlafen zu legen, schloß sich planmäßig die Falle. Er durfte es sich erlauben, geduldig zu sein.

Kapitel 3

SCHLACHTHAUS DER UNSCHULDIGEN

November 1942

Im Nordatlantik begann der 1. November 1942 als ein schöner Sonntag, teilweise bewölkt und mit guter Sicht. In diesen Breitengraden geht die Sonne spät auf, die meisten Besatzungsmitglieder konnten durch die aufgerissene Wolkendecke den Sonnenaufgang beobachten. Für viele sollte es der letzte sein.

Vizeadmiral Watson stand schon früh auf der Brücke der *„Jeypore"* und sah die während der Nacht eingelaufenen Meldungen durch. Er schätzte, daß mindestens acht U-Boote dem Konvoi folgten. Die Zahl stimmte sogar genau; denn im Laufe der Nacht waren U-402, U-522 und U-89 zum Wolfsrudel gestoßen. U-89 war das achte Boot.

Lieutenant-Commander Piers war vor Anbruch der Dämmerung auf der Brücke der *„Restigouche"*, beobachtete den Konvoi und suchte den Himmel nach der versprochenen Luftsicherung ab. Nach dem Nachtmarsch steuerte der Geleitzug in guter Ordnung. *„Walker"* gehörte noch immer zur Sicherung, mußte aber am Vormittag wegen Brennstoffmangel entlassen werden. Nach ihrem Ablaufen wurden die wenigen Geleitfahrzeuge noch mehr auseinandergezogen.

Piers machte das Verhältnis von Anzahl zur Entfernung große Sorgen. Nach der geltenden Regel mußten die Kriegsschiffe während der Nacht in einer Entfernung von rund 4500 m vom Konvoi laufen, so daß der Sicherungsring um ihn herum ein Gebiet von ungefähr 25 sm umfaßte. Bei fünf Fahrzeugen stand also ein Schiff auf je fünf sm. Aber der Asdic-Ortungsbereich lag unter den besten Bedingungen nicht über 1800 m. Ein Sicherungsfahrzeug, selbst wenn es sehr aufmerksam war, konnte nur einen Kreis von nicht mehr als drei sm überwachen. Die Radarverhältnisse waren angesichts eines vorgefluteten U-Bootes nicht viel besser.

Der Geleitzug war, nach den Vorschriften zu urteilen, nur halb gesichert. Die einzige Lösung bestand in noch mehr Sicherungsfahrzeugen. Aber im nordwestlichen Atlantik verfügte man über keine weiteren. Die Escort-Gruppen in diesem Seegebiet waren äußerst geschwächt durch den Abzug für ein Unternehmen, das schon nahezu zwei Wochen zurücklag — für die Operation „Torch", die Landung in Nordafrika. Während viele Geleitfahrzeuge abgezogen wurden, hatte der BdU noch nicht mit einer Gegenmaßnahme geantwortet, da er nichts von einer Invasion Nordafrikas wußte. Für die Invasionsstreitkräfte war dies ein Glück, aber der Konvoi SC-107 mußte dafür mit Blut bezahlen. Er verlor so viele Schiffe wie die gesamte Invasionsflotte [1].

Kurz vor Mittag erschien endlich ein Canso-Flugboot von Neufundland und flog in geringer Höhe über die Schiffe, verlor aber bald den Konvoi wegen der niedrigen Wolkendecke aus der Sicht und fand ihn nicht wieder. Die schwerfällige Maschine stand weit vor der Küste, und nach einer halben Stunde vergeblichen Suchens kehrte sie wegen Brennstoffmangel nach Neufundland zurück. Gegen Abend würde der Geleitzug in das Grönland-Luftloch kommen, also außerhalb der Reichweite eigener auf Neufundland und Island stationierter Flugzeuge. Bis Island gab es dann keine Luftsicherung mehr.

Die Strategie von Dönitz verlief genau nach dem Lehrbuch. Im letzten Teil des Oktobers 1942 hatte er im Nordatlantik zwei Vorpostenstreifen aufgestellt. Der eine operierte auf den westlichen Zufahrtswegen nach England, der größere vor den Grand Banks in Neufundland, wo man die nach Osten laufenden Konvois vor dem Passieren des Grönland-Luftlochs entdecken konnte. Eine rechtzeitige Sichtung

[1] Als sich die Invasionsflotte der afrikanischen Küste näherte, lag das Hauptaugenmerk der deutschen U-Boote auf SC-107, während ein weiterer Konvoi — SL 125 — von Sierra Leone nach England gesichtet wurde. Allen U-Booten vor Marokko und Gibraltar wurde befohlen, nach Süden zu laufen und diesen Konvoi anzugreifen. Infolge der dadurch entstehenden U-Boot-Lücke konnte sich die Invasionsflotte unentdeckt ihrem Ziel nähern. Der Verlust von 27 Schiffen war im ganzen gesehen ein geringer Preis für die Sicherheit der großen Invasionsstreitmacht, allerdings ein billiger Trost für die Männer, die unwissentlich als Lockvögel dienten.

erlaubte eine Konzentration von U-Booten um den Konvoi, ehe er in die „schwarze Grube", von den U-Booten auch der „Teufelsschlund" genannt, lief, und ebenso einen Angriff in diesem Seegebiet ohne Furcht vor alliierten Flugzeugen. Die Stationierung von U-Booten so weit nach Westen setzte diese jedoch der starken kanadischen Luftüberwachung aus, und U-520 und U-658 zahlten hierfür am 30. Oktober 1942 auch den Preis. Da der Konvoi aber jetzt gesichtet und das Wolfsrudel angesetzt worden war, stand die Gruppe „Veilchen" mit Einbruch der Dunkelheit zum Angriff bereit. In den folgenden drei Tagen brauchte man sich nicht um die Flugzeuge zu sorgen.
Das Wolfsrudel war auf Beute aus, zumal die meisten Boote seit den ersten Oktobertagen auf See standen und bis zu diesem Zeitpunkt

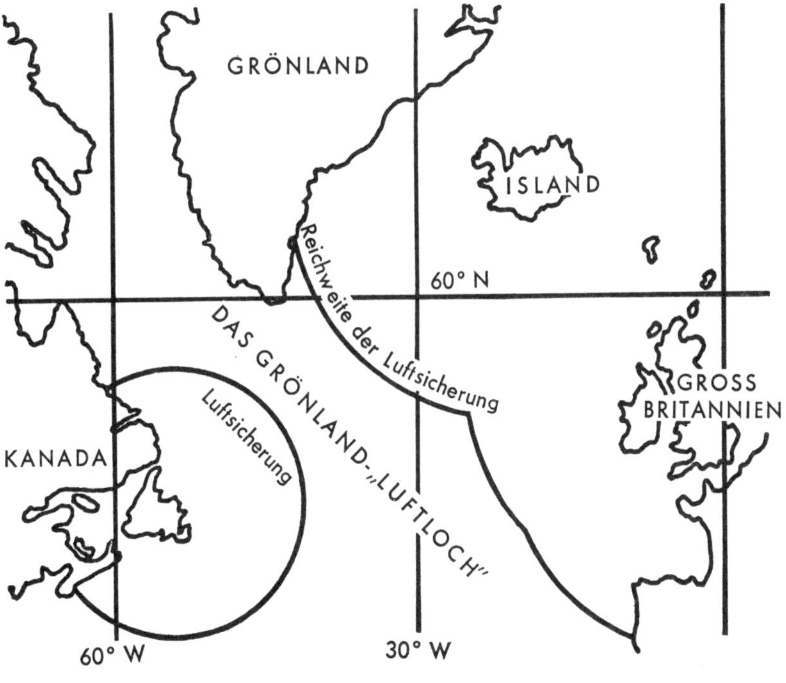

kein Ziel angegriffen hatten, ausgenommen U-704, von dem am 16. Oktober 1942 ein 5000 BRT großer Frachter versenkt worden war. Der Brennstoffvorrat reichte nicht mehr lange, aber die U-Boote verfügten noch über genügend Torpedos und ihre Männer über Nervenkraft. Heinsohn auf U-438 war angriffslustiger als die übrigen Kommandanten und wartete gar nicht bis zur Dunkelheit. Kurz nach Mittag sichtete er einen Nachzügler, setzte sich voraus vom Schiff in Angriffsposition und näherte sich getaucht. Der auf große Entfernung gefeuerte Torpedo traf aber nicht. Weder der Nachzügler noch die Geleitfahrzeuge bemerkten den Vorfall.

„Walker" lief am Vormittag nach Halifax zurück, wobei sie auf dem Rückmarsch achtern vom Konvoi die See nach feindlichen U-Booten absuchte. Gesichtet wurde nichts. Mit Einbruch der Dunkelheit klärte sich das Wetter auf, die See wurde ruhiger. Es schien eine jener klaren Mondnächte zu werden, wie sie auf den Prospekten zum Besuch fremder Länder meist mit abgeschmacktem Wort gepriesen werden und auch im Bild zu sehen sind.

U-132 kreuzte 20 sm achtern vom Geleitzug und ging unter Wasser, als man die Maste der *„Walker"* näher kommen sah. Zwei Stunden später tauchte Kapitänleutnant Ernst Vogelsang auf und lief mit seinem Boot nach Osten. Mit beiden Dieselmotoren steuerte das U-Boot mit AK in der See. Auch die anderen Boote des Wolfsrudels nahmen ihre Positionen ein, aber es dauerte schon eine Weile, sich weitab von den Flanken des Konvois und außerhalb der Sichtweite der hier stehenden Sicherungsfahrzeuge zu halten sowie sich mit hoher Überwassergeschwindigkeit vor den Konvoi zu setzen. Sobald sie dort standen, tauchten sie entweder und setzten zum Tagesangriff an oder fuhren vorzugsweise in der Nacht ihre Torpedoangriffe.

Nachdem die Schlacht um den Konvoi begonnen hatte, handelte im wesentlichen jeder Kommandant nach seinem eigenen Ermessen. Eine enge Zusammenarbeit während dieser Zeit war nahezu unmöglich. Der Angriff hing von der jeweiligen Initiative und Ausbildung der U-Boot-Kommandanten ab. Hierbei bestand stets die Gefahr einer Kollision zwischen den U-Booten, aber nach der bisherigen Erfahrung war damit schon aufgrund des sehr guten Ausguck-Systems [2] kaum zu rechnen. Bei den Konvois herrschte dagegen ständig die Gefahr einer Kollision zwischen den weniger manövrierfähigen Handelsschiffen.

Nachmittags erhielt *„Gemini"* eine Meldung über den Angriff von U-Booten auf den Konvoi HX-212 vor drei Tagen in dem gleichen Gebiet, das man soeben passierte. In einer Nacht waren sieben Schiffe versenkt worden, und ein weiteres hatte einen Torpedotreffer erhalten. Angesichts der Möglichkeit, daß dasselbe Wolfsrudel nun SC-107 sichtete, schien sich die Schlacht im Atlantik zu verstärken. Die Männer gingen auf ihre Stationen, um alles noch einmal zu überprüfen und um sich mit den Örtlichkeiten vertraut zu machen. Viele hatte man den Rettungsflößen zugeteilt, die wohl schwammen, aber keinen Schutz gegen das kalte Wasser boten. Sie waren leicht und gut zu verstauen, doch fanden viele Seeleute wegen ihrer Unzulänglichkeiten auf ihnen den Tod. Für den warmen Pazifik waren sie besser geeignet. Im Nordatlantik hingegen wurde der Tod des einzelnen nur um eine oder mehrere Stunden verzögert. Die Handelsschiffe besaßen ein größeres und robusteres Rettungsfloß als die Marine, auf ihm konnte ein Mensch unabhängig vom Wetter überleben. Der kommende Winter hat es bewiesen.

Am späten Nachmittag riß die Wolkendecke auf, und nachdem die Sonne untergegangen war, leuchtete das Nordlicht backbord vom Konvoi, so daß sich die Schiffe deutlich von der ruhigen See abhoben. Für eine Vergnügungsfahrt wäre es eine wunderschöne Nacht gewesen, aber sie war auch ideal für die Jagd der U-Boote. Da SC-107 in das „Luftloch" hineinsteuerte und man am Tage die vielen Funksprüche der U-Boote gehört hatte, mußte man nun jeden Augenblick mit dem ersten Angriff rechnen.

Auf der *„Restigouche"* zweifelte Piers nicht, daß die Deutschen SC-107 bald angreifen würden, und COMINCH funkte im Laufe des

[2] Erst am 8. Dezember 1942 ging ein U-Boot, und zwar U-254, durch Kollision mit U-221 während eines Konvoi-Angriffs verloren. Nur drei Besatzungsmitglieder konnten in der schweren See gerettet werden.

Morgens mehrere dringende Warnungen, um ihn nochmals daran zu erinnern. Sie waren überflüssig; denn am Tage stand Gruppe „Veilchen" untereinander sowie mit dem BdU in ständiger Funkverbindung. Mehr als 25 Peilungen hatte man aufgrund ihrer Funksprüche erhalten. Gegen Sonnenuntergang bekamen *„Restigouche"* und das Rettungsschiff *„Stockport"* eine Peilung über ein lautes und deutliches Signal. Die Position wurde aufgezeichnet; der Funkspruch war nur acht sm an Backbord des Konvois abgegeben worden. Das U-Boot operierte also fast im Geleitzug selbst. Dagegen mußte etwas unternommen werden. Piers wägte seine Möglichkeiten ab. Sollte er seine fünf Geleitfahrzeuge im Hinblick auf den bevorstehenden Angriff in der Nähe des Konvois lassen, um die U-Boote zurückzuschlagen, oder sollte er selbst die Initiative ergreifen und versuchen, den U-Booten zuvorzukommen und sie bereits vorher unter Wasser zu drücken? Der Angriff ist gewöhnlich die beste Verteidigung. Allerdings setzt er voraus, daß man sich zumindest auch noch verteidigen kann. Die Sicherungsstreitkräfte waren jedoch für beide Aufgaben zu schwach.
Piers entschied sich für den Angriff. *„Celandine"* sollte eine Position acht sm von Backbord einnehmen, wo man den Funkspruch eingepeilt hatte, und sich dort mit den Verfolgern befassen, um dann zwei Stunden nach Sonnenuntergang zurückzukehren. *„Restigouche"* als einziges schnelles Schiff würde achtern vom Konvoi stehen, um die U-Boote daran zu hindern, mit hoher Überwassergeschwindigkeit heranzuschließen, und um vielleicht einen Fühlungshalter zu fassen. Mit dem Abgang der zwei Fahrzeuge blieben nur noch drei Korvetten zur Verteidigung des Konvois. Das Radar auf der *„Arvida"* war noch dazu ausgefallen.
Monate später wurde Piers wegen dieser Entscheidung kritisiert. Man stellte sich auf den Standpunkt, daß der Konvoi ohne ausreichende Sicherung geblieben war. Andererseits beklagten einige Offiziere den mangelnden Angriffsgeist des Konvois. Rückschauend muß gesagt werden, daß mit nur fünf Kriegsschiffen zur Verteidigung von 42 Dampfern keine entsprechende Taktik möglich war. Innerhalb eines Jahres erkannte man, daß die beste Verteidigung gegen U-Boote ge-

rade dieses Verfahren war: die U-Boote vor ihrem Angriff aufzuspüren. Aber es dauerte noch mehr als sechs Monate, ehe ein Escort Commander über genügend Schiffe und Mittel verfügte, um sowohl den Konvoi verteidigen zu können als auch die See nach U-Booten abzusuchen. In der Nacht vom 1. November 1942 gab es keine solche Lösung.

Den Kapitänen der *„Gemini"* und der anderen Schiffe blieben die schwerwiegenden Entscheidungen des Escort Commander erspart. Der größte Teil der Besatzungen und Soldaten hatte sich bereits zur Ruhe begeben, als man in der Ferne eine Explosion nach der anderen hörte. Es handelte sich zweifellos um Wasserbomben. Alle zogen sich schnell an — für viele dauerte es länger als ein Jahr, ehe sie sich wieder auf See den Luxus von Schlafanzügen erlauben konnten — und kletterten über die Leiter auf das Hauptdeck. Die Dunkelheit hinter dem Konvoi wurde vom Geschützfeuer erhellt, Leuchtgranaten schwebten am Himmel und erleuchteten die Nacht mit gelblichem Licht. Von zwei Dampfern im Konvoi stiegen Raketen hoch und explodierten. Dutzende von Schiffen spiegelten sich in deren Widerschein.

Die Raketen (snow flares) wurden von Granatwerfern gefeuert und explodierten in einer Höhe von ungefähr 300 m wie Feuerwerkskörper. Die glühenden Funken erleuchteten den Konvoi, und oft entdeckte man zwischen den Dampferkolonnen aufgetaucht fahrende U-Boote.

Als die Wasserbomben und Leuchtgranaten achtern vom Geleitzug detonierten, brach auf den beiden Dampfern das Jagdfieber aus, und man schoß verfrüht Raketen. Es wurden keine U-Boote gesehen, aber das Feuerwerk enthüllte den an den Flanken lauernden U-Booten die Position des Geleitzuges.

„Restigouche" hatte die Wasserbomben und Leuchtgranaten gefeuert. Nachdem sie sich mit Sonnenuntergang entfernt hatte, überwachte der Zerstörer zehn sm achtern vom Konvoi die See, kehrte dann wieder zurück und lief mit 22 kn auf den Geleitzug zu, wobei das Schiff mit Radar und Asdic nach U-Booten suchte.

Als sich *„Restigouche"* sechs sm achteraus von den Dampfern befand, bekam man auf rund 1550 m einen vermeintlichen Asdic-Kontakt.

Der Zerstörer drehte schnell darauf zu, aber bevor die Besatzung ihre Stationen besetzt hatte, überlief er die Stelle, ohne Wasserbomben werfen zu können. Nach 1000 m wendete *„Restigouche"* und begann mit dem Asdic eine systematische Suche nach dem U-Boot.
Des öftern erhielt man Asdic-Kontakt von Walen, Fischschwärmen, Wassertemperaturschichten und von dem Kielwasser. Während des ganzen Krieges warf man ja mehr Wasserbomben auf falsche Ziele und Fischschwärme als auf U-Boote. Aber da die U-Boote um SC-107 lauerten, bestand die Möglichkeit, daß es sich um einen wirklichen Kontakt handelte. *„Restigouche"* suchte weiter, während das Asdic in Zwischenräumen von fünf Sekunden das Echo zurückwarf.
Als der metallische Ton vom Ziel reflektiert wurde und deutlich im Lautsprecher zu hören war, hoben sich auf der Brücke die Köpfe.
„Asdic an Brücke. Kontakt. 250°. Entfernung 1150 m. Kontakt gut."
„Ausgezeichnet. Steuerbord 30. Beide Maschinen halbe voraus."
Vom Asdic-Raum kamen weitere Informationen, es hieß:
„Kontakt gut. Entfernung 650 m."
An den Wasserbombenschienen arbeiteten die Mannschaften eifrig mit den Spezialschraubenschlüsseln und stellten die Wassertiefe auf 45 m ein. Während die Ausgucks und Geschützbedienungen die See voraus nach einem U-Boot absuchten, konzentrierte sich der Kommandant auf den Angriff.
„Von Asdic an Brücke. Schraubengeräusche genau voraus in 316°."
Jetzt hatte man sowohl Radar- als auch Asdic-Kontakt. Piers suchte mit seinem Glas die See ab und sichtete auch das Kielwasser des U-Bootes. Er drehte zum Angriff zu. Auf 270 m Entfernung tauchte das U-Boot. *„Restigouche"* warf in das Kielwasser zehn Wasserbomben.
Als die Wasserbomben detonierten, wurde durch die Gewalt der Explosion von einem der Generatoren der *„Restigouche"* die Schalttafel herausgerissen. Damit fiel der Strom für das Ruder und Asdic aus. Über drei Minuten klemmte das Ruder auf 20° Backbord, so daß der Zerstörer im Kreis steuerte. Als der Schaden behoben und das Schiff erneut gefechtsklar war, begann man nochmals mit der Suche nach

dem U-Boot. Nach wenigen Minuten fand man schwachen Kontakt in 1150 m Entfernung. Sechs Leuchtgranaten wurden in Richtung der Peilung gefeuert, um die See zu erhellen. Aber das U-Boot blieb unter Wasser. Nichts wurde gesehen außer dem glitzernden Widerschein der Leuchtgranaten auf der leicht bewegten See.
Dies waren auch die Leuchtgeschosse, die man auf der *„Gemini"* beobachtet hatte.
Die Suche wurde wieder aufgenommen. Eine U-Boot-Jagd erfordert Ausdauer und sehr viel Geduld. *„Restigouche"* steuerte auf ihrem Suchkurs, aber das Asdic warf kein Echo zurück. Nach 20 Minuten erhielt man Kontakt auf 850 m, der aber sofort wieder verlorenging. Noch zweimal empfing man ein Echo, aber sobald *„Restigouche"* zum Angriff abdrehte, riß der Kontakt erneut ab. Der Zerstörer stand im Kampf mit einem U-Boot-Kommandanten, der alle Tricks kannte und sein Handwerk verstand. Als zum drittenmal der Kontakt verlorenging, begann der Zerstörer nochmals eine systematische Suche. Ein ausdauernder Jäger ist Gift für ein getauchtes U-Boot. Es wird nicht nur gezwungen, seine Batterien zu erschöpfen, sondern der über Wasser laufende Zerstörer hindert es auch am Angriff. *„Restigouche"* beabsichtigte, dieses U-Boot so lange wie möglich unter Wasser zu drücken. Aber in diesem Augenblick trat Kapitänleutnant Siegfried Freiherr von Forstner auf U-402 in fünf sm Entfernung in Erscheinung.
Von Forstner tauchte nach Sonnenuntergang mit seinem Boot auf und setzte zur Verfolgung des Konvois an. Um 21.56 Uhr hatte er den Punkt erreicht, wo der Geleitzug zum letztenmal gemeldet worden war, und tauchte, um nach Schraubengeräuschen zu horchen. Man hörte jedoch nichts, dafür aber die Dieselmotoren eines anderen U-Bootes. Als er wieder nach oben kam, sah er an Backbord voraus ein U-Boot und steuerte mit hoher Fahrt auf die zuletzt gemeldete Position des Geleitzuges. Vierzig Minuten darauf sichtete er einen Zerstörer weit achtern vom Konvoi und drehte daraufhin nach Südosten ab. Es handelte sich um die *„Restigouche"*, die mit ihrem Asdic-Kontakt beschäftigt war. Er verschwendete nicht viel Zeit beim Ausweichen des Zerstörers, und U-402 änderte nochmals den Kurs auf den

Konvoi. Bald darauf entdeckte er voraus und an Backbord mehrere Schatten. Von Forstner lief an der Steuerbordflanke weiter, um sich in Angriffsposition zu setzen. Nur *„Arvida"* stand auf dieser Seite des Konvois, aber ihr Radar war ausgefallen. Ungesehen lief das U-Boot hinter der Korvette vorbei, dann weiter auf den Geleitzug, und kurz nach Mitternacht hatte es die *„Arvida"* passiert und stand nunmehr inmitten der Schiffe. In nur 700 m Entfernung sah man die Steuerbord-Kolonne des Konvois. Zwei große Frachter kamen in Sicht, die mit langsamer Fahrt liefen.

„Hart Steuerbord, Kurs 060."

Das U-Boot stand nahe genug. Von Forstner setzte sich etwas mit dem Boot ab, um sich nicht noch mehr zu nähern. Auf deutschen und amerikanischen U-Booten war es nicht erforderlich, daß das Boot auf das Ziel zeigte; die Torpedos, auf die ständig die Kursänderungen im Steuerungsmechanismus übertragen wurden, bis sie die Rohre verließen, gingen nach dem Feuern automatisch auf den gewünschten Kurs.

„Rohr I bis V — fertig zum Überwasserschuß", meldete der Torpedo-Offizier.

„Brückenkontrolle."

Unten betätigte man einen Schalter. Schwache weiße Lichter zeigten auf der Brücke an, daß man eine Kontrolle der Auslöseknöpfe hatte.

Der Torpedo-Offizier setzte sein Glas ab, mit dem er den Konvoi beobachtet hatte, und schaute durch das starke, auf der Brücke angebrachte Angriffsglas (optischer Zielgeber) auf das erste Ziel. Es war elektrisch mit der Haupt-Torpedorechenanlage unter Deck verbunden, in die auch automatisch der Kurs, die Geschwindigkeit des U-Bootes und die des Zielschiffes übertragen wurden.

Als der Frachter im Fadenkreuz des Angriffsglases stand, ertönte das Kommando: „Ziel."

Der Torpedomaat erwiderte „Eingelaufen" und betätigte einen Schalter. Die Rechenanlage lief und verarbeitete die Informationen. Einige Augenblicke darauf gingen zwei rote Lichter aus. Dadurch wurde angezeigt, daß alles in Ordnung war.

„Verfolgen", befahl der Torpedo-Offizier.

Ein Schalter wurde bedient, eine Lampe glühte auf, die anzeigte, daß die Rechenanlage die Angaben kontrollierte. Gleichzeitig wurden automatisch die sich ständig ändernden Schußunterlagen auf die Torpedos übertragen und ihr Vorhaltwinkel eingestellt. Die Torpedos konnten jetzt jederzeit gefeuert werden.
Von Forstner blickte zum letzten Mal durch sein Glas.
„Feuern, wenn alles in Ordnung."
Der Torpedomaat an der Feuerleitanlage rief: „Weiter, weiter, weiter", was bedeutete, daß die Schußunterlagen immer noch auf die Torpedos übertragen wurden.
Der Torpedo-Offizier überprüfte nochmals das Fadenkreuz in der Zieloptik und befahl „Feuer", indem er gleichzeitig den Auslöseknopf drückte. Nichts erfolgte. Der Torpedo verließ sein Rohr nicht, und das Licht leuchtete nicht auf.
„Rohr II fertig."
„Feuer."
Das Boot schüttelte sich, man hörte ein starkes Zischen, als der Torpedo von der Preßluft ausgestoßen wurde. Der Torpedo lief aber nicht einwandfrei und verfehlte das Ziel.
„Verdammt. Rohr III Achtung."
Von Forstner sprang zum Angriffsglas und schaute kurz hindurch. Das Boot hatte sich dem Frachter bis auf 350 m genähert. Bald würde es jemand auf dem Schiff entdecken.
„Feuer."
Nach 23 Sekunden traf der Torpedo den Dampfer. Eine Feuer- und Wassersäule schoß 30 m hoch. Durch die Druckwelle durcheinandergerüttelt, duckte sich die Brückenwache vor den umherfliegenden Trümmern.
„Hart Backbord."
Von Forstner sah ein Sicherungsfahrzeug auf sich zulaufen, dessen Bugwelle immer weißer wurde, als es mit der Fahrt hinaufging.
„Beide AK voraus."
Als er hinter dem Heck des torpedierten Schiffes steuerte, stand das Kriegsschiff weniger als eine halbe Seemeile entfernt. Eine Flucht über Wasser schien nicht mehr möglich.

„Alarm. Tauchen."
Schon nach zwei Minuten, als das U-Boot auf 90 m Tiefe stand, explodierten die Wasserbomben, aber keine in bedrohlicher Nähe. Das Geleitfahrzeug lief mit dem Geräusch eines Schnellzuges über das U-Boot hin und her, warf aber keine Wasserbomben mehr. Von Forstner lächelte dem I. WO zu. Im Horchpeiler konnte man die typischen Sinkgeräusche hören.
„Langsame voraus. Auf 60 m einsteuern."
Von Forstner nahm eine Tasse Kaffee, gab noch einen Löffel Zucker hinzu und rührte ihn langsam um. Seine Hände zitterten nicht im geringsten. Der Steuermann gab ihm ein Buch zur Identifizierung der alliierten Schiffe.
„Dieser könnte es sein, Herr Kapitänleutnant."
Er schaute sich das Schiff an. „Ja, das ist sie. ‚City of Baltimore'-Klasse. 8400 BRT."
Das Schiff war die *„Empire Sunrise"*. Als der Torpedo noch ungefähr 90 m entfernt war, hatte man ihn zwar entdeckt, aber es war zu spät, um auszuweichen. Er traf mittschiffs und riß ein gewaltiges Loch, der Hauptmast fiel krachend auf das Deck und beschädigte das Rettungsboot an Steuerbord. Die Kontrolle über Schiff und Hauptmaschinen fiel aus.
Die *„Empire Sunrise"* feuerte nach dem Treffer sofort Raketen und setzte zwei rote Lichter. Über zwei Stunden sank sie langsam tiefer, bis das steigende Wasser die Besatzung zum Verlassen des Schiffs zwang. Sie wurde schnell vom Rettungsschiff *„Stockport"* aufgefischt [3].
Auf der *„Gemini"* standen viele nach dem Feuern der Leuchtgranaten achtern vom Konvoi über eine Stunde an Deck, und als sich nichts weiter ereignete, gingen sie wieder nach unten zum Schlafen, im Glauben, daß die Sicherungsfahrzeuge es schon schaffen würden.

[3] Jeder Konvoi hatte ein besonders ausgebildetes und ausgerüstetes Handelsschiff, das als Rettungsschiff diente. An Bord befanden sich ein Arzt und Krankenstationen sowie die erforderliche Ausrüstung zur Rettung von Überlebenden. Jene Männer führten ein gefährliches Leben, wenn sie Schiffbrüchige von versenkten Dampfern achteraus vom Konvoi aus dem Wasser holten. Oft konnte man keine Kriegsschiffe zur U-Boot-Sicherung abstellen, auch U-Boote lauerten manchmal in der Nähe, um sich zu vergewissern, daß ihr Opfer wirklich unterging.

Luftaufnahme eines Nordatlantik-Konvois.

VIIC-U-Boot, das die Hauptlast des Kampfes in der Schlacht um den Atlantik trug. Es verdrängte nur 769 t bei einer Länge von 67 m und war Tonne für Tonne das beste U-Boot im zweiten Weltkrieg.

Die Brückenwache eines auf Se
befindlichen U-Bootes, die nac
allen Himmelsrichtungen schar
Ausguck hält. Auf keinem an
deren Kriegsschiff hing di
Chance des Überlebens so seh
von der ständigen Wachsamkei
ab.

Der Flottillenchef begrüßt die Be
satzung von zwei U-Booten, di
gerade in einen französische
Stützpunkt zurückgekehrt sind
Bis zum bitteren Ende blieb ihr
Moral ungebrochen.

Kapitänleutnant von Bülov
spricht mit einigen seiner Besat
zungsmitglieder, die nach eine
erfolgreichen Feindfahrt ausge
zeichnet wurden. Das Durch
schnittsalter der U-Boot-Besat
zungen betrug weniger als 2
Jahre.

USS *„Gemini"* (AP 75). Das alte, im Jahre 1919 gebaute, 2000 BRT große Schiff wurde von der US-Marine übernommen und als Transporter umgebaut. Es war langsam und hatte keine wasserdichte Schottunterteilung. Es war daher ein Risiko, mit der *„Gemini"* Hunderte von Truppen über den Atlantik zu schicken.

Eine Korvette in schwerer See.

HMCS „*Restigouche*", das Flaggschiff der Sicherungsstreitkräfte für SC-107. Der Zerstörer war bis zum Eintreffen von HMS „*Walker*" das einzige schnelle Geleitfahrzeug.

Lieutenant Commander Desmond W. Piers, RCN, Kommandant der „*Restigouche*" und Escort Commander der Mid-Ocean-Escort des Geleitzuges SC-107.

Admiral Karl Dönitz, BdU, ohne Zweifel das größte taktische Genie in der Geschichte der Unterseeboote.

Vice-Admiral B. C. Watson, RN (Ret.), Kommodore des Geleitzuges SC-107.

Korvettenkapitän Siegfried Freiherr von Forstner, Kommandant von U-402.

Korvettenkapitän Otto Kretschmer auf der Brücke von U-99. Mit einem Versenkungserfolg von über 300 000 BRT ist Kretschmer der erfolgreichste U-Boot-Kommandant des zweiten Weltkrieges. Im Jahre 1941 geriet er nach der Versenkung seines Bootes in Gefangenschaft. Heute ist er Flottillen-Admiral in der Bundesmarine.

Captain George E. McCabe, Kommandant des Küstenwachkutters *„Ingham"*.

Ein U-Boot-Kommandant beobachtet einen alliierten Konvoi durch das Angriffssehrohr.

Lageraum des Commander-in-Chief, Western Approaches, im Derby House in Liverpool. Der C-i-C, Admiral Sir Max Horton, wird von einem Verbindungsoffizier der RAF unterrichtet, während die Marine-Nachrichtenhelferin (Wren) auf der Leiter die Positionen der alliierten Schiffe markiert. Von einem britischen Admiral, der die Wrens auf den Leitern beobachtete, wird erzählt, daß er bemerkte: „Wir müssen entweder die Konvoirouten weiter nach Süden verlegen, oder die Wrens müssen Hosen tragen.“

Ein mit Munition beladenes Schiff fliegt nach einem Torpedotreffer innerhalb eines Konvois in die Luft. Es ist möglich, daß U-132 nach der Torpedierung der *„Hobbema"* bei der Explosion dieses Schiffes unterging.

HMCS *„Arvida"* läuft mit Überlebenden in einen Stützpunkt ein.

Der Ankerplatz im Hvalfjordur, von den Matrosen der Geleitfahrzeuge als „Valley Forge" oder „Happy Valley" genannt.

Föhnwinde durchbrausen mit einer Geschwindigkeit von über 100 kn einen Fjord, und selbst in den geschützten Gewässern entstehen gewaltige Wellenberge.

Einer der alten amerikanischen Flushdeck-Zerstörer aus dem ersten Weltkrieg in schwerer See. Diese Fahrzeuge eigneten sich nicht für einen Einsatz im rauhen Nordatlantik-Wetter, aber deren Besatzungen hielten trotzdem den Gefahren stand.

US-Küstenwachkutter *„Hamilton"* im sinkenden Zustand vor Island nach einem Torpedotreffer von U-132.

US-Küstenwachkutter *„Duane"*, der ebenfalls zur „Hamilton"-Klasse gehörte. Für das rauhe Nordatlantik-Wetter gab es keine besseren Geleitfahrzeuge. Rear Admiral Samuel Eliot Morison, der US-Marinehistoriker, schreibt über diese Schiffe: „Ihre Verluste waren schwer, ihre Leistungen hervorragend."

vei Mann einer Geschützbedienung halten Ausguck, während sie versuchen, sich bei dem
lten Wind warmzuhalten.

Ein Matrose eines Geleitfahrzeuges. Zu Beginn des Krieges handelte es sich meistens um zähe, erfahrene und aktive Seeleute. Ihre Bärte wiesen sie als Nordatlantik-Veteranen aus.

nitäter entkleiden einen ölverschmierten Überlebenden
Schiffslazarett eines Geleitfahrzeuges.

Ein Konvoi formiert sich vor Island nach Verlassen des Hafens. Von Island begleitete man die Schiffe zu einem bestimmten Treffpunkt mit einem nach Westen laufenden Geleitzug.

U-442 und ein brennender Tanker während der Schlacht um den Konvoi TM-1 im Januar 1943. Hierbei wurden sieben von neun Tankern versenkt. U-442 nahm auch an dem Angriff auf SC-107 im November 1942 teil.

Ein Küstenwachkutter in schwerer See südlich von Grönland. Die Besatzungsmitglieder entfernen das Eis.

Bei Schneetreiben und Eissturm räumen die Besatzungsmitglieder das Eis, um zu verhindern, daß es für das Schiff gefährliche Ausmaße annimmt.

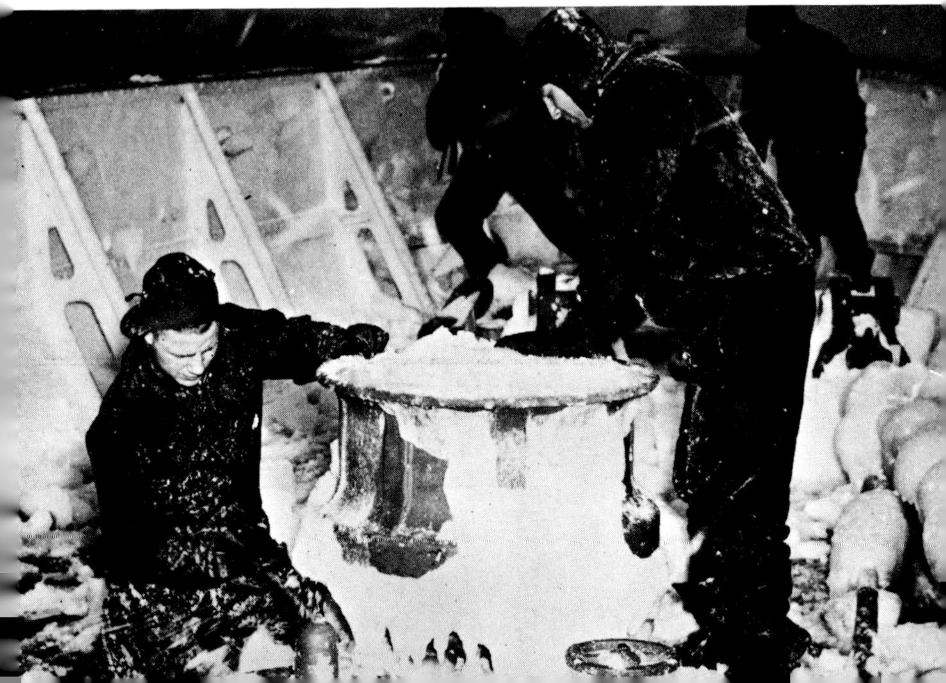

„Ingham" passiert das Heck der *„Bibb"* während der Schlacht um den Konvoi SC-118. Die seetüchtigen Küstenwachkutter dieser Klasse hatten einen großen Aktionsradius, und während der Winterkrise 1942/1943 trugen sie seitens der US-Marine die Hauptlast bei der Verteidigung der Konvois.

Lieutenant Pierre de Morsier, Kommandant der frei-französischen Korvette *„Lobelia"*. Seine Leistungen während des erbitterten, eine Woche dauernden Kampfes um SC-118 sind einmalig in der Geschichte der U-Jagd.

Die ruhmreiche frei-französische Korvette *„Lobelia"*.

Transporter
„Henry R. Mallory".

Ein Floß mit Überlebenden der Handelsmarine und einem Soldaten längsseits eines Küstenwachkutters.

Leuchtgranatenschießen eines Küstenwachkutters im Nordatlantik. Die Geschützbedienung der *„Bibb"* wurde durch das Mündungsfeuer geblendet, so daß U-402 entkommen konnte.

Captain Roy L. Raney, USCG. Das Photo wurde mehrere Monate nach der Schlacht um den Konvoi SC-118 aufgenommen, als er zum Kapitän zur See befördert wurde. Als Kommandant der *„Bibb"* rettete er die meisten Überlebenden der *„Henry R. Mallory"*, und während der Nacht vom 8. 2. 1943 hätte er fast U-402 über Wasser vernichtet.

Die Ruhe war aber nur kurz. Zuerst bemerkte man den dumpfen Schall, als die *„Empire Sunrise"* in drei sm Entfernung torpediert wurde, dann schrillten die Alarmglocken auf der *„Gemini"*. In den von nur einem schwachen roten Licht erleuchteten Räumen sprangen die Männer aus den Kojen, schlüpften in ihre Uniformen und legten die Schwimmweste an.
Auf dem Hauptdeck erwartete sie ein unvergleichliches Nachtbild. Jedes Schiff im Konvoi feuerte Raketen, die die Szene taghell beleuchteten, und als das Feuerwerk abbrannte, hörte man wieder Wasserbomben detonieren. *„Restigouche"* hatte, während sie sich dem Konvoi näherte, von neuem einen Kontakt erhalten und warf zehn Wasserbomben. Nachdem die Raketen allmählich erloschen waren und der Geleitzug wieder in völliger Dunkelheit lag, befahl der Kommodore eine Kursänderung von 40° nach Backbord, um die U-Boote abzuschütteln.
Die kalte Luft trieb die Männer allmählich wieder unter Deck, und mit Fortschreiten der Nacht gingen einige nach unten und versuchten zu schlafen. Sie wurden aber schnell durch erneute Wasserbombenexplosionen aufgescheucht. *„Restigouche"* erhielt einen weiteren Kontakt und warf einen Bombenteppich, doch verlor sie die Verbindung bald darauf. *„Gemini"* entpuppte sich mit der Zeit als ein derartig lässiger Veteran, daß kein Alarm mehr gegeben wurde.
Wenige Minuten später ortete *„Amherst"* mit dem Asdic ein U-Boot und warf Wasserbomben. An Schlaf war jetzt kaum mehr zu denken. Die Offiziersmesse der *„Gemini"* füllte sich mit Soldaten, die Kaffee tranken und sich gedämpft unterhielten. Jeder hatte seine Schwimmweste umgelegt. Dreitausend Männer auf 46 Schiffen warteten nervös in der Dunkelheit.
Gegen Mitternacht begab sich *„Restigouche"* auf ihre Position achtern vom Konvoi und lief mit Zickzackschlägen. Alle drei Minuten änderte sie den Kurs. Das sollte sie retten. Denn um fünf Minuten nach Mitternacht stand von Pückler mit U-381 in rund 1600 m in Angriffsposition. Er nahm nochmals durch das Sehrohr die letzte Peilung vor und feuerte einen Viererfächer. Anschließend ging er auf 60 m.

Als er gerade das Periskop einfuhr, änderte *„Restigouche"* wiederum ihren Kurs, und so liefen alle Torpedos vorbei. Der Zerstörer setzte seine Fahrt fort, ohne zu ahnen, daß ihn die Torpedos nur um wenige Meter verfehlt hatten.

Drei Minuten nach dem Fehlschuß von U-381 feuerte der allgegenwärtige von Forstner auf U-402, nachdem er aufgetaucht war und sich in Angriffsposition gesetzt hatte, fünf Aale in einer Entfernung von ungefähr 900 m auf die Backbord-Kolonne. *„Rinos"* und *„Dalcroy"* wurden getroffen. *„Rinos"* legte sich über und versank in fünf Minuten. Die restlichen drei Torpedos liefen durch den Konvoi. Einer von ihnen explodierte vier sm weiter in der Nähe der siebten Kolonne.

Das laute Krachen, als die Torpedos die beiden benachbarten Schiffe trafen, erschütterte die *„Gemini"* bis zum Kiel, und in der Offiziersmesse, wo 30 Offiziere auf dem Boden schliefen, herrschte augenblicklich Verwirrung.

„Das sind wir", schrie jemand. Sofort entstand ein Gedränge an der einzigen nach draußen führenden Tür.

„Licht an!"

„O. k., keine Aufregung, mit Ruhe geht alles besser."

Man beruhigte sich auch wieder. Taschenlampen gingen an, die Männer eilten durch die Tür und den Gang auf das Hauptdeck. Als sie dort oben atemlos ankamen, lief *„Gemini"* immer noch ihren alten Kurs. Die Nacht war taghell erleuchtet. An Backbord brannte ein Dampfer. Das hinter ihm steuernde Schiff scherte mit roten Lichtern aus der Kolonne aus. Eine Rakete schoß vom zweiten Frachter in den Himmel, worauf der ganze Konvoi diesem Beispiel folgte. Schließlich wurde auch auf der *„Gemini"* Alarm gegeben. Währenddessen hörte man an Backbord die dumpfen Explosionen der Wasserbomben. Es war eine Szene voller Unwirklichkeit, und im Laufe von Monaten prägte sich dieses Bild bei vielen als Hauptmerkmal eines Nachtgefechts zur See ein. Ein Psychologe würde dieses Gefühl der Unwirklichkeit als einen defensiven Mechanismus erklären, um solche Greuel einfach nicht wahrhaben zu wollen, also als einen geistigen Kurzschluß. Ein Matrose würde es vielleicht abschütteln als Folge, aus einem erschöpften Schlaf gerissen worden zu sein. Im Halbschlaf ist man ja kaum in der Lage, alles genau zu erfassen. Was auch die Ursache sein mag, ein Nachtgefecht zur See bleibt für immer klar und unvergessen, dennoch aber mit dem gewissen Befremden vor einer Unwirklichkeit verbunden.

Die übliche Reaktion auf die Explosion eines Torpedos während der Nacht ist Furcht, eine plötzliche, natürliche, eine tierische Angst, die sich in heftigen Pulsschlägen und kaltem Schweiß sowie nach einiger Zeit in widersinnigem Gähnen äußert. Menschen, die gezwungen sind, unter großer Anspannung zu warten, neigen oft zum Gähnen. Gähnen steckt an. So war es auch auf dem Deck der *„Gemini"*, die in flackerndes Licht der Leuchtgranaten und der brennenden *„Dalcroy"* getaucht war.

Die Raketen erloschen. *„Restigouche"* erhielt dicht am Konvoi einen weiteren Kontakt und warf neun Wasserbomben. Der Angriff fand in Nähe der Steuerbordkolonne statt. Die Explosion der Wasserbomben hatte die Maschinenanlagen der *„Hatimura"*, beschädigt, die eine Rakete feuerte und rotes Licht setzte. Zwei andere ebenfalls von den Wasserbomben durchgeschüttelte Dampfer meldeten irrtümlich, sie wären torpediert worden.

Das Gefecht ging jetzt in heilloses Durcheinander über. U-84 feuerte auf einen Frachter zwei Torpedos, aber keiner traf. Fünf Minuten nach diesem Fehlschuß machte U-522 einen Viererfächer los, wovon zwei Torpedos die *„Hartington"* erreichten. Ein 30-t-Panzer — in Höhe der Luke 2 festgezurrt — fiel krachend durch das Deck. 15 Minuten nach diesem Treffer kenterte der Frachter und sank. Mit Ausnahme von zwei Mann ging die 44köpfige Besatzung in zwei Booten von Bord [4].

[4] Die beiden Boote blieben einen Tag und eine Nacht zusammen, ehe sie der aufkommende Wind trennte. Das Boot des Kapitäns mit 26 Mann trieb auf den Konvoi-Routen und wurde zehn Tage später von einem Zerstörer gefunden. Die Männer hatten drei große Fässer mit Schmalz zur Ernährung und zum Schutz gegen die Witterung verbraucht. Nur ein Mann starb im Boot. Das andere Boot mit 21 Mann wurde nie gefunden.

Während der jetzt im Konvoi herrschenden Verwirrung kollidierten beinahe mehrere Dampfer, und zwei liefen mit Positionslichtern weiter. Ihre Kapitäne handelten geschickt. Das U-Boot-Rudel wußte ja doch, wo der Konvoi war.

Die Raketen erloschen langsam. Der Geleitzug war wieder in Dunkelheit gehüllt.

Bald schossen jedoch von neuem Leuchtgranaten an Steuer- und an Backbord hoch. *„Amherst"* warf sechs Wasserbomben auf einen Asdic-Kontakt. An Steuerbord griff *„Arvida"* eine zweifelhafte Ortung an. Als „Belohnung" wurde sie von mehreren Frachtern unter MG-Feuer genommen. Die Geschützbedienungen auf den Dampfern hatten mehr oder weniger Angst und schossen wahllos auf jedes verdächtige Ziel. Ein junger Geschützoffizier auf einem US-Frachter sah, wie verschiedene Schiffe auf eine bestimmte Stelle im Wasser schossen, und richtete sein Geschütz ebenfalls darauf. „Es hätte ja ein U-Boot sein können." Verluste gab es aber keine, obwohl einige Schiffe getroffen wurden, als die Leuchtspurgeschosse über sie hinwegflogen.

Der Mensch ist ein erstaunlich anpassungsfähiges Geschöpf. Innerhalb von wenigen Minuten nach der Torpedierung der *„Hartington"* begaben sich viele der Männer in die Messe der *„Gemini"*. Aber selbst die Tapfersten unter ihnen gingen dieses Mal nicht in die unter der Wasserlinie gelegenen Schlafkojen. Das Grammophon in der Messe plärrte ein durch den Krieg inspiriertes Lied, „Des Führers Gesicht".

„Oh, der Führer sagt, wir sind die Herrenrasse."

„Wir marschieren heil, heil genau in des Führers Gesicht."

„Stellt das verdammte Ding ab!" rief jemand. Es wurde auch ausgeschaltet. Aus einer Ecke im Raum kam es leise: „Putschen wir doch die Deutschen nicht noch mehr auf, als sie es jetzt schon sind!"

Spannung und Zigarettenqualm erfüllten die Messe, die Gespräche waren nervös und gezwungen. Die Männer vermieden sorgfältig das Thema, was geschehen würde, wenn die *„Gemini"* — ohne Unterteilung und wasserdichte Schotten — einen Treffer erhielte. Es gab keine Notwendigkeit, darüber zu diskutieren, denn alle kannten die Folgen. In unausgesprochener Übereinstimmung hatte man im Raum das weiße Licht ausgeschaltet, nur das rote Notlicht brannte. Es war schlimm genug, in ein Boot oder Rettungsfloß übersteigen zu müssen und dann noch geblendet zu werden. Da wollte man sich den hell erleuchteten Raum zuvor ersparen. Im Grunde war es Angst. Gelegentlich flammte ein Streichholz auf, wenn eine Zigarette angesteckt wurde. Mit schwerer Ausrüstung und Schwimmweste lagen über 30 Mann auf dem Boden. Man dachte nicht mehr an Schlaf, obgleich einige ihn vorgaben. Sie waren die Gejagten, und diese Lage war nicht angenehm. Die Unterhaltung blieb gedämpft, als ob man durch den Schiffskörper etwas nach außen hätte hören können. Tatenloses Warten macht den Menschen unmutig. Wenn man zurückschlagen kann, weicht das aufkommende Gefühl der Hilflosigkeit. Untätig sein, macht die langsam dahinkriechende Zeit unerträglich. Man hört das Herz stärker klopfen, und das ist immer beunruhigend. Die Unruhe erhöht sich, wenn sie alle im geschlossenen Raum Anwesenden aufscheucht, und sie wirkt besonders bohrend, wenn die Gefahr draußen lauert wie in dieser ersten Angriffsnacht auf SC-107.

Um 02.06 Uhr hörte man in der Ferne einen dumpfen Knall. Alle sprangen auf, angespannt und wartend. Doch nichts geschah. Zwei Mann wanderten auf dem Deck umher, kehrten aber bald zurück und berichteten, daß oben alles dunkel sei. U-438 hatte getaucht zum Angriff angesetzt und auf ein Schiff gefeuert, doch explodierte der Torpedo frühzeitig. Die Deutschen hatten wie die Alliierten mit Torpedoschwierigkeiten zu kämpfen.

Eine Stunde später vernahm man eine ähnliche Detonation; es handelte sich um einen Torpedo, der als Enddetonierer explodierte. Er gehörte zu einem Dreierfächer von U-521, traf aber kein Ziel. Die weniger mutigen Kommandanten feuerten ihre Torpedofächer auf größere Entfernung, in der Hoffnung, daß der eine oder andere Aal die in der engen Kolonne fahrenden Dampfer schon treffen würde. Manchmal hatte dies Erfolg, aber doch nicht die fürchterliche Wirkung wie die sorgfältig auf kurze Entfernung gezielten Schüsse.

Während der Morgendämmerung kam die kanadische Korvette *„Moosejaw"* [5], die später ausgelaufen war, zum Konvoi und verstärkte die weit unterlegenen Sicherungsstreitkräfte auf sechs Fahrzeuge, von denen nur vier Radar hatten. Um seine Verachtung für die schwache Verstärkung zu zeigen, tauchte von Forstner mit U-402 auf, näherte sich der Backbord-Kolonne bis auf rund 1250 m und machte einen Viererfächer los. Die *„Empire Leopard"* wurde getroffen und sank nach 30 Sekunden, wobei sie die gesamte Besatzung mit Ausnahme von drei Mann mit in die Tiefe nahm. *„Empire Antelope"* blieb in Flammen gehüllt zurück. Nach einer Stunde ging auch sie unter, nachdem sich die Besatzung in Sicherheit hatte bringen können.

Auf keinem anderen Schlachtfeld hängt wahrscheinlich die Wirkung einer Waffe so vom Kommandanten ab wie auf einem U-Boot. Ein vorsichtiger Kommandant versenkt nicht viel, und seine noch so gut ausgebildete und eifrige Besatzung kann daran wenig ändern. Die aggressiven „Tiger", die den Feind soviel wie möglich, ja eher noch mehr als möglich schädigen wollen, setzen ihr Boot oft Gefahren aus. Die Verlustrate steigt somit auf beiden Seiten.

Glücklicherweise waren nicht alle deutschen U-Boot-Kommandanten solche „Tiger"; die wenigen unter ihnen erzielten aber die meisten Versenkungen. Die gesamte vernichtete Tonnage kann andererseits nicht als der einzige Maßstab für die Leistung eines ausgezeichneten Kommandanten angesehen werden. Denn viele fanden ein gewaltsames Ende, ehe ihre Versenkungsrate überhaupt angestiegen war. Im übrigen muß man auch die unterschiedlichen Eigenschaften ihrer Gegenspieler beachten.

Kapitänleutnant Siegfried Paul Gustav Leo Freiherr von Forstner,

[5] Sie hatte bereits vor einem Jahr ein U-Boot versenkt. Als die Korvette es rammte, sprang der U-Boot-Kommandant von der Brücke auf das Deck der „Moosejaw", während sein Boot weiterkämpfte. Als es schließlich unterging, waren die Überlebenden verständlicherweise über ihren Kommandanten ziemlich aufgebracht.

Kommandant von U-402, gehörte zu den aggressiven Offizieren in der Tradition solcher Asse wie Prien, Kretschmer, Schepke, Endrass und Lüth, obwohl seine versenkte Tonnage, oft gegen äußerst zähe Gegenwehr erzielt, nicht beeindruckend war.

Als Nachfahre einer alten preußischen Familie, die viele bewährte Offiziere hervorgebracht hatte, war der junge Freiherr, jetzt auf seiner fünften Feindfahrt, ein erfahrener und gefährlicher U-Boot-Offizier. Seine Gefährlichkeit war um so größer, da er darunter litt, auf mehreren ruhigen und ereignislosen Unternehmen nur zwei Schiffe vernichtet zu haben, während seine Freunde auf anderen Booten in dieser Zeit bereits große Erfolge gegen die ungeschützte Schiffahrt vor der amerikanischen Küste erzielt hatten. Mit einer durch monatelangen Drill vorzüglich ausgebildeten Besatzung war er bereit, hohe Risiken in Kauf zu nehmen, nur um Erfolge zu erzielen.

Auf der vorherigen Feindfahrt war sein Boot vor Kap Hatteras durch einen Wasserbombenangriff schwer beschädigt worden. Falls hierdurch seine Nerven in irgendeiner Weise angegriffen waren, so zeigte sich dies nicht im geringsten. Kühl, wagemutig und mit dem hartnäckigen Instinkt eines Jägers war der 32jährige von Forstner ein begeisterter Berufsoffizier, und zwar von der Art, wie man ihn sich, objektiv betrachtet, nur wünschen konnte. Wenn er bis jetzt nicht zum Zuge gekommen war, minderte das nicht seine ausgezeichneten Fähigkeiten. Von alliierter Seite beobachtet, zweifelte niemand an ihnen.

Nach der früheren Versenkung der *„Dalcroy"* und *„Rinos"* lief von Forstner mit seinem Boot in hoher Fahrt auf die Spitze des Konvois zu, in der Absicht, sich vorzusetzen und die Rohre nachzuladen, um für den folgenden Angriff in Position zu stehen. *„Amherst"* hatte ihn dabei entdeckt und mit Maschinengewehren das Feuer auf ihn eröffnet.

Ein Frachtdampfer traf mit einem 7,5-cm-Geschoß sogar die Brücke des Bootes. Mit einem durchlöcherten Turm und einem beschädigten Diesel-Luftschacht tauchte von Forstner nur widerwillig. In der nächsten Stunde versuchte er zweimal aufzutauchen, wurde aber stets von den Sicherungsfahrzeugen vertrieben. Schließlich gelang es ihm, nach 1½ Stunden wieder nach oben zu kommen. Er lief dann an der Backbordseite und versenkte *„Empire Antelope"* und *„Empire Leopard"*. Nach der Torpedierung seines vierten und fünften Schiffes mußte er nochmals unter Wasser, tauchte aber bald erneut auf und verfolgte den Konvoi.

Von Forstner war aber in dieser Schlacht nicht der einzige Mann mit eisernen Nerven. Das von einer Korvette gesicherte Rettungsschiff *„Stockport"* war in der Nacht mit der gefährlichen Aufgabe beschäftigt, Überlebende aufzufischen, und hatte jetzt mehr als 250 Mann an Bord. Sobald ein Schiff torpediert wurde, sagte der Funker mit einer gleichmäßig monotonen Stimme, die sich nie änderte oder Bewegung zeigte: „Nummer 12 torpediert, Nummer 13 torpediert ..." Zur Rettung von Überlebenden mußte es achtern stehen und lag daher jeweils für längere Zeit gestoppt im Wasser, um die Rettungsaktionen durchführen zu können. Das Gebiet achtern vom Konvoi war besonders gefährlich, denn hier standen nicht nur die verfolgenden U-Boote, sondern ein U-Boot-Kommandant lauerte auch oft in Nähe eines torpedierten Schiffes, um diesem den Fangschuß zu geben, falls es nicht nach dem ersten Treffer sank. Ohne Radar und Asdic und des öftern ohne Sicherung führten die Matrosen des Konvoi-Rettungsschiffes ohne Zögern ihre gefahrvolle Aufgabe aus. Sie waren die Tapfersten der Tapferen.

Als die zwei Schiffe in der Backbord-Kolonne getroffen wurden, befahl *„Restigouche"* den Geleitfahrzeugen, die Operation „Raspberry" auszuführen — eine gleichzeitige U-Boot-Jagd längs des Konvois durch die Sicherungsfahrzeuge und Feuern von Leuchtgranaten — mit dem Versuch, die U-Boote aufgetaucht zu entdecken. Man sah nichts. Aber nachdem die letzte Leuchtgranate erloschen war, feuerte U-522 einen Viererfächer auf der anderen Seite des Geleitzuges und tauchte sofort darauf. Zwei Torpedos trafen die *„Maritima"*, die auseinanderbrach und innerhalb von drei Minuten versank. Über dem Konvoi explodierten wiederum Raketen, und dem Mündungsfeuer der

Geschütze folgten kurz darauf Leuchtgranaten hoch am Himmel. Ein Schiff in der fünften Kolonne schoß mit dem MG, und die Leuchtspurgeschosse flogen über den in der Nähe laufenden US-Transporter *„Pleiades"*.

Als die Raketen erloschen, flog die Munitionsladung auf der *„Maritima"* unter einer ungeheuren Detonation in die Luft und erschütterte den Konvoi. Fünf Dampfer wurden hierbei so heftig getroffen, daß sie sich als torpediert meldeten und Lichter setzten. Auf der *„Pleiades"* zerbrachen im Maschinenraum die Instrumente und Manometer, und der Maschinen-Telegraphist stoppte die Maschinen im Glauben, daß das Schiff getroffen wäre. Der Kapitän der *„Olney"* befahl seiner Besatzung, das Schiff zu verlassen, nahm den Befehl aber wieder zurück, als man feststellte, daß der Frachter nicht beschädigt war. Von der Besatzung der *„Maritima"* fand man 32 Mann nicht mehr wieder.

Die Schrecken hörten in dieser Nacht nicht auf. Nur 19 Minuten nach der gewaltigen Explosion feuerte U-522 nochmals einen Fächer, und zwei Aale trafen die *„Mount Pelion"*, die nach 20 Minuten mit sieben Mann unterging. Die anschließende Verwirrung war so groß, daß zehn Minuten vergingen, ehe die Dampfer den Befehl erhielten, Raketen zu schießen; jedoch kamen nur wenige der Aufforderung nach. Ein von U-521 gefeuerter Torpedo detonierte in großer Entfernung und steigerte die Aufregung noch mehr. Nach 20 Minuten machte U-442 auf große Entfernung einen Viererfächer los, ein Aal ging inmitten des Konvois hoch, aber ohne Schaden anzurichten. Das war der letzte Angriff in dieser Nacht. Mit anbrechender Morgendämmerung mußten die U-Boote tauchen. Selbst die U-Boot-Männer brauchten Schlaf, denn sicherlich hatten sie während der Nacht ebenfalls keine Ruhe gefunden.

Auf den Geleitfahrzeugen gab es keine Pause. Bei Tagesanbruch wurde der *„Amherst"*, *„Arvida"* und *„Stockport"* befohlen, zurückzulaufen und Überlebende aufzunehmen. Acht Schiffe waren versenkt worden. *„Stockport"* hatte bereits über 250 Schiffbrüchige an Bord — doppelt so viel wie vorgesehen und angenommen. Bei dem schlechten Wetter bestand keine Hoffnung auf Luftsicherung, selbst wenn viermotorige Maschinen bei der Hand gewesen wären, um das „Luftloch" zu erreichen. Piers hoffte aber, daß es ihm gelingen werde, das Wolfsrudel bei der schlechten Sicht abzuschütteln.

Der Morgen ging ohne Ereignisse vorüber, und die nicht auf Wache befindlichen Besatzungsmitglieder schliefen erschöpft, soweit sie es konnten. Mehrere Dampfer im Konvoi nahmen neue Positionen ein, um die Lücke, die acht vernichtete Schiffe hinterlassen hatten, auszufüllen. Zwei Nachzügler wurden zurückgebracht, und eine Korvette befahl einem Frachter, sich da einzureihen, wo er hingehörte. Er lief in der Backbord-Kolonne, die in der vergangenen Nacht schwer gelitten hatte. Mitten im Konvoi zu fahren, war ihm sicherer erschienen, und so hatte er sich deshalb zwischen Kolonne zwei und drei in Nähe der Nummer 23 [6] geschlichen. Falls ein Schiff getroffen würde, so sollte es doch Nr. 23 sein. Jedenfalls nahm der Kapitän des Frachters dies an. Aber bei Tageslicht und mit dem Ende der Angriffe wurde er in seine richtige Position zurückbeordert.

Am späten Morgen rief der IO der *„Gemini"* die Soldaten zu einer Besprechung zusammen. Die Schiffsoffiziere waren hauptsächlich Neulinge oder Reservisten von der Handelsmarine mit nur geringer Artillerie-Erfahrung. Alle Offiziere, sagte der IO, würden nun als Geschützführer den zwei 7,5-cm-Geschützen zugeteilt oder als Hilfs-Wachoffizier Dienst tun. Die Kanonen blieben während der Überfahrt ständig besetzt. Auch Wachdienst müsse von jetzt an gegangen werden. Dies würde nicht nur die Bereitschaft auf dem Schiff erhöhen, sondern ihnen eine Beschäftigung geben, was besser wäre als den Angriffen nur zuzuschauen. Außerdem gab es nicht genug Schwimmwesten, und der IO hielt es für eine angemessene Geste, wenn die Offiziere die ihren den anderen Männern überließen.

[6] Die Konvoi-Nummer eines Schiffes gab dessen Position in der Formation an. Die erste oder zweite Zahl bezeichnete die Kolonnen-Nummer des Schiffes; die Backbord-Kolonne hatte Nr. 1. Die letzte Zahl gab die Position innerhalb der Kolonne an. Das erste Schiff führte die Nummer 1. So bedeutete z. B. Nr. 124, daß es sich um das vierte Schiff in der 12. Kolonne handelte.

Es entstand ein beträchtliches Gemurmel über den Fehler der Schifffahrtsgesellschaft, nicht genügend Schwimmwesten zur Verfügung gestellt zu haben; aber zuletzt wurden sie für die Soldaten auf Deck gestapelt. Sonst war weiter nichts zu tun.
Auch auf dem US-Transporter *„Pleiades"* regte sich der Wille, mitzuhelfen. Dort hatte man inzwischen ausgeforscht, daß die Geleitfahrzeuge in unzureichender Zahl vorhanden und deshalb auch nicht mit der gegenwärtigen Situation fertig werden konnten. Der Kommandant befahl den Soldaten und der Besatzung, die unteren Decks zu räumen. Offiziersmesse, Gänge wurden von der Mannschaft belegt. Viele von ihnen schliefen auf dem Boden der Offiziersräume und blieben dort bis zum Ende der Überfahrt.
Auf der *„Gemini"* ging man sogar noch ins Detail. Manche Soldaten nahmen an, daß eine dicke Fettschicht die Füße im kalten Wasser schützen würde. Während des Höhepunktes der Nachtschlacht rieben sie ihre Füße daher mit Schmieröl ein und zogen darüber Socken und Schuhe.
Der 2. November, ein Montag, brachte am Nachmittag noch mehr Regen und Nebel und erhöhte damit die Hoffnung, daß der Konvoi bei der verminderten Sicht das Wolfsrudel abgeschüttelt hätte. Der Geleitzug steuerte durch Nebelfelder, wobei man nur noch weniger als eine halbe sm sehen konnte. Die Frachter warfen Dampfbojen aus. Diese Spierenbojen schleppte jedes Schiff einige hundert Meter hinter sich. Sie sollten eine Orientierungshilfe für das nachfolgende Schiff sein, sobald man den Vordermann im Nebel nicht mehr ausmachen konnte.
Aber das Wetter schützte SC-107 keinesfalls gegen einen U-Boot-Kommandanten, der zäh am Feind blieb und angreifen wollte. Kapitänleutnant Herbert Schneider, der zuerst den Konvoi gesichtet und in der Nacht drei Schiffe torpediert hatte, tauchte in der Morgendämmerung achtern vom Konvoi auf und meldete dem BdU die Versenkung von sieben Dampfern. Das war übertrieben, aber auch drei genügten. Nachdem er den ganzen Morgen die Verfolgung fortgesetzt hatte, machte er gegen Mittag die Maste des Geleitzuges aus.

Er drehte ab, ehe er sich wieder vorsetzte.
Während Schneider mit Kurs Nordost steuerte, sichtete er drei U-Boote, die wegen Brennstoffmangel den Kampf abgebrochen hatten und von einem U-Tanker versorgt werden mußten, damit sie ihre Feindfahrt fortsetzen konnten.
Spät am Nachmittag erreichte Schneider mit seinem Boot eine Position vor dem Geleitzug und tauchte zum Unterwasserangriff. Diese Taktik wandten nur wenige Kommandanten gegenüber einem gesicherten Konvoi an, aber Schneider gehörte zu den angriffsfreudigen Typen. Als Wachoffizier unter Hardegen, dem erfolgreichen Kommandanten von U-123, hatte er eine ausgezeichnete Ausbildung erhalten, und es war ihm auch gestattet worden, selbst Angriffe zu fahren, wobei er fünf Schiffe versenkte, ehe er sein eigenes Boot bekam. Er gehörte auch zu den erfahrenen Berufsoffizieren.
Auf Sehrohrtiefe schlich sich Schneiders Boot wieder an den Konvoi heran, vermied dabei die Steuerbordsicherung und feuerte zwei Torpedos. Einer traf die *„Parthenon"*, während der andere, ohne Schaden anzurichten, inmitten der Kolonnen des Konvois explodierte. Jetzt drehte Schneider ab und tauchte tiefer, und *„Arvida"* und *„Restigouche"* machten sogleich Jagd auf ihn. Fünfzig Minuten nach dem Angriff hatte *„Arvida"* Asdic-Kontakt und warf acht Wasserbomben, die U-522 heftig durchschüttelten. Manometer platzten, das Licht ging aus. Aber das Boot befand sich im tiefen „Keller", die Wasserbomben detonierten zu hoch über U-522, um tödlich zu sein.
Kurz vor Einbruch der Dunkelheit wurde der Nebel noch dicker, und die U-Boote verloren die Fühlung mit dem Konvoi. In der Nacht änderte der Kommodore den Kurs um 50° nach Steuerbord, aber bald darauf mischte sich eine Korvette, deren Radar nicht arbeitete, unter die Handelsschiffe.
Es ist schon schwierig, bei guter Sicht und mit Radar innerhalb eines Geleitzuges zu laufen, aber bei 35 Schiffen in pechschwarzer und nebliger Nacht in der Falle zu sitzen, ist nicht weniger als aufregend. Die Korvette, an der die Frachter mit ihren hohen Bordwän-

den vorbeirauschten, setzte Positionslichter und feuerte Raketen. Die von dem Feuerwerk in ihrer Mitte alarmierten Handelsschiffe schossen daraufhin gleichfalls Raketen und setzten auch ihre Positionslichter. Die kleine kanadische Korvette kam wie ein Wunder ohne Kollision durch die Kolonnen.

Schneider sah durch ein Nebelloch das Feuerwerk und die Lichter, er näherte sich daraufhin erneut dem Konvoi. Bevor er tiefer tauchte, schoß er auf ein Sicherungsfahrzeug. Der Torpedo verfehlte aber sein Ziel. Durch den Nebel und die Korvette in Verwirrung gebracht, geriet der Konvoi in Unordnung und zog sich auseinander. Viele Schiffe verloren die Fühlung zu ihren Nachbarn. Auf einer Fläche von fünf Quadratmeilen liefen nun 35 Frachter, sechs Kriegsschiffe und acht U-Boote durch die Nacht. Die Ausgucks starrten angestrengt in die Dunkelheit, die Geschütze und Torpedos waren schußbereit. Gegen Mitternacht war jeder sich selbst überlassen.

Von den Nebelschwaden umgeben, war oft nicht einmal der Bug des Schiffes zu sehen, und nur gelegentlich machte man seinen Vordermann aus. Kurz nach 21.30 Uhr änderte der Kommodore erneut die Richtung, um das Wolfsrudel abzuschütteln. Einige Schiffe erhielten das Signal, während andere unbeirrt ihren alten Kurs fortsetzten.

Zu dieser Zeit verlor *„Gemini“* die anderen Schiffe im Konvoi vollständig aus den Augen. Der Wachoffizier wußte nicht, daß auf der *„Gemini“* der Kreiselkompaß ausgefallen war. Der Steuermann folgte der falschen Angabe und lief in einem weiten Bogen, marschierte durch die nächste Kolonne, stieß im Nebel fast mit einem Dampfer zusammen und steuerte schließlich auf die vierte Kolonne zu. Aus dem Nebel tauchte der US-Transporter *„Pleiades“* auf. *„Gemini“* setzte rote Notlichter, um anzuzeigen, daß sie außer Kontrolle war. *„Pleiades“* drehte mit Hartruder ab und setzte gleichfalls ihre Lichter. Hätte die Situation nicht tragisch auslaufen können, so wäre sie von Anfang an komisch gewesen. Von U-Booten und den eigenen Fahrzeugen beschossen, lief der kleine Frachter mit einem defekten Kompaß durch den Konvoi und den Nebel. Alle schauten auf die anderen Schiffe, in der Hoffnung, sie rechtzeitig auszumachen, damit man nicht mit ihnen kollidierte.

Mit der Zeit, als nichts gesichtet wurde, ließ die Spannung nach. „*Gemini*" war also, ohne Schaden zu nehmen, durchgekommen und hatte den Konvoi hinter sich gelassen. Dann aber erfaßte man die mißliche Lage, in der „*Gemini*" sich befand. Sie stand allein als Nachzügler achtern vom Konvoi und konnte außerdem nur wenige hundert Meter sehen. Aber irgendwo in der Dunkelheit lauerten U-Boote, die nicht zu sehen brauchten. Mit ihren empfindlichen Horchgeräten konnten sie hören, und ein U-Boot erfaßte wahrscheinlich auch das Schraubengeräusch der „*Gemini*", als sie nach Osten auf der Suche nach dem Geleitzug marschierte.

Die Ausgucks der „*Gemini*" wurden verdoppelt, und wenn die Ablösung kam, ging niemand nach unten. Alle stimmten darin überein, daß je mehr Augen Ausschau hielten, desto besser die Chance des Davonkommens wäre. Außerdem schien es auf der Brücke sicherer zu sein, als sich unter Deck aufzuhalten.

Nicht nur „*Gemini*" kämpfte mit großen Schwierigkeiten. Der Dampfer „*Geisha*" mit dem Vizekommodore an Bord verlor während des Ausweichmanövers die Kontrolle und scherte mitten durch den Konvoi aus, wohl zu den Stunden, als „*Gemini*" ohne Sicht herumirrte. In der nebeligen Nacht fuhren eine Korvette und zwei Handelsschiffe, ohne zu kollidieren, blind durch den Konvoi. Die Kriegsgötter, die Mitleid mit SC-107 hatten, setzten sicherlich die Zeit aus und legten einen schützenden Mantel über die äußerst geplagten Fahrzeuge.

Nach Mitternacht stand „*Restigouche*" achtern vom Konvoi und hoffte, eines der verfolgenden U-Boote auszumachen, die nach der zweiten Kursänderung versuchten, wieder Fühlung zu bekommen. Während sie sechs sm vom Konvoi in dichtem Nebel lief, erhielt sie auf 700 m Kontakt. „*Restigouche*" gab Alarm, setzte zum Rammstoß an und erhöhte ihre Geschwindigkeit auf 15 kn. Aber auf 270 m ging der Radarkontakt verloren, und das Objekt verschwand ungesehen im Nebel an Backbord. „*Restigouche*" drehte mit Hartruderlage und konnte sich nun dem U-Boot von achtern nähern. Die Entfernung verringerte sich zwar nur langsam, und das war auch gut so. Auf 180 m kam das Ziel aus dem Nebel heraus: es war kein U-Boot, sondern *„Vanessa"*, ein britischer Zerstörer vom Konvoi HX-213, den man zur Verstärkung des hart bedrängten SC-107 geschickt hatte. *„Restigouche"* drehte ab und gab mit der Handlampe Erkennungssignal, das die auf der Brücke überraschte Wache sofort beantwortete. Mit einer beiderseitigen Geschwindigkeit von 30 kn verfehlten sich also beide Zerstörer beim ersten Kontakt um nur 180 m und beim zweiten Mal um Haaresbreite.

Die Kriegsschiffe kehrten jetzt aber zurück und steuerten auf den Konvoi zu, der für die kommende Nacht auseinandergezogen weiter marschierte. *„Celandine"* mit defektem Radar hatte die Fühlung zum Konvoi völlig verloren und stand weit achteraus von ihm. Sie wartete auf das erste Tageslicht, um aufschließen zu können.

Die Nacht verging ohne einen Angriff durch U-Boote, die selbst mit Schwierigkeiten zu kämpfen hatten, um Fühlung zu halten. Bei der herrschenden Verwirrung würde ein U-Boot-Kommandant mit seinem Leben gespielt haben, hätte er sich jetzt unter die Handelsschiffe gewagt.

Gegen Morgen löste sich der Nebel auf, und der weit zerstreute Konvoi begann sich wieder zu sammeln. Einige Schiffe liefen sogar vier sm achtern vom Geleitzug — verführerische Ziele für einen angriffsfreudigen U-Boot-Kommandanten. U-438 feuerte auf eines von ihnen einen Torpedo, verfehlte aber. Sechzehn Minuten später traf das Boot wiederum nicht. Der Tanker marschierte ahnungslos weiter; die elektrischen Torpedos hinterlassen keine Laufbahn. *„Amherst"* an der Backbordflanke des Konvois sichtete ein aufgetauchtes U-Boot und lief sogleich darauf zu. Ehe sie mit ihrer geringen Geschwindigkeit näher kam, tauchte das U-Boot. Eine Asdic-Ortung von der *„Amherst"* und der *„Vanessa"* zeitigte keinen Erfolg. *„Celandine"* steuerte 15 sm hinter dem Konvoi und machte ebenfalls ein über Wasser laufendes U-Boot aus, das sich dem Geleitzug näherte. Die Korvette eröffnete das Feuer. Das tauchende Boot schoß einen Tor-

pedo, der hinter dem Heck des Kriegsschiffes vorbeilief. Da man keinen Asdic-Kontakt erhielt, stieß *„Celandine"* zum Konvoi.
Kurz nach dem Morgengrauen rissen sich mehrere Leute auf der *„Gemini"* aus dem Schlaf und gingen in die Messe, um Kaffee zu trinken. Es war ein Morgen von besonderer Bedeutung. Wenn man den Rand des Abgrunds entlanggeschritten ist, läßt sich der nächste Morgen wieder angenehm und lebendig an; auch die Sonne vertreibt einen Teil der nächtlichen Ängste. Gleichzeitig hatte die Besatzung damit Hoffnung auf bessere kommende Tage.
Gruppe „Veilchen" – man hätte sie „Gewalt" nennen sollen – erlaubte der Besatzung der *„Gemini"* aber nicht, das Frühstück zu beenden. Es gab einen dumpfen Knall, schnell leerte sich die Messe. Ein größerer Tanker, die *„Hahira"* vorne in der Steuerbordkolonne, war getroffen worden und brannte vom Bug bis zum Heck. Auf den anderen Schiffen beobachteten Hunderte von Seeleuten, wie ein Boot abstieß. Einige der armen Teufel konnten entkommen, obgleich Flammen sofort das ganze Schiff erfaßten.
Plötzlich brach im Konvoi Maschinengewehrfeuer aus, gleichzeitig heulten die Sirenen. Einer der auf die *„Hahira"* losgemachten Torpedos lief an der Wasseroberfläche durch den Geleitzug. Auf das Signal des Kommodore wich der Konvoi dem Aal aus, so daß kein Dampfer getroffen wurde.
Auf der *„Hahira"* ereignete sich inzwischen geradezu ein Wunder. Die noch vor wenigen Sekunden rasenden Flammen erloschten plötzlich und von dem beschädigten Schiff stieg nur noch dünner Rauch auf. Das Feuerlöschsystem mußte ganz ungewöhnlich wirksam gewesen sein. Einmal brennende Tanker werden selten ohne gewaltige Anstrengungen gerettet, vor allem nicht in einem Konvoi, der angegriffen wird. *„Hahira"* blieb weiter zurück. *„Restigouche"* und eine Korvette umkreisten sie und suchten das angreifende U-Boot.
U-521 entkam unbehelligt nach dem Treffer auf der *„Hahira"*, aber Schneider auf U-522 näherte sich jetzt zum Schuß. *„Restigouche"*, die den Tanker umkreiste, erhielt einen schwachen Asdic-Kontakt und setzte zum Gegenangriff an. Schneider feuerte auf *„Restigouche"*

einen Torpedo und ging dann auf größere Tiefe. Der Zerstörer warf als Vergeltung acht Wasserbomben auf einen zweifelhaften Kontakt. Trotz ihrer bösen Absichten richteten beide Seiten allerdings keinen Schaden an.

Als *„Restigouche"* ihre Wasserbomben übers Heck rollte, spürte man überall im Konvoi die Druckwellen, und auf der *„Gemini"* gab es erneut Alarm. Sobald die erschöpfte Mannschaft an Deck war, hieß es, daß man sich festhalten sollte. Ehe man dieser Aufforderung nachkommen konnte, erfolgte wiederum eine heftige Erschütterung.

In der Mitte des Konvois stieg eine blaue Rauchwolke auf, die *„Pleiades"* scherte aus und feuerte mit MGs auf die Stelle. Sonst wurde nichts gesehen. Die *„Pleiades"* nahm ihre Position wieder ein. Wenige Minuten später befand sich Klaus Bargsten — der vorher die *„Hahira"* torpediert hatte — auf U-521 [7] achtern vom Geleitzug und setzte zum Fangschuß an. Er traf mittschiffs auf eine Entfernung von 720 m. Obwohl *„Hahira"* von einer Korvette gesichert wurde, die sie ständig umkreiste, wartete er ruhig noch vier Minuten und feuerte auf den beschädigten Tanker nochmals einen Torpedo. Der dritte Aal gab dem Schiff den Rest, es ging mit drei Mann unter [8].

Es war keine Zeit, das Schicksal des Tankers zu beklagen. Nachdem er gesunken war, wurde zwischen der dritten und vierten Kolonne ein Periskop ausgemacht, und alle Dampfer ringsherum eröffneten mit MGs und schweren Kalibern das Feuer. Ein Frachter schoß sogar mit einem 12,7-cm-Geschütz, lag aber zu kurz; die Granate flog über das Schiff des Kommodore. *„Restigouche"* drehte herum und lief zwischen den Kolonnen zur Überprüfung, konnte aber keinen Asdic-Kontakt bekommen.

[7] Auch Bargsten gehörte zu den Schülern des berühmten Otto Kretschmer, unter dem er als Wachoffizier auf U-99 gefahren war, als das U-Boot 243 000 BRT alliierten Schiffsraums versenkte. Er wurde abkommandiert, ehe U-99 zur letzten Feindfahrt auslief.

[8] Ein erstaunlich geringer Verlust bei drei Torpedotreffern und dem damit verbundenen gewaltigen Brand.

Die meisten U-Boote verloren während der Nacht bei dem herrschenden Nebel und der Verwirrung die Fühlung. Sie liefen jetzt über Wasser und versuchten, den Konvoi zu entdecken, der mehrmals den Kurs geändert hatte. Eine Reihe von U-Booten meldete am Tag dem BdU die Anzahl der Schiffe im Geleitzug von vier bis 26 Dampfern. Von ihrem niedrigen Turm bereitete es den Kommandanten Schwierigkeiten, alle Frachter des Geleitzuges auszumachen. Die Tagesangriffe der getauchten U-Boote und der starke Funkverkehr zeigten an, daß weitere Boote zum Nachtangriff heranschlossen. Deshalb bestand kaum Aussicht auf Ruhe. Die Besatzungen der Schiffe kämpften mit der Müdigkeit, und die Seeleute auf den Kriegsfahrzeugen, die sich vergebens bemühten, den Geleitzug zu schützen, würden bald die Grenze ihrer Leistungsfähigkeit erreicht haben. Der Escort Commander, auf dem schließlich die Verantwortung für den Konvoi ruhte, fand in den 2½ Tagen kaum Schlaf. Aus ersichtlichem Grund erhalten junge Offiziere derartige Aufgaben, obgleich ihre Gesamterfahrung geringer als die der älteren Offiziere sein mag; sie stehen körperlich besser durch.

Nach der Übernahme der Überlebenden von der *„Hahira"* befanden sich auf der tapferen *„Stockport"* rund 350 Schiffbrüchige an Bord, mehr als dreimal der vorausbedachten Anzahl. Der Escort Commander war sich dessen wohl bewußt. Er sah die Katastrophe voraus, wenn die *„Stockport"* bei der Rettung von noch mehr Überlebenden torpediert werden sollte, und bat daher den Geleitzug-Kommodore, die US-Marineschlepper *„Uncas"* und *„Pessacus"* als Rettungsschiffe einzusetzen.

Die zwei kleinen 33 m langen Schlepper waren dem Konvoi mit einem Hintergedanken zugeteilt worden. Sie hatten einige Wochen vorher Boston über Halifax mit Kurs auf Island verlassen, wo sie in Reykjavik stationiert werden sollten. Beide Fahrzeuge stellte man erst kürzlich in Dienst; gleichfalls neu waren ihre Kommandanten, Ensign C. J. Smith, USNR, und Ensign A. J. Guja, USNR. Als er auf die beiden winzigen Schiffe schaute, die gegen die schwere See ankämpften, bemerkte Vizeadmiral Watson zum Kapitän der *„Jey-*

pore", daß die Amerikaner jede Gelegenheit wahrnehmen wollten, sie im Herbst im Atlantik einzusetzen. Jetzt hatten sie aber nicht nur den Kampf mit dem Wetter zu bestehen, sondern auch die unangenehme Aufgabe, achtern vom Konvoi Überlebende zu retten, wenn ein weiteres Schiff getroffen würde. Bei der schweren Atlantikdünung konnte man nur gelegentlich ihre Maste sehen, und als sie nach achtern steuerten, befahl ihnen Vizeadmiral Watson, die Positionslichter zu setzen. Denn in der Dunkelheit hätte man sie leicht für U-Boote halten können. Ein 10,5-cm-Treffer genügte, um sie auf den Grund des Meeres zu schicken.

Anschließend befahl der Kommodore kurz vor Sonnenuntergang eine Kursänderung um 20° nach Backbord. Nach Einbruch der Dunkelheit sah er nochmals ein Abdrehen um 40° vor, in der Hoffnung, einige der Verfolger abzuschütteln. Dann begab er sich nach unten in seine Kabine. In Kürze begann wieder der nächtliche Kampf. Niemand im Konvoi zweifelte daran. Die meisten Boote des Wolfsrudels hielten Fühlung und warteten mit ihren Angriffen nur auf die Dunkelheit.

Während sich die Nacht über die kalten Gewässer südlich von Grönland senkte, brannten in der Befehlsstelle des BdU in Paris die Lichter. Der Operationsstab überprüfte die Positionen der U-Boote und berücksichtigte die letzten Meldungen der Gruppe „Veilchen". Um 18.15 Uhr beendete Korvettenkapitän Hessler die Lagebesprechung und wandte sich an Admiral Dönitz [9]. Der BdU blickte auf die Karte mit SC-107 und die um den Geleitzug versammelten U-Boote der Gruppe „Veilchen", dann auf die 15 Zeichen etwa 500 sm östlich von SC-107, die die Gruppe „Natter" darstellten. Auf einem Aufklärungsstreifen südlich und östlich von Grönland war die Gruppe im Augenblick ohne Feindberührung, gut mit Brennstoff versorgt und verfügte noch über ihre Torpedos. Indem er sich zu

[9] Hessler war der Schwiegersohn von Dönitz, aber seine Stellung als Admiralstabsoffizier verdankte er nicht etwa einer Günstlingswirtschaft. Er hatte als U-Boot-Kommandant eine erfolgreiche Laufbahn hinter sich und galt als erstklassiger Stabsoffizier.

seinem Stab wandte, sagte Dönitz: „Wir setzen Gruppe ‚Natter' an. Befehlen Sie ihr, auf SC-107 zu laufen und anzugreifen."

Zwanzig Minuten später übermittelte die starke Funkstation in Lorient die Befehle, die Boote der Gruppe steuerten nach Westen und bereiteten sich auf den Empfang der Fühlungshaltermeldungen eines Bootes vor, das jetzt 10 sm achteraus von SC-107 stand. Bald würden 25 U-Boote im Kampf gegen SC-107 und seine Bewacher stehen. Dönitz sah die Chance, eine Vernichtungsschlacht zu schlagen, und erfaßte schnell die Gelegenheit dazu.

Die Tragweite der Schlacht war auch Admiral Percy Noble, Befehlshaber der Western Approaches (CINCWA), mehr als bewußt. SC-107 steuerte nun in seinem Operationsbereich. In dem unterirdischen Raum im Derby House in Liverpool verfolgte Admiral Noble, als die Angriffe andauerten, den Leidensweg von SC-107 mit steigender Besorgnis. Es war inzwischen völlig klargeworden, daß es sich nicht um einen Angriff von ein bis zwei Booten handelte, sondern von einem großen Rudel. *„Vanessa"* hatte man in der Zwischenzeit vom Konvoi HX-213 zur Unterstützung von SC-107 abgezogen. Aber wenn man die Sicherungsstreitkräfte von HX-213 weiterhin schwächte, beschwor man für den Fall eines Angriffes auf HX-213 das Unheil geradezu herauf. Man mußte damit rechnen. Der Admiral blickte auf drei magnetische Punkte oben auf der Karte, drei amerikanische Bewacher: es waren der Küstenwachkutter *„Ingham"* und der Zerstörer *„Schenck"* und *„Leary"*. Alle drei Schiffe waren am vergangenen Tag nach Island von einer Geleitzugsicherung zurückgekehrt und standen unter dem Befehl des Commander Task Force Group 24.6. Im gesamten Nordatlantik waren es die einzigen verfügbaren drei Kriegsschiffe, die sich in einer so günstigen Position befanden, um SC-107 rechtzeitig helfen zu können. Ein Befehl von CINCWA lautete daher, daß *„Ingham"*, *„Schenck"* und *„Leary"* zur Verstärkung von SC-107 auslaufen sollten. Der Befehlshaber der Task Force Group 24.6 stimmte sofort zu. Die Fahrzeuge wurden angewiesen, sogleich seeklar zu machen.

Während die wenigen an Land befindlichen Besatzungsmitglieder zurückgeholt wurden, machten die Maschinisten auf den drei Schiffen Dampf auf. Überall unternahm man fieberhafte Anstrengungen zum Auslaufen. Um 22.00 Uhr lichtete *„Ingham"* die Anker. Ohne auf die zwei Zerstörer zu warten, steuerte sie aus dem Fjord und durch die U-Boot-Netze. Der Task Unit Commander George McCabe, USCG, signalisierte an die beiden Zerstörer: „Folgen Sie mir mit hoher Fahrt."

Nach zwei Stunden machten die Zerstörer die Leinen los, die Maschinisten erhöhten immer mehr die Geschwindigkeit. Am folgenden Morgen vereinigten sich die Schiffe mit der *„Ingham"*, und die drei Einheiten steuerten in der schweren See mit 18 kn auf SC-107 zu.

Es handelte sich jetzt um ein Wettrennen zwischen dieser Verstärkung und der Gruppe „Natter", aber selbst wenn die drei Schiffe den Konvoi zuerst erreichten, waren die Sicherungsstreitkräfte immer noch unterlegen. Sobald Gruppe „Natter" am Geleitzug war, standen die Chancen für SC-107 immer noch schlechter als an den beiden ersten Tagen. Beim Ablauf solcher Ereignisse ist es nur gut, daß man nicht in die Zukunft schauen kann. Aber auch die Gegenwart ist oft schwer genug. Als das letzte Tageslicht am 3. November 1942 verschwand, war sich niemand über die Stärke der Gruppe „Natter" bewußt, noch ahnte man die Anwesenheit dieser U-Boote. Ensign George Beemer, der achtere Geschützführer auf der *„Gemini"*, wurde abgelöst, und nach einer kurzen Unterhaltung mit der Ablösung ging er nach unten. „Laßt es ruhig bleiben!" sagte er, als er die Leiter hinunterkletterte.

„Schlaf fest!" antwortete der neue Geschützführer und wandte sich ab, um nach dem Konvoi zu sehen.

Die Sicht war gut, das flackernde Nordlicht erhellte den Geleitzug gespenstisch. Der Geschützführer drehte sich zum Richtkanonier, einem Bootsmannsmaat, der von dem vor wenigen Monaten im Pazifik untergegangenen Flugzeugträger *„Lexington"* kam, und überprüfte, ob er der Geschützbedienung auch Ausgucksektoren zugeteilt hatte. Er trug ihm auf, alle zum scharfen Aufpassen anzuhalten. Anschließend richtete er sein Augenmerk wieder auf den Konvoi.

Mit dem Glas beobachtete er das Schiff des Kommodore, die *„Jeypore"*, die im Nordlicht deutlich zu sehen war, als plötzlich eine dunkle Flamme, verbunden mit einer hohen Wassersäule, an der Steuerbordseite der *„Jeypore"* hochschoß. Fast gleichzeitig erreichte die Druckwelle die *„Gemini"*, es hörte sich wie der Schlag eines Schmiedehammers auf den Amboß an, heftig, metallisch. Ein dumpfer Knall folgte.

„Das Schiff des Kommodore ist getroffen."

Schon wurde Alarm gegeben. Der Richtschütze schwenkte das Rohr, als die Kanoniere die Munitionskisten und den Geschützverschluß öffneten. Aber es gab nichts, auf das man hätte schießen können. Als der Geschützführer merkte, daß die gesamte Geschützbedienung zur *„Jeypore"* starrte, brüllte er: „Verdammt, Ausguck halten. Das U-Boot kann überall sein."

„Jeypore" scherte jetzt aus der Kolonne nach Backbord aus. Vor der Brücke nahm man einen schwachen Feuerschein wahr, vom Vorschiff stiegen Funken auf. Als sie die dritte Kolonne passiert hatte und *„Pleiades"* zum Ausweichen zwang, schlugen die Flammen fast schon bis zur Brücke. Als alle auf der *„Gemini"* mit Schrecken auf dieses furchtbare Bild schauten, lief das todwunde Schiff in einer Entfernung von nur 450 m weiter auf sie zu. Auf der Steuerbordseite der Brücke versuchte eine kleine Gruppe, die man deutlich in den Flammen sah, das brennende Schiff aus dem Konvoi zu steuern. Andere wollten ebenfalls an Steuerbord ein Boot zu Wasser lassen, während einige die Netze herunterkletterten oder in die See sprangen. Das gesamte Vorschiff stand nun in hellen Flammen, als der Frachter 270 m achteraus von der *„Gemini"* passierte. Die Rufe der Besatzungsmitglieder, gelegentlich von einem Schrei durchdrungen, und das Krachen der Flammen verbreiteten eisigen Schrecken in der kalten nördlichen Nacht.

Doch das war nicht alles. Zwei Raketen stiegen achtern in die Höhe; ein weiteres Schiff setzte rote Lichter und blieb achteraus liegen.

Den Schaden hatte U-89 angerichtet. Das Boot war über Wasser zwischen die Kolonnen des Geleitzuges geraten. Da es nun einmal innerhalb des Konvois stand, verschwendete Kapitänleutnant Dietrich Lohmann keine Zeit [10]. Auf eine Entfernung von 1600 m feuerte er zwei Torpedos auf die *„Jeypore"*. Ein Aal traf das Schiff an der Steuerbordseite. Zwei weitere Torpedos aus den Bugrohren auf ein anderes Schiff liefen vorbei. Lohmann drehte, machte einen Hecktorpedo gegen die *„Titus"* auf ungefähr 900 m los, der aber ebenfalls sein Ziel verfehlte. Dann lief er mitten durch den Konvoi ab.

Der Escort Commander befahl, Raketen zu schießen, aber nur eine wurde abgefeuert. Das ständige Schießen in den vergangenen drei Tagen hatte den Vorrat nahezu vollständig erschöpft.

Als der Torpedo die *„Jeypore"* traf, stand Vizeadmiral Watson in der Kapitänskajüte unterhalb der Brücke. Die Glasscheiben zerbrachen, die Gegenstände flogen durch die Luft, doch war sich der Kommodore nicht sicher, ob das Schiff getroffen worden war. Die Explosion, dachte er, war nicht so heftig wie die, als HMS *„Arethusa"* unter seinem Kommando auf eine Mine lief. Nachdem er sich jedoch auf Deck begeben hatte, machte der Anblick von Feuer und Rauch allem Zweifeln ein Ende. Die Phosphat-Ladung stand in Flammen, und unterhalb des Phosphats und in den anderen Laderäumen befand sich Munition. Die meisten Besatzungsmitglieder, hauptsächlich Laskaren, verließen sofort in einem Boot das Schiff, andere sprangen über Bord. Als der Funker meldete, daß die Geheimunterlagen ins Wasser geworfen wären, setzten auch die Offiziere und noch einige Laskaren ein Boot aus. Dann versagte allerdings der Motor. Die Schwierigkeiten noch zu vermehren, wurde das Steuer beim Fieren des Bootes zerschlagen, die Ruder aber lagen alle festgezurrt zusammen. Der Admiral nahm ein Messer, durchschnitt die Riemen. Die zwölf Mann ruderten wie wild, um von dem mit Munition

[10] Lohmann gehörte auch zu den Schülern von Kretschmer auf U-99 und fuhr unter diesem As als Kommandantenschüler. Wie Bargsten und von Forstner wurde er vor der letzten Unternehmung von U-99 abkommandiert. SC-107 hatte das Unglück, daß nur erstklassige U-Boot-Kommandanten angriffen. Obgleich Kretschmer in Kanada war – seit U-99 im Jahre 1941 versenkt wurde – spürte man seinen Einfluß immer noch.

beladenen Schiff wegzukommen. Als sich die Entfernung vergrößerte, so erinnerte sich später Vizeadmiral Watson, war er erleichtert, daß diese Gefahr schließlich vorüber war. Ein ähnliches Gefühl hatten auch viele andere im Kampf, wenn das schlimmste endlich eingetroffen war.

Vorgefühl und Warten können tödlicher als die Wirklichkeit sein. Kurz darauf sichtete man einen kleinen Schlepper, der aber weiterlief, ohne zu stoppen, um die weit voraus treibenden Überlebenden aufzufischen. Der zweite Schlepper, die *„Uncas"*, erschien aber bald und übernahm trotz der heftigen Dünung schnell die Schiffbrüchigen. Den kleinen Rettungsschleppern gesellte sich auch eine Korvette hinzu, die die Geborgenen zu den anderen Überlebenden führte.

Vizeadmiral Watson kletterte auf die Brücke des Schleppers und wurde von Ensign Smith, dem Kommandanten, begrüßt.

„Was können wir für Sie tun, Herr Admiral?" fragte der junge Offizier.

„Einen guten starken Whisky", antwortete der Admiral.

„Es tut mir leid, Sir, aber unsere Schiffe sind trocken."

Unerschrocken zog der Admiral eine kleine Flasche hervor, die in seinem Mantel steckte und teilte sie mit mehreren der Geretteten. Aber auch Smith würde, ehe die Nacht vorüber war, eine Stärkung brauchen, und so ließ er den Rest für den Kommandanten stehen. Später erfuhr er, daß man die Flasche über Bord geworfen hatte, denn so etwas gehöre sich nicht auf einem amerikanischen Kriegsschiff.

„Smith war", sagte der Admiral dazu, „ein eifriger junger Offizier, aber es ist doch sehr außergewöhnlich, in Kriegszeiten Schiffe ohne ‚Medizin' auf See zu schicken."

Die Schlepper hatten die Übernahme beendet und liefen zum Konvoi zurück, als der Kampf erneut ausbrach.

„Moosejaw" bekam voraus von der Steuerbord-Kolonne einen Radarkontakt und erhellte die Szene mit Leuchtgranaten. In ihrem Licht sichtete man ein vorgeflutetes U-Boot. Die Korvette eröffnete mit dem 10,5-cm-Geschütz das Feuer. Das U-Boot tauchte sogleich,

aber auf rund 1000 m erfaßte *„Moosejaw"* das U-Boot mit Asdic und warf zehn Wasserbomben. Anschließend ging der Kontakt verloren. Wenige Minuten später folgte *„Algoma"* gleichfalls mit einem Wasserbombenangriff in Höhe der Steuerbordkolonne — ohne augenscheinlichen Erfolg.

Gegen 23.10 Uhr näherte sich U-132 über Wasser und schoß einen Torpedo auf die *„Hobbema"* an der Steuerbordflanke des Konvois. Einige Minuten darauf feuerte das Boot vier Aale auf die *„Empire Lynx"* und *„Hatimura"*. Je zwei Torpedos trafen ein Schiff, die Wassersäulen stiegen 20 m hoch in die Luft, und beide Frachter blieben schwer beschädigt achteraus zurück.

„Es war", gab zögernd der Kommandant der US-*„Pleiades"* zu, selbst ein früherer U-Boot-Kommandant, „ein wunderbarer Angriff."

Nach 30 Minuten erfolgte — wie sie später stets von den Überlebenden von SC-107 bezeichnet wurde — die große Explosion. Nachdem *„Hatimura"* und *„Empire Lynx"* getroffen worden waren, hob man auf der *„Gemini"* den „Klar-Schiff-Befehl" wieder auf. Zwei Offiziere gingen zur Kombüse, wo der Smutje gerade Brot buk. In diesem Stadium der Schlacht sahen die hungrigen Männer frisch gebackenes Brot als gutes Essen an. Sie standen herum und unterhielten sich, während der Smutje das aus dem Ofen genommene Brot probierte, ob es genügend abgekühlt war, um es schneiden zu können. Plötzlich gab es einen fürchterlichen Knall, einige flogen durch die Luft und andere auf den Boden.

„Das sind wir."

Der Smutje legte sein Blech mit den Broten sorgfältig hin, dann sprangen die fünf Mann mit einem Satz zur Leiter. Dutzende strömten aufs Deck und eilten zu den Rettungsbooten, ehe sie feststellten, daß *„Gemini"* keine Schlagseite hatte und die Maschinen immer noch liefen.

Die Explosion war aber so gewaltig gewesen, daß der Steuermann auf der *„Restigouche"*, die achteraus stand, eintrug: „Schiff getroffen", und seine Schwimmweste aufblies, um das Schiff zu verlassen. Zwei sm voraus an Backbord meldete eine Korvette: „Heftige Explosion an Bord." Auf der *„Gemini"* schaltete der Funker die Notwelle ein und meldete einen Torpedotreffer. Mehrere andere Fahrzeuge bestätigten ebenfalls Treffer und setzten rote Lichter [11]. Sechs sm achtern vom Geleitzug wurden die zwei kleinen Schlepper so durcheinandergerüttelt, daß die Maschinen der *„Uncas"* stoppten und viele der an Bord befindlichen Schiffbrüchigen glaubten, auch ihr Schiff wäre getroffen. Bald liefen jedoch wieder die Maschinen, und das tapfere kleine Schiff nahm von neuem Kurs auf zwei im Wasser treibende Fahrzeuge. Eines lag mit dem Heck tiefer, während das andere Überlebende auffischte. Rundherum sah man in der See Lichter von Rettungsbooten und Flößen. Die Besatzung des zweiten Schiffes, die von der Explosion fürchterlich schockiert war und annahm, torpediert zu sein, hatte die Rettungsarbeiten eingestellt und ihr Schiff verlassen. Es handelte sich um die *„Titus"*, die achteraus zurückgeblieben war, als die *„Jeypore"* torpediert wurde.

Während *„Titus"* achtern vom Konvoi lief, beobachtete man das Sinken der *„Empire Lynx"* und nahm Überlebende auf, als die große Explosion erfolgte. Der Bug der *„Titus"* hob sich so stark aus dem Wasser, daß die Besatzung das Schiff in zwei Booten verließ. Ein Boot mit 21 Mann wurde von einem der Schlepper übernommen und nach Island gebracht, wo die Männer erzählten, ihr Schiff wäre gesunken. Der Bericht über den Untergang war jedoch verfrüht; denn als der Kapitän sein Schiff noch schwimmen sah, ging er mit 16 Mann wieder an Bord und brachte es erneut in Fahrt. Dann nahm man Überlebende der *„Empire Lynx"* und einige von der *„Hatimura"* auf. Diese gemischte Besatzung brachte den Dampfer nach England. Nach dem Einlaufen kam er ins Trockendock. Der einzige Schaden war eine kleine Einbuchtung an der Backbordseite.

Die große Explosion war von einer fürchterlichen Gewalt; ihre Ursache wurde nie einwandfrei festgestellt. Viele dachten damals, daß

[11] Der Escort Commander vermutete, daß diese Schiffe von der Gewalt der Explosion erschüttert und nicht getroffen waren. Eine Überprüfung durch eine Korvette bestätigte dies auch.

es die Munitionsladung der *„Jeypore"* war, als sie Feuer fing. Doch stand sie 15 sm achtern vom Konvoi und brannte zur Zeit der Explosion immer noch. Eher war es so, daß die Munitionsladung der *„Hobbema"* infolge des Brandes oder durch den Fangschuß eines U-Bootes detonierte. Wie auch die Explosion in der Nacht vom 3. November 1942 entstanden sein mag: sie war eine der gewaltigsten vor der Erfindung der Atomwaffen. Selbst U-Boote in einer Tiefe von 60 m spürten die Detonation und funkten Meldungen über den ungeheuren Knall.

U-132 meldete sich nach dem Angriff auf die *„Empire Lynx"* und die *„Hatimura"* nicht mehr. Als es auch nicht zum Stützpunkt zurückkehrte, nahm der BdU, von der großen Explosion verständigt, als sicher an, daß U-132 durch die Explosion eines torpedierten Schiffes gesunken sei. Nach dem Kriege stellte sich diese Annahme als nicht richtig heraus. Die Engländer konnten darauf hinweisen, daß ein U-Boot beim Angriff auf den Konvoi SC-107 am Morgen des 5. November 1942 von einer Liberator der British No. 120 Squadron versenkt worden war. Da U-132 nicht von der Feindfahrt zurückkehrte, schlossen die Engländer daraus, daß es sich um das vernichtete U-Boot handelte. Das ist heute noch in den offiziellen Unterlagen in dieser Form festgehalten. Eine kürzliche Überprüfung des Kriegstagebuches von U-89 hat jedoch die überraschende Tatsache ergeben, daß dieses Boot und nicht U-132 von der Liberator an jenem Morgen angegriffen wurde. U-89 erlitt nur leichte Beschädigungen und entkam.

Was geschah nun wirklich mit U-132? Das Geheimnis liegt wohl einige hundert Meter tief in den kalten grauen Gewässern südlich von Grönland, die Theorie des BdU über den Untergang von U-132 durch die Explosion der *„Hobbema"* bleibt weiterhin nur eine Vermutung.

Nach der großen Explosion standen die Männer der *„Gemini"* auf ihren Rettungsposten, bis es klar wurde, daß ihr Schiff nicht getroffen worden war. Dann zerstreuten sie sich langsam wieder. Einige gingen in die Messe, tranken mit zittrigen Händen Kaffee und rauchten gierig Zigaretten. Inmitten der Spekulationen über die mögliche Explosionsursache kam Lieutenant Parker von der Küstenwache, der zur *„Ingham"* abkommandiert war, mit der Neuigkeit heraus, daß Hilfe unterwegs wäre. „Aus dem Funkraum heißt es, daß CINCWA der *‚Ingham'* und zwei US-Zerstörern befohlen hat, zu uns zu stoßen."

Diese Nachricht hatte einige angeregte Mutmaßungen zur Folge, die außerdem die Stimmung beträchtlich hob. Vielleicht waren die drei Schiffe bereits in See und viel näher, als man annahm. Mit Fortschreiten der Nacht schlugen die Gerüchte hohe Wellen, und gegen 22.00 Uhr kam die phantastische Neuigkeit, daß die Einheiten bereits den Konvoi erreicht und ein U-Boot angegriffen hätten. Dies war ein gutes Beispiel einer Gerüchtebildung, man konnte es auch als „die Flöhe husten hören" bezeichnen. Tatsächlich befand sich die *„Ingham"* noch fast 400 sm entfernt. Die Gerüchteverbreiter gaben sich nur hoffnungsvoll einer Selbsttäuschung hin.

Der Mensch gibt niemals zu, daß er nicht überleben wird. In den verzweifeltsten Situationen nimmt er an, daß einige, ja sogar die meisten um ihn herum nicht durchkommen werden, während der Glaube an sein eigenes Überleben stets festbleibt. Diese Vereinfachung erlaubt dem Menschen genauso Taten von unglaublicher Tapferkeit zu vollbringen, wie etwa zwei Packungen Zigaretten am Tag zu rauchen. Von Picketts 15 000 Mann, die die Anhöhe von Gettysburg angriffen, waren wohl 14 975 überzeugt, daß sie überleben würden. Als die anderen um sie herum fielen, während sie vorwärts stürmten, bestätigte sich noch immer ihre Selbsttäuschung. Allerdings ereilte auch sie der Tod.

Am 4. November 1942, gegen 01.00 Uhr, war ein Offizier auf der *„Gemini"* jedoch nicht so zuversichtlich. Er erinnert sich: „Ich wußte mit Bestimmtheit, daß es jetzt soweit war. Die letzte nagende Furcht wurde durch das Gefühl einer Verstimmung ersetzt, viele Dinge unerledigt zurückzulassen. Meine immer bitterer werdenden Gedanken unterbrach ein Meldeläufer, der mir sagte, es wäre 02.00 Uhr und Zeit, den Geschützführer am vorderen 7,5-cm-Geschütz abzulösen.

Ich kletterte die Leiter hoch, mit allem fertig, sobald meine Zeit kam. Wie ich mich so in der Dunkelheit oben an Deck entlangtastete, berührte meine Hand auf der Reling einen Gegenstand. Bei genauerem Hinsehen stellte er sich als ein Kork-Schwimmgürtel heraus. Ich nahm mein Messer, durchschnitt die Schnur und warf mir den Gürtel über die Schulter. Jetzt hatte ich zumindest etwas Schwimmbares. Als ich zum vorderen Geschütz hochkletterte, verschaffte mir der Schwimmgürtel ein sicheres Gefühl. Natürlich würde sich das Bild eines Geschützführers, der einen Stahlhelm und einen Schwimmgürtel über seiner Schulter trägt, niemals für ein Rekrutierungsplakat eignen. Nachdem ich die Geschützbedienung in Augenschein genommen und ihr Anweisungen gegeben hatte, war meine Resignation verschwunden. Noch in dieser Stunde erfüllte mich wieder die Hoffnung, das Morgengrauen zu erleben. Mit dem Schwimmgürtel würde ich irgendwie durchkommen, und ein anderes Schiff nähme mich bestimmt auf. Ehe ich das Geschütz verließ, war die Todesahnung vorbei."

Andere aber waren weniger besorgt. In der Messe sagte ein Heeresoffizier: „Der einzige Grund, warum diese Badewanne schwimmt, ist der, daß sie keinen Torpedo wert ist. Für uns verschwenden sie keinen." Er kann recht gehabt haben.

Der Rest der Nacht war vergleichsweise ruhig. Drei weitere Angriffe durch U-Boote zeigten sich durch Enddetonierer an, aber kein Schiff erhielt einen Treffer. Der Wind wurde stärker, die See stieg höher. In der frühen Morgendämmerung hatte die Gruppe „Veilchen" mit dem weit verstreuten Konvoi SC-107 die Fühlung verloren. Am Morgen sichtete ein U-Boot jedoch achtern vom Geleitzug eine Korvette und folgte ihr in der Annahme, sie würde zum Konvoi laufen.

Zum ersten Mal seit fünf Tagen war SC-107 ohne Feindberührung. So willkommen die Ruhepause auch war, so kam doch die Rettung für SC-107 in den frühen Morgenstunden in 300 sm Entfernung aus dem Osten. Eines der Boote der Gruppe „Natter", das nach Westen zum Angriff lief, sichtete den Geleitzug ON-143, der von England nach New York marschierte. Als der BdU die Sichtmeldung

erhielt, beschloß er, Gruppe „Natter" eher zum Angriff auf den unbehelligten ON-143 als auf SC-107 anzusetzen. Gegen 06.00 Uhr gingen die Befehle heraus. Die Gruppe „Natter" formierte sich auf den nach Westen laufenden Geleitzug. Diese Änderung rettete SC-107 oder was noch davon übrig geblieben war.
Die *„Uncas"* und *„Pessacus"* erreichten den Konvoi nach Einbruch der Dämmerung. Beide Schlepper hatten insgesamt 240 Überlebende an Bord, sie waren also richtig vollgepackt. Die Leute saßen oder lagen überall, alles war so überfüllt, daß sich viele Männer sogar in den Maschinenräumen aufhielten. Um das Elend noch zu vergrößern, schlingerten und stampften die kleinen Schlepper gewaltig in der hohen See. Nur wenige verspürten Hunger. Das war gut, denn die Besatzung war vollauf damit beschäftigt, ihr Schiff über Wasser zu halten und die Geretteten unterzubringen, und so wurde am ersten Tag als Ration nur trockener Weizenschrot ausgegeben. Einige der Überlebenden an die Geleitfahrzeuge zu übergeben, mußte wegen des sich ständig verschlechternden Wetters aufgegeben werden. Die Lage noch mehr verschlimmernd, wurde das Trinkwasser äußerst knapp. Eine erste Überprüfung ergab, daß man je Schiff über weniger als eine Zwei-Tage-Ration verfügte.
Angesichts dieser Situation beschloß der Escort Commander, die drei Rettungsschiffe zusammen mit dem Flottentanker *„Gauger"* unter der Begleitung von zwei Korvetten nach Island zu schicken. Diese Schwächung der nicht gerade starken Sicherungsstreitkräfte war ein unvermeidliches Risiko. Die zwei Korvetten konnten ihre Radargeräte nicht mehr einsetzen und waren folglich am besten zu entbehren. Als sich die kleine Gruppe mit über 600 Überlebenden an Bord in der Dämmerung vom Konvoi absetzte, hoffte Piers, daß die Support Group noch vor dem nächsten Angriff eintreffen würde. *„Restigouche"* stand seit dem Morgen mit der *„Ingham"* in Funkverbindung und funkte daher in gewissen Zeitabständen Standortmeldungen. Bei der schweren See mußte die größere *„Ingham"* allerdings auf 15 kn heruntergehen, da die beiden Zerstörer schwer gegen den Sturm anzukämpfen hatten.

Die Nacht des 4. November 1942 war rauh, mit starken Winden, aber klar. Das Nordlicht leuchtete hell und hob den Konvoi gegen den Horizont ab; ein Angriff würde daher wahrscheinlich von der Steuerbordseite erfolgen. U-89, das kurz vor Einbruch der Dunkelheit wieder Fühlung mit dem Geleitzug hatte, tat Piers diesen Gefallen aber nicht und griff an Backbord an. Zwei Torpedos wurden auf eine Entfernung von 1800 m auf das erste Schiff der linken Kolonne gefeuert, die *„Daleby"* erhielt dabei unterhalb der Brücke einen Treffer. Der beschädigte Dampfer scherte aus der Kolonne nach Backbord aus und blieb achteraus gestoppt liegen. Weiße Raketen wurden geschossen, ein Geleitfahrzeug feuerte Leuchtgranaten.
Zehn sm voraus vom Konvoi sichtete die *„Ingham"* das Feuerwerk, und in der richtigen Annahme, daß der Konvoi erneut angegriffen würde, befahl Commander McCabe „Klarschiff zum Gefecht" und drehte nach Backbord, um die Geschütze zum Tragen zu bringen. Er feuerte Leuchtgranaten, um die Angreifer abzulenken und vom Geleitzug wegzulocken.
Als die *„Daleby"* achteraus zurückblieb, stand kein Rettungsschiff zu ihrer Verfügung, und bei der schweren See war ihr Schicksal ungewiß. Aber der isländische Dampfer *„Braufoss"* stoppte und übernahm 40 Überlebende, ehe die *„Daleby"* drei Stunden später unterging. Die Tat von Kapitän Erickson von der *„Braufoss"* und seiner Besatzung, also eines neutralen Fahrzeuges, bewies großen Mut und bezeugte menschliches Mitgefühl.
Nach dem Feuern der Leuchtgranaten liefen *„Ingham"*, *„Schenck"* und *„Leary"* vor den Konvoi, wo sie für den Rest der Nacht blieben. In den folgenden Stunden ereignete sich allerdings nichts mehr. Im Morgengrauen nahmen sie ihre vorgeschriebenen Positionen innerhalb der Sicherung ein. Als *„Ingham"* längsseits von der *„Restigouche"* steuerte und Instruktionen mit dem Signalscheinwerfer erhielt, fragte Piers den Kommandanten der *„Ingham"*, ob er ihn ablösen und den Befehl übernehmen wolle. Es war gegenüber McCabe der bedeutend rangälter war, eine Höflichkeitsgeste. Aber McCabe lehnte ab. Der Befehl über die Sicherungsstreitkräfte sollte ohne

Rücksicht auf Rangverhältnisse bei dem ernannten Escort Commander bleiben. Außerdem würde McCabe mit einem Teil des Geleitzuges nach Island laufen, sobald man sich der Insel näherte.
Gruppe „Veilchen" hatte kurz vor Tagesanbruch wieder Fühlung mit dem Konvoi, und der BdU drängte auf die erneute Aufnahme der Angriffe. Aber SC-107 stand schon am Rand des „Luftloches" in der Nähe von Island; im Morgengrauen erschien auch eine Liberator der RAF Squadron 120 aus Island und meldete sich bei der *„Restigouche"*. Seit mehreren Stunden hatte der kanadische Zerstörer mit HF/DF eine Reihe von U-Booten am Konvoi eingepeilt. Die Liberator erhielt jetzt die letzte Peilung; zehn Minuten später sichtete sie bei Tageslicht ein aufgetauchtes U-Boot und flog zum Angriff an. Das U-Boot, das sich seit Tagen keine Sorgen wegen der Flugzeuge zu machen brauchte, wurde überrascht und mit einem Wasserbombenteppich belegt. Es handelte sich um U-89, welches die *„Jeypore"* und die *„Daleby"* auf den Meeresgrund geschickt hatte. Obgleich schwer beschädigt, konnte es noch entkommen. Innerhalb der nächsten zwei Stunden führte die Liberator, die auf die HF/DF-Peilungen der *„Restigouche"* angesetzt wurde, noch zwei Angriffe durch, wobei sich allerdings ihr Wasserbombenvorrat erschöpfte [12]. Die Maschine blieb aber noch für mehrere Stunden über dem Konvoi und drückte die U-Boote unter Wasser. Die Anwesenheit eines Flugzeuges war so wirkungsvoll, daß das letzte Fühlung haltende U-Boot, U-521, gegen 10.00 Uhr tauchen mußte und damit die Verbindung für immer verlorenging. Angesichts der Bedrohung aus der Luft befahl der BdU, daß bis zum Einbruch der Dunkelheit keine Angriffe mehr erfolgen sollten und am nächsten Morgen vollständig einzustellen seien. Das Fehlen jeglicher Luftsicherung während der vorhergehenden vier Tage zeichnete sich damit klar in seiner Auswirkung ab.
Im Laufe des Tages verschlechterte sich das Wetter immer mehr, am folgenden Morgen tobte ein heftiger Sturm. Zum ersten Mal in

[12] Piers ermahnte den Piloten der Liberator vor dem ersten Angriff: „Werfen Sie nicht alle Bomben auf einmal, ich habe noch mehr U-Boote."

einer Woche verging eine Nacht ohne U-Boot-Angriff oder Alarm. Am 7. November 1942 verließen die für Island bestimmten acht Dampfer unter Sicherung von *„Ingham"*, *„Schenck"* und *„Leary"* den Konvoi. Die Hölle für SC-107 war zu Ende. Der BdU meldete die Versenkung von 23 Schiffen mit 136 000 BRT und die Beschädigung von zwei Sicherungsfahrzeugen [13].

Dies war übertrieben, doch ist auch der gezahlte Preis von 15 vernichteten Schiffen mit insgesamt 81 000 BRT noch erschreckend hoch. Die schwachen Sicherungsstreitkräfte und die fehlende Luftsicherung sind in diese Bilanz mit einbezogen.

Die Geleitstreitkräfte waren sowohl zahlen- als auch qualitätsmäßig ungenügend. Die Tatsache ist nicht zu leugnen, daß einige der Sicherungsfahrzeuge mit unerfahrenen Besatzungen bemannt waren, aber eine solche mangelhafte Ausbildung war nicht zu vermeiden, da es zu wenig kampferprobte Matrosen gab, die auf die neuen Geleitfahrzeuge hätten verteilt werden können. Der kanadischen Marine gebührt das unvergessene Verdienst, hier ihr Möglichstes getan zu haben. Später verschaffte die ständig steigende Zahl der Sicherungsfahrzeuge die notwendige Erfahrung auf See und auch die Mittel, die den Sieg erbrachten. Im Jahre 1942 fehlten allzu viele Geleitfahrzeuge zur Verteidigung der Konvois, und die dauernde Detachierung erlaubte auch keine Aufstellung von ständigen Escort Groups, die als Team ausgebildet zusammen operierten. Immer wieder zeigte sich die Notwendigkeit zur Gruppenausbildung. Selbst kampferprobte Schiffe erwiesen sich als unzulänglich, wenn sie zu einer eilig zusammengewürfelten Escort Group kamen. Die gleichen Erfahrungen wurden während der harten Monate Februar und März gemacht.

[13] Siehe Dönitz „10 Jahre und 20 Tage". Einige der übertriebenen Erfolgsmeldungen waren darauf zurückzuführen, daß zwei oder mehr U-Boote ein Schiff torpedierten. Andere Ursachen rühren daher, daß das U-Boot tauchte und annahm, daß ein Treffer erzielt worden wäre, als man die Torpedoexplosion hörte. Dönitz schreibt: „Ich hatte den Kommandanten von Kriegsbeginn an immer eingeprägt: ‚Schätzt genau und vorsichtig, wir sind eine ehrliche Firma'."

Noch augenfälliger war das Versäumnis der Alliierten, viermotorige Langstrecken-Flugzeuge zur Sicherung des Mittelatlantiks abzustellen. Hier herrschten wie stets die rivalisierenden Anforderungen der Bomberflotte und des Coastal Command, das mit der U-Boot-Bekämpfung beauftragt war. Die U-Jagd-Flugzeuge standen nur an zweiter Stelle. Erst im Spätfrühling des Jahres 1943 kamen genügend Langstrecken-Flugzeuge an die Front. Wie bei so vielen anderen Maßnahmen erfolgte auch diese zu spät.

Auf der deutschen Seite war die augenblickliche Lage besser. Insgesamt 15 U-Boote setzte man gegen SC-107 an. Zwei wurden von landgestützten Flugzeugen versenkt, ehe sie Fühlung hatten, ein Boot ging durch Explosion eines Handelsschiffes verloren. Aber während der viertägigen Schlacht, als keine Flugzeuge für die Luftsicherung vorhanden waren, führten die mit dem Geleitzug in Fühlung stehenden deutschen U-Boote 29 Angriffe durch und versenkten 15 Schiffe, ohne eigene Verluste oder ernsthafte Beschädigungen durch die Überwasserstreitkräfte zu verzeichnen. Durch das Bauprogramm des Deutschen Reiches stießen immer mehr Boote zu den Flottillen. Die Verluste der Deutschen hielten sich noch in erträglichen Grenzen, und so sahen die U-Boot-Fahrer mit Zuversicht dem kommenden Winter entgegen. Allerdings gab es eine verwundbare Stelle, die den Planern immer mehr zum Bewußtsein kam: der große Verschleiß der aggressiven und fronterfahrenen U-Boot-Kommandanten. Sie erzielten die höchsten Versenkungsergebnisse, aber da sie sich den Gefahren mehr aussetzten als ihre ängstlichen Kameraden, war ihre Verlustquote natürlich viel höher [14]. Die eher konservativen Kommandanten, die sich weniger dem Risiko aussetzten, gaben sich

[14] Daß diese steigenden Verluste und die Stärke der alliierten Abwehr dem realistischen Dönitz augenscheinlich waren, beweist seine Eintragung in das KTB vom 21. August 1942: „Die ständig steigenden Schwierigkeiten, die uns bei der Kriegsführung begegnen, können bei einem normalen Verlauf der Ereignisse in der Tat zu hohen und unerträglichen Verlusten führen sowie zu einem Nachlassen unserer Erfolge und daher zu einer Verminderung unserer Siegeschancen des U-Boot-Krieges als Ganzes."

damit zufrieden, die Konvois aus größerer Entfernung zu belästigen, ein viel sicheres Verfahren. Allerdings brachte es auch weniger Erfolge ein. Während der Schlacht um SC-107 kamen auf das Konto des kühnen und wagemutigen von Forstner ein Drittel der Versenkungen, während U-522, U-521, U-132 und U-89 die restlichen Schiffe vernichteten. Fünf von 13 Booten hatten allein Schaden verursacht. Aber der Tag der Abrechnung lag für sie nicht mehr in weiter Ferne. U-132 konnte noch nicht einmal eine Angriffsmeldung absetzen, ehe es unterging. Schneider und seine erfahrene Besatzung auf U-522 lebten nur noch 90 Tage, bevor sie einem Wasserbombenteppich der *„Totland"* zum Opfer fielen. U-89 wurde im Mai durch Trägerflugzeuge versenkt, und wenig später als einen Monat sollte U-521 mit der gesamten Besatzung, ausgenommen der Kommandant, untergehen. Von Forstner lebte noch fast ein Jahr, und bevor er fiel, mußten viele, die seine Angriffe gegen SC-107 erlebt hatten, noch einen erbitterten Kampf gegen ihn in einer rauhen und kalten Februarnacht in der Nähe des Schauplatzes seiner November-Erfolge bestehen.
Die Moral vieler Handelsschiffsmatrosen im Konvoi war nach den massierten deutschen Angriffen auf SC-107 gesunken. Obwohl die Rettungsschiffe außergewöhnliche Arbeit zur Aufnahme der Überlebenden unter sehr widrigen Umständen geleistet hatten und die Gefallenenrate nicht so hoch wie erwartet war, hinterließ die schwere Prüfung doch ihre Wirkung. Einige der Hunderte von Überlebenden gaben bei ihrer Ausschiffung in Reykjavik laut bekannt, daß sie die Seefahrt aufgeben würden. Ein Handelsschiffskapitän sagte: „Falls nicht bald etwas zum besseren Schutz der Konvois getan wird, werden wir nicht in der Lage sein, noch genügend Seeleute für die Schiffe zu finden." SC-107 war zu der Zeit ein nicht-typischer Konvoi, der die schwersten Verluste im Jahre 1942 zu ertragen hatte. Unglücklicherweise sollten sie sich aber bald wiederholen. In dem kommenden Winter verstärkten sich die deutschen U-Boot-Angriffe, und die durchschnittlichen monatlichen Verlustraten der Konvois stiegen sogar noch höher, bis der Zusammenbruch des U-Boot-Krieges mit unvorhergesehener Plötzlichkeit eintrat. Bis zu diesem Zeitpunkt

blieb die Schlacht im Atlantik in der Schwebe. Die Alliierten sahen einer bitteren Niederlage entgegen.

Am Tage nach der Ankunft des Teiles von SC-107 in Reykjavik kam die *„Gemini"* längsseits des Docks, um ausgeladen zu werden. Die ersten Soldaten gingen über die Gangway an Land, und mehrere von ihnen fielen ernsthaft auf ihre Knie und küßten die Erde. Das war die erste Einlösung einer Reihe inbrünstiger Gelübde.

Die Truppen kamen im Laufe des Tages von Bord, die Offiziere brachte man in Nissenhütten unter, daß sie dort die Rückkehr ihrer Schiffe erwarteten. Am ersten Samstagnachmittag nach dem Einlaufen saßen mehrere im Offiziersklub und tranken Scotch zu 15 cts das Glas, als Fliegeralarm gegeben wurde. Da sie ins Freie rannten, sahen sie hoch oben am Himmel einen Punkt — ein deutsches Aufklärungsflugzeug aus Norwegen, das das Hafengebiet und den Ankerplatz bei Hvalfjordur, wo mehrere größere Einheiten der Home Fleet lagen, in Augenschein nahm. In ungefähr 1500 m Höhe kreisten drei Heeres-P-39-Jagdmaschinen über dem Hafen und waren sich der Heinkel über ihnen nicht bewußt. Endlich wurden sie darauf aufmerksam gemacht. Die Jäger kletterten nach oben, aber die Heinkel drehte rasch nach Osten ab und entkam ungeschoren. Es dauerte einige Wochen, ehe die Jagdflieger die Regelmäßigkeit der Aufklärungsflüge der Luftwaffe bemerkten. Nun warteten die Jäger im Hinterhalt über der Ostküste auf den Samstag-Aufklärer. Nachdem drei von ihnen abgeschossen worden waren, änderten die Deutschen ihren Zeitplan.

Unsere Offiziere nahmen die Wartezeit an Land wahr, um als Beobachter in Flugbooten mitzufliegen, die zur Sicherung für einen für Island bestimmten Konvoi eingesetzt waren. Das Wetter war bitter kalt, im Heckstand kämpften sie eine von vornherein verlorene Schlacht, sich warm zu halten. Die Schafspelzkleidung verlangsamte nur die kriechende Kälte. Die langen Flüge unter schlechten und gefährlichen Bedingungen ohne Radarkontakt mit dem Feind waren typisch für die U-Jagd in diesem Gebiet. Hunderte von monotonen Stunden, hin und wieder von Furcht und von einem gelegentlichen U-Boot-Kontakt unterbrochen. Bei dem damaligen Stand des Instrumentenfluges waren die auf Island stationierten US-Flieger oft nicht in der Lage, während des kommenden Winters Langstreckenflüge zur U-Boot-Jagd durchzuführen, aber sie nahmen diese Pflicht auf sich. Dabei haben sie sich ihr Geld wohl verdient.

Am 17. November 1942, als *„Ingham"* in Hvalfjordur ankam, stiegen die neuen Offiziere in einen isländischen Bus für die 25 km lange Fahrt über die Berge, um an Bord des Kriegsschiffes zu gehen. Bei der Ankunft im „Happy-Valley" oder „Valley Forge", wie die Marine Hvalfjordur nannte, brachte sie ein Boot zur *„Ingham"*, die inmitten des Fjords vor Anker lag. Ein Tanker befand sich längsseits zur Ölübernahme.

„Ingham" galt als ein kampferprobtes Schiff. Als die USA in den Krieg eintraten, lag sie in Lissabon, von wo man sie sofort zurückrief. Seit Februar nahm sie an der Schlacht im Atlantik teil. Die Vorkriegsbesatzung war noch nahezu vollständig an Bord, nur ein geringer Teil der 225 Mann waren Reservisten. Es war eine zähe, erfahrene Mannschaft mit Bärten und in weißer, vom Salzwasser getrockneter Dschungelbekleidung. Trotz ihres räuberhaften Aussehens handelte es sich also um eine gut ausgebildete und aktive Besatzung auf einem ausgezeichneten Schiff.

„Ingham" gehörte zu den sieben Schwesterschiffen, die vor fünf Jahren fertiggestellt worden waren. Von diesen sieben Einheiten fuhren sechs im Atlantik. *„Hamilton"* wurde im Februar vor Island torpediert und versenkt [15]. Die anderen fünf Boote, *„Ingham"*, *„Bibb"*, *„Duane"*, *„Campbell" und „Spencer"* gehörten jetzt zu den Mid-Ocean Escort Groups. Sie liefen 20 kn und waren so konstruiert, daß sie ohne Ölübernahme einen Konvoi über den Atlantik begleiten konnten. Sie galten als äußerst seetüchtig und hielten ihre Geschwindigkeit selbst bei rauher See, wenn die Zerstörer gezwungen wurden, mit der Fahrt herunterzugehen. Es waren ideale Geleitfahrzeuge für die rauhen Gewässer im nördlichen Atlantik.

[15] Von Ernst Vogelsang auf U-132, das gleiche Boot, das während der großen Explosion in der Nacht vom 3. November 1942 verlorenging.

Im Juni stieg Admiral Ernest J. King, Oberbefehlshaber der US-Marine, auf die *„Duane"* in Hvalfjordur zur Besichtigung der dort liegenden Flotteneinheiten über. Das erfolgte zu einer Zeit, als die alliierte Schiffahrt infolge des Mangels an seetüchtigen Geleitfahrzeugen schwere Verluste erlitt, was ihn nachdenklich gestimmt haben muß. Im Jahre 1939, als er im Navy General Board saß, hatte er empfohlen, diese Küstenwachkutter-Klasse als Standard-Geleitfahrzeuge für die Atlantik-Konvois einzuführen, und man müsse sofort mit dem Bau einer größeren Anzahl beginnen. Die Fleet Training Division des Chief of Naval Operations brauchte jedoch Monate, um sich über die Geschwindigkeit und Bewaffnung der Fahrzeuge einig zu werden.

Die zusätzlichen Schiffe wurden nie konstruiert. Schließlich nahm man den Entwurf für einen neuen Geleitzerstörer und fing auch sogleich mit dem Bau an; aber es war bereits zu spät. Als man das erste Fahrzeug ablieferte, war die Krise der Schlacht im Atlantik vorüber, und Hunderte von Schiffen und Tausende von Seeleuten mußten wegen dieser Verzögerung und anderer Versäumnisse ihr Leben lassen. Nur sechs Einheiten der *„Hamilton"*-Klasse standen im Atlantik zur Verfügung, doch erzielten sie im Verhältnis zu ihrer Zahl großartige Erfolge [16].

Der amerikanische Beitrag zur Sicherung der Atlantikkonvois nach England war zu dieser Zeit erschreckend klein. Zusätzlich zu den fünf *„Hamilton"*-Küstenwachkuttern standen noch mehrere alte Flushdeck-Zerstörer aus dem ersten Weltkrieg zur Verfügung. Die Flushdecker hatten keinen großen Aktionsradius und konnten bei schwerer See ihre Geschwindigkeit nicht halten. Trotz ihrer gut ausgebildeten Besatzungen eigneten sie sich nicht als Geleitfahrzeuge in den nördlichen Gewässern [17].

[16] „Ihre Leistung", sagt Konter-Admiral Morison, US-Historiker, „war hervorragend, ihre Verluste schwer."

[17] Außerdem litten sie sehr an Überalterung. Als ein Matrose vom Zerstörer-Begleitschiff „Vulcan" Rost abklopfte, schlug er ein Loch durch die dünne Außenhaut eines dieser neben der „Vulcan" liegenden alten Zerstörer.

Der Mangel an amerikanischen Geleitfahrzeugen war nicht auf Nachlässigkeit zurückzuführen. Während im Jahr 1941 die USA noch im Frieden lebten, wurde eine beträchtliche Anzahl von Geleitzerstörern abgestellt, um die britischen Nordatlantikkonvois zu unterstützen. Aber mit dem Ausbruch des Krieges im Pazifik am 7. Dezember 1941 mußten viele moderne Zerstörer vom Atlantik zur hart bedrängten Pazifik-Flotte verlegt werden. Die meisten im Atlantik verbliebenen Zerstörer wurden den schnellen Truppentransport-Geleitzügen zugeteilt, die aufgrund ihrer höheren Geschwindigkeit selten auf ein U-Boot stießen. Die anderen Zerstörer zog man im Frühherbst des Jahres 1942 für die Invasion Nordafrikas aus dem Nordatlantik zurück. Sie operierten anschließend im Mittelmeer oder im Mittelatlantik zum Schutz der Geleitzüge von den USA nach Gibraltar. Folglich gab es im Winter 1942/43 keine modernen US-Zerstörer im Nordatlantik. Die Sicherung der langsamen Konvois übernahmen die Royal Navy, die Royal Canadian Navy sowie einige wenige Fahrzeuge der polnischen, norwegischen und frei-französischen Marine, amerikanische Flushdeck-Zerstörer und die Küstenwachkutter. Innerhalb der amerikanischen Überwasserstreitkräfte kamen alle in diesem Winter im Nordatlantik versenkten deutschen U-Boote auf das Konto der *„Hamilton"*-Küstenwachkutter.

Auf der *„Ingham"* empfing man die fünf neuen Offiziere mit offenen Armen. Man hatte sie seit langem erwartet, denn man war um Personal verlegen. Der Kommandant war Commander George McCabe, ein erfahrener, aggressiver Ire, der den Kampf suchte. Er befand sich erst seit zwei Monaten an Bord, aber seine Angriffslust brachte die Besatzung auf einen sehr hohen Ausbildungsstand. Die Offiziere, gleichfalls eine erfahrene Gemeinschaft, waren zur Hälfte aktive und äußerst zuverlässige, erprobte Reserve-Offiziere [18]. Da man front-

[18] Viele der Reserve-Offiziere fuhren in Friedenszeiten auf Yachten und sonstigen kleineren Fahrzeugen und liebten die See. Es handelte sich um ausgezeichnete Seeleute, und mehrere wurden im Laufe des Krieges Kommandanten der neuen Fregatten und Geleitzerstörer.

erfahrene Offiziere und Unteroffiziere als Stammbesatzungen für die neu in Dienst zu stellenden Fahrzeuge benötigte, mußte die Besatzung der *„Ingham"* gewiß bald ihr Schiff verlassen. Doch blieb sie für den kommenden Winter noch an Bord.

Lieutenant Commander Sid Porter war der Erste Offizier, ein freundlicher und besorgter Mann, das genaue Gegenteil des sonst üblichen, alle aufscheuchenden Ersten Offiziers. Dennoch lief bei ihm alles glatt ab. Nach drei Monaten wurde er in einer kalten stürmischen Nacht das Opfer eines U-Boot-Torpedos [19]. Der Navigationsoffizier war Lieutenant Commander James D. Craik, ein vorzüglicher Berufsoffizier mit dem Gedächtnis eines Computers. Die anderen Offiziere konnte man ebenfalls als erstklassig bezeichnen, so erfahren wie selten andere Gruppen amerikanischer Seeleute während des U-Boot-Krieges. Allerdings waren sie in gewisser Hinsicht benachteiligt durch den Mangel an Ausbildung und das Fehlen einer bestimmten U-Jagd-Taktik, die selbst in neunmonatiger Kampfzeit nicht ganz überwunden werden konnten. Die US-Marine, einschließlich der Küstenwache, war auf diese Kriegsführung nicht vorbereitet. Hätte nicht die Royal Navy freimütig ihre im harten Kampf gewonnenen Erfahrungen weitergegeben, so wären die Alliierten wahrscheinlich im Jahre 1942 durch die steigende deutsche U-Boot-Offensive vom Atlantik weggefegt worden.

Der Krieg gegen die U-Boote ist eine lautlose Plackerei, dafür gibt es keine Patentlösung. In Friedenszeiten interessierten sich nur wenige Offiziere für diese Taktik, und diejenigen, welche Interesse zeigten, wurden sogar noch des öftern für ihre Bemühungen bestraft. So überging man zweimal Captain F. J. Walker, den größten Experten der Royal Navy in der U-Jagd-Ausbildung, bei der Beförderung. Nur angesichts des drohenden Krieges und der U-Boot-Gefahr wurde er verspätet wegen seiner brillanten Erfolge zum Kapitän zur See beför-

[19] Nachdem er von der „Ingham" abkommandiert worden war, kehrte er nach den USA auf einem Frachter zurück, der mit der gesamten Besatzung unterging.

dert. Die gleiche Art der Diskriminierung gab es auch in der US-Marine [20].

Die U-Jagd ist eine unbarmherzige und monotone Anstrengung, aber erschreckend kostspielig im Verbrauch von Menschenmaterial, Schiffen usw., die aber erforderlich sind, um der Bedrohung einiger hundert U-Boote und mehrerer tausend U-Boot-Fahrer begegnen zu können. Churchill gab zu: „Das einzige, was mich während des Krieges wirklich in Furcht versetzte, war die U-Boot-Gefahr." Bei seiner brillanten strategischen Einsicht erkannte er früher als irgendein anderer alliierter Politiker, daß die Schlacht im Atlantik die einzige Kampagne war, deren Niederlage unvermeidlich verhängnisvoll sein würde. In seinem glänzenden Werk „Der zweite Weltkrieg" schreibt er:

„Inmitten eines Übermaßes an stürmischen Ereignissen stand eine Sorge obenan. Schlachten mochten gewonnen oder verloren werden, Unternehmen Erfolg oder Mißerfolg zeitigen, Territorien besetzt oder geräumt werden, doch unsere Fähigkeit, den Krieg weiterzuführen, ja uns auch nur am Leben zu erhalten, wurde von einem Problem dominiert: unsere Herrschaft über die Ozeanrouten und die ungehinderte Annäherung und Einfahrt in unseren Häfen [21]."

Als sich der Winter 1942/43 näherte, waren die Alliierten gefährlich nahe daran, die Seeherrschaft zu verlieren.

Aber jene, die für die Marinepolitik verantwortlich waren, der Nachlässigkeit anzuklagen, ist eine grobe Vereinfachung. Ein Geleitfahrzeug kann in weniger als sechs Monaten gebaut werden, während ein Großkampfschiff zwei Jahre oder noch mehr benötigt. Mit nur begrenzten Mitteln mußte die Wahl getroffen werden, welche Schiffe gebaut werden sollten, und die Entscheidung fiel zugunsten der größeren

[20] Wahrscheinlich spielten hierbei auch andere Faktoren eine Rolle. Viele der erfolgreichen U-Boot-Killer und Escort Commander waren rauhe Individualisten und wurden daher in Friedenszeiten nicht schnell genug befördert. Selbst ein Admiral, ein bekannt rauhbeiniger Seebär, soll bei seiner Ernennung für ein hohes Kommando gesagt haben: „Erst wenn das Land in Gefahr ist, ruft man nach solchen Typen wie uns."

[21] Siehe Churchill „Der zweite Weltkrieg", Dritter Band, 1. Teil, Seiten 141–142.

Einheiten. In der Rückschau gibt es allerdings keine Entschuldigung dafür, keine Prototypen entwickelt zu haben, auch nicht für das Fehlen der erforderlichen Ausrüstung und einer entsprechenden Taktik. Die Warnung war klar; denn der Kampf im zweiten Weltkrieg wiederholte überraschend ähnliche Momente aus dem Atlantik wie während des ersten Weltkrieges. Der fast erfolgreiche U-Boot-Krieg 1914 bis 1918 gab doch genügend Hinweise, um ein ähnliches Unheil in der Zukunft abzuwenden. Aber es wurde nur wenig getan, und die Marine trat jämmerlich unvorbereitet in den zweiten Weltkrieg ein, um dieser größten Gefahr begegnen zu können. Erst nach 18 Monaten änderte sich die Lage durch hart erworbene und teuer erkaufte Erfahrung. So mußte man auf der *„Ingham"* im November 1942 noch viel lernen, obwohl sie zu den besten Einheiten der Marine gehörte.

Am 22. November 1942 lief sie aus „Happy Valley" aus, um den Tanker *„Culpepper"* nach Seydisfjordur an der Ostküste von Island zu geleiten, wo dieser die Einheiten der Home Fleet mit Öl versorgen sollte, die von der Sicherung eines Murmansk-Geleitzuges zurückkehrten. Die Fahrt war ereignislos, und nach dem Ankerwerfen im Fjord erhielt ein Teil der Besatzung Landurlaub. Als die ersten Matrosen nach langer Bordzeit an Land gingen, passierten sie zwei auf dem Dock stehende Offiziere und grüßten höflich. Der Krieg hatte ihr Gefühl für militärischen Anstand nicht vermindert. Die letzten beiden Matrosen gehörten zur Militärpolizei, sie sahen sich lange die beiden an und grüßten nicht. Die zwei auf der Pier stehenden Offiziere waren militärisch einwandfrei gekleidet, aber in deutscher Luftwaffen-Uniform. Die Militärpolizisten zogen sofort ihre Pistolen und stießen die Offiziere gegen ein Gebäude. Es waren amerikanische Abwehroffiziere des Heeres, die sich als Deutsche verkleidet hatten, um die Sicherheitsmaßnahmen im Hafen von Seydisfjordur zu überprüfen. Es war ihr Glück, daß sie nicht erschossen wurden. Man behandelte sie allerdings nicht so rauh wie die drei Marineoffiziere, die im Gebirge wanderten. Sie kehrten kurz vor der Dunkelheit zurück, als ein Heeresposten sie anhielt, und schon blickten sie in eine kalte Gewehrmündung. Sie sollten ihre Papiere zeigen, aber zu ihrem Schrecken mußten sie feststellen, daß sie diese vergessen hatten. Mit den Händen auf dem Kopf führte man sie daraufhin zum Kommandeur der Militärpolizei. Zwischendurch trieb man sie mit der Bajonettspitze weiter. Nach einigen ungemütlichen Augenblicken identifizierten sie einige andere Offiziere, woraufhin sie entlassen und zum Schiff zurückgeschickt wurden, um ihre Papiere zu holen und eine vorschriftsmäßige Uniform anzuziehen.

Der Nordatlantik ist das Meer, wo der Seemann sein Examen im Wetter ablegt; das Pensum ist recht hart. Im Spätherbst bildet sich bei Island ein nahezu dauerhaftes Sturmzentrum, das sogenannte Islandtief, und in den nächsten Monaten folgt ein Sturm dem andern. Die Verbindung von niedrigen Temperaturen und starken Winden läßt es kälter erscheinen, als das Thermometer anzeigt. Die zweite Nacht in Seydisfjordur gab dann auch eine Vorstellung von den Föhnwinden.

Eine britische Kampfgruppe kehrte von Archangelsk zurück und lief am Nachmittag in den Hafen ein. Ein Flakkreuzer machte an Backbord längsseits der *„Ingham"* fest. Weil das Fjordwasser tief war und der Küstenwachkutter Anker geworfen hatte, gab der Kreuzer Leinen zur *„Ingham"* herüber. Auf dem Engländer gab es in der Messe Wein, so daß sich die meisten der dienstfreien Offiziere der *„Ingham"* bald an Bord des Kreuzers befanden. Die Nacht war kalt, und es wehte eine leichte 10-kn-Brise. Kurz vor Mitternacht wurde der Wind heftiger, und innerhalb von fünf Minuten tobte er in einer Stärke von 30 kn. Der Wachoffizier ging auf die Brücke, da er sich wegen des Ankers Sorgen machte. Nachdem er die Lage überprüft hatte, ließ er Dampf aufmachen und den Ersten Offizier rufen. Dieser brauste gerade unter der Dusche, sagte aber zu, gleich zu kommen. Der Kommandant war an Land.

Der Wachoffizier überdachte nochmals die Lage und bemerkte bereits, daß das Schiff abtrieb. Der Sturm erreichte 50 kn mit häufigen starken Windböen. Es war zu spät, eine Motorbarkasse an Bord zu nehmen, die achteraus vom Schiff trieb, und bald war sie auch verschwunden.

Als man einen Scheinwerfer auf die nächste Klippe richtete, erschrak der Wachoffizier über deren Nähe. Er erkannte, daß der Küstenwachkutter schneller abtrieb, als er gedacht hatte, und befahl daher langsame Fahrt voraus. Der I. WO kam nun auf die Brücke und rief den I. O nach oben. Da ein Kreuzer längsseits lag, war seiner Meinung nach diese Lage nichts für einen jungen Wachoffizier.

Als der I. O und der NO die Brücke erreichten, heulte der Wind mit 70 kn Geschwindigkeit. Es war unmöglich, durch die Gischt etwas zu sehen. Der I. O übernahm jetzt das Kommando. Er mußte sich nun aus der Lage zwischen der Klippe und dem Kreuzer herausmanövrieren.

Der Sturm, einer der gefürchtetsten Föhnwinde, steigerte sich schnell zu einer Gewalt mit 100 kn Geschwindigkeit. Die Offiziere der *„Ingham"* hatte man sofort zurückgerufen, der Kreuzer wurde aufgefordert, die Leinen zu kappen und Fahrt aufzunehmen. Mit einer einstudierten Unbekümmertheit, die für die Royal Navy sowohl bewundernswert als auch ärgerlich ist, traf man drüben seine Vorbereitungen, als ob es auf eine Sommerkreuzfahrt ging. Auf der Brücke sah man nur einen Offizier, und auf dem Vorschiff bemerkte man keine Aktivität. *„Ingham"* steuerte jetzt langsam voraus und versuchte angestrengt, sich und den Kreuzer von der Klippe freizuhalten. Von der Brücke des Küstenwachkutters kam der Befehl, den Backbordanker zu werfen, was aber keine Wirkung zeigte, so daß die *„Ingham"* weiter auf den Felsen zutrieb. Anker und Maschinenkraft genügten nicht, um von dem Kreuzer loszukommen. Jetzt ging es um die Rettung des Schiffes.

Der Engländer wurde gewarnt, daß man ablegen würde, und die Besatzung der *„Ingham"* machte die Leinen los, die beide Schiffe verbanden. Aufgrund der Spannung konnte man einige aber nicht losbekommen, so daß man diese auf Befehl von der Brücke eine nach der anderen mit der Axt kappte. Ehe die letzte Leine losgeworfen wurde, gab diese nach, und der Kreuzer verschwand in der Dunkelheit. Am folgenden Morgen ankerte er mitten im Fjord, nachdem er in der Nacht auf- und abgestanden war.

Als sich der Flakkreuzer entfernte, steuerten die I. O und der NO langsam die *„Ingham"* vom Felsen weg in tieferes Wasser. So schnell wie der Sturm gekommen war, hörte er auch wieder auf, und der Fjord hatte sich bald beruhigt. Es war eine überzeugende Demonstration von der Gewalt plötzlicher Stürme, die von den hohen Bergen durch die engen Fjorde brausten.

Nachdem man die Ankerkette in tieferes Wasser geworfen hatte, ging der I. O zum Vorschiff und beobachtete die Arbeit. Er zündete sich eine Zigarre an, schüttelte den Kopf und sagte: „Ich werde erst einmal eine Tasse Kaffee trinken, anschließend will ich mir neue Unterhosen anziehen."

In der folgenden Nacht setzte man die Party auf dem Kreuzer fort. Unter den Gästen befanden sich zwei RAF-Piloten, die von einem mehrmonatigen Aufenthalt in Archangelsk zurückgekehrt waren, wo es ihnen nicht gerade gutging.

Seit einiger Zeit erlitten die Engländer schwere Verluste durch Luftangriffe auf die Murmansk-Konvois. Ein kaltblütiger Planer in der Admiralität gab eine teilweise Antwort darauf: ein oder zwei Handelsschiffe in jedem Konvoi erhielten ein Katapult mit einem alten Hurricane-Jagdflugzeug. Nur alte und verbrauchte Maschinen kamen dafür in Betracht, denn sie kehrten ja nicht mehr zurück, und neue Flugzeuge hatte man für diesen Zweck nicht. Aber Piloten! Sobald man die anfliegenden Bomber der deutschen Luftwaffe sichtete, wurden ein oder zwei Jagdflugzeuge gestartet, die sie im Verhältnis 1 : 10 angriffen. Hatten die Jäger Glück und überlebten den Luftkampf, kreisten sie über den Schiffen, bis das Benzin verbraucht war. Dann stiegen sie über dem rauhen, eiskalten Wasser aus und hofften, so lange zu leben, bis einer der Frachter im Konvoi stoppte und sie an Bord nahm. Trotz allem wollten die Piloten wieder mitmachen, und ihr einziger Einwand galt der Wartezeit in Archangelsk, das sie als einen fürchterlichen Ort beschrieben.

Als die Amerikaner in der Nacht den Kreuzer verließen, brachten sie einen kleinen Hund als Geschenk mit. Seine Mutter, sagte der Artillerieoffizier des Kreuzers, wäre ein echt russischer Wolfshund und sein

Vater ein britischer Admiral, also folglich ohne Stammbaum. Diese „Kreuzung" blieb mehrere Monate auf der *„Ingham"* als Schiffshund. Hätte er kein Bier getrunken und nicht die Offiziere gebissen, wäre er sicherlich befördert worden.
Die Fahrt zurück nach Hvalfjordur zur Sicherung der *„Culpepper"* und der USA-*„Pleiades"* brachte keine Ereignisse, als während der Nacht das Radar auf 2250 m Entfernung ein unbekanntes Objekt auffaßte. Auf der *„Ingham"* wurde Alarm gegeben und die Geschwindigkeit erhöht, um das Ziel zu rammen, falls es ein deutsches U-Boot sein sollte. Auf 720 m machte ein Ausguck voraus einen kleinen Eisberg aus, und der WO wich diesem elegant aus, überzeugt, daß es sich manchmal nicht auszahlt, zu angriffslustig zu sein.
In Hvalfjordur lagen die Schiffe eine Woche zur Reparatur, und viele Offiziere begaben sich daher nach Reykjavik zum Feiern. Das Zentrum des Nachtlebens, soweit es in der Stadt überhaupt existierte, war das Hotel Borg, wo man auch tanzte. Eigenartigerweise saßen alle Mädchen an Tischen an einer Seite des Raums und die zahlreichen alliierten Offiziere auf der anderen. Die einzige Verbrüderung fand auf dem Tanzboden statt. Nach der amerikanischen Besetzung, die von den Engländern angeregt worden war, versuchten die Isländer das beste aus ihrer unliebsamen Lage zu machen. Außer der Besatzungsfrage wurde die Aufmerksamkeit, die die isländischen Mädchen den Matrosen und Fliegern entgegenbrachten, von den einheimischen Liebhabern nicht gern gesehen. Ein Amerikaner, der auf der Straße mit einem Mädchen spazierenging, mußte sich von den Isländern Bemerkungen gefallen lassen, deren Bedeutung er nur durch die steigende Röte im Gesicht des Mädchens erraten konnte. Zu der Zeit wagten es auch nur wenige Mädchen, sich öffentlich mit Amerikanern zu zeigen, und niemand kam auf den Gedanken, einen Soldaten nach Hause einzuladen, wo die Einstellung den Amerikanern gegenüber sicherlich noch feindlicher, ja sogar pro-deutsch war. Da die Matrosen der deutschen Kriegsmarine in Norwegen von den dortigen Mädchen ebenfalls nicht beachtet wurden, herrschte überall derselbe frostige Krieg.

Junge Leute geben aber die Hoffnung nie auf, und ein jüngerer Offizier, den seine Freunde drängten, ging im Hotel Borg über die Tanzfläche und forderte ein Mädchen höflich zum Tanz auf. Als keines der vier Mädchen am Tisch nicht einmal seine Anwesenheit wahrnahm, kehrte er verwirrt zu seinem Tisch zurück.
„Oh, sei doch nicht so schüchtern!" sagte einer der alten Islandfahrer, „geh doch nochmals hin und frag eine andere. Sie sind alle ganz schön kalt, aber du wirst sehen, daß eine bestimmt vom Sitzen müde ist."
Beim nächsten Versuch tanzte tatsächlich ein Mädchen mit ihm. Als er nach zehn Minuten angeregter Konversation, so meinte er, noch immer keine Antwort erhalten hatte, fragte der junge Offizier schließlich: „Verstehen Sie kein Englisch?"
„Doch."
„Warum sagen Sie dann aber nichts?"
Zum erstenmal sah sie ihn kühl an und antwortete: „Ich bin zum Tanzen gekommen und nicht, um zu sprechen."
Damit war die Unterhaltung beendet, aber auch die Illusionen, daß die Einheimischen freundlich seien.
Da im Hotel Borg für die Zukunft wenig Aussichten für eine anregende Unterhaltung bestanden, begab sich die Gruppe in den Klub, wo der Scotch billig war und die Wirtsleute einigermaßen gesprächig.
Nach Mitternacht ging einer von den Offizieren hinaus, um frische Luft zu schöpfen. Er blickte die Straße hinunter auf die Nissenhütten, die als Unterkunft für die Flieger dienten. Vor Staunen riß er den Mund plötzlich weit auf, als ein nacktes Mädchen im dunklen Licht der Laterne schreiend um die Ecke einer Baracke in eine andere rannte. Ihm folgte ein Pilot in Unterhosen — eine Flasche in der Hand. Er blieb unter der Straßenlaterne stehen, um die Fußspuren im Schnee zu prüfen, stieß dann einen Freudenschrei aus und folgte dem Mädchen in die Nissenhütte.
Der enttäuschte Offizier kehrte kopfschüttelnd in den Klub zurück. „Marineoffiziere haben keine Chancen", sagte er laut. Da sie nur wenige Tage im Monat im Hafen lagen, konnten sie auch ihre „Erobe-

rungen" nicht weiter ausbauen. Die Flieger dagegen bekamen andererseits nicht nur Sonderflugzulagen, sondern flogen nach dem Vorurteil der Marineoffiziere im Winter überhaupt nicht, so daß sie ihre Energien mehr für schöpferische als für zerstörende Jagden aufsparen konnten.

Die Seebären an der Theke bestellten noch eine Runde und brüteten über die Ungerechtigkeit nach. Als Männer stellten sie sich vor, daß der Flieger in der 100 m entfernt liegenden Nissenhütte sagte: „Ich bin nicht gekommen, um zu sprechen ..."

Kapitel 4

DAS ENDE VON U-626
Dezember 1942

Es war am 13. Dezember 1942. Die *„Ingham"* stand mit den Zerstörern *„Babbitt"* und *„Leary"* wiederum auf See, 400 sm südlich von Island zur Sicherung der zwölf Schiffe des Konvois ONSJ-142. Es herrschte das typisch kalte, nebelige und rauhe Wetter. Commander George MacCabe, Kommandant der *„Ingham"* und Escort Commander, kaute an seiner Zigarre und starrte auf die See voraus, dann ging er zum drittenmal in einer Stunde in das Kartenhaus und studierte mit dem NO die Karte. Der Konvoi setzte mit sieben kn Geschwindigkeit seinen Kurs nach Süden fort.

Der Konvoi ONSJ-142 hatte vor zwei Tagen Island verlassen, um sich mit dem nach Westen laufenden Hauptgeleitzug ON-142 zur Fahrt nach den USA zu treffen. Der kleine Konvoi erreichte jetzt den Treffpunkt, aber kein Geleitzug erschien, und McCabe wußte nicht, wo er sich befand. Aber auch der Befehlshaber Westatlantik (CINCWA), unter dessen Befehl ON-142 stand, wußte es nicht.

Der Hauptkonvoi war vor einer Woche von Oversay, einem kleinen Felseneiland vor den britischen Inseln, ausgelaufen und bewahrte seitdem Funkstille. Natürlich wußte man an Land, welche Route und mit welcher Geschwindigkeit er lief, aber wahrscheinlich war der Geleitzug durch den Weststurm und die schwere See aufgehalten worden. Außerdem konnte der Escort Commander eine Kursänderung zur Vermeidung eines U-Boot-Aufklärungsstreifens im östlichen Atlantik befohlen haben [1]. Ein auf See befindlicher Konvoi empfing zwar alle Funksprüche, aber man funkte, ausgenommen in dringenden Notfällen,

[1] Ein Escort Commander durfte ohne Erlaubnis und unter Wahrung der Funkstille 50 sm vom Generalkurs abweichen.

selbst nicht, denn die Deutschen konnten, wenn Funkstille nicht gewahrt wurde, mit HF/DF die ungefähre Position der Konvois einpeilen.
Eine Sunderland hatte vor zwei Tagen zum letztenmal Konvoi ON-142 gesehen, aber seitdem gab es keine weiteren Meldungen mehr über ihn. McCabe wußte nun nicht genau, was inzwischen geschehen war. Mit Einbruch der Dunkelheit drehte er mit seinen Schützlingen nach Südwest ab. Während der Nacht steuerte er den Generalkurs des Hauptkonvois, um ihn in der Dunkelheit nicht zu verfehlen. Am folgenden Tag wollte er nochmals versuchen, ihn ausfindig zu machen. „*Ingham*" lief jetzt von der Spitze des Geleitzuges nach achtern, der gefährlichsten Stelle für die Handelsschiffe. Hier setzte sich ein Fühlung haltendes U-Boot meistens vor den langsamen Konvoi.
Anderntags hatte man gegen Mittag noch immer keine Luftsicherung oder ein Zeichen des gesuchten Konvois. Da McCabe dachte, er befände sich wohl zu weit südlich, lief er nach Nordwesten und setzte die Suche fort. Die Möglichkeit eines Besteckfehlers vergrößerte sich immer mehr. Nicht nur der Standort des Hauptkonvois war zweifelhaft, man konnte seit seinem Auslaufen aus Island auch kein Besteck nehmen. Infolgedessen bestand die Möglichkeit, daß der kleine Geleitzug durch das Koppeln um viele Seemeilen versetzt wäre. Der NO war schon früh auf und hoffte auf ein Loch in der Wolkendecke, um mit dem Sextanten einen Stern oder die Sonne zu schießen, aber der Tag blieb grau und regnerisch. Ein Läufer holte den NO, und der Steuermann brachte den Chronometer und Sextanten zur Brückennock. Der NO stemmte sich gegen die Brücke, um gegen die Schiffsbewegung gefeit zu sein. Die Sonne stand tief über dem südlichen Horizont.
„Achtung!"
Der Steuermann nahm die Zeit vom Chronometer, und der NO las die Sonnenhöhe vom Sextanten.
„Neun Grad, 42 Strich, sieben Minuten."
Der Steuermann schrieb es auf. Die Sonne war nicht zu früh geschossen worden, denn als der NO ins Steuerhaus ging, verschwand sie hinter den Wolken. Als er die Tür zum Steuerhaus aufmachen woll-

te, griff er nach dem Stück Papier, auf dem er die Position aufgezeichnet hatte. In diesem Augenblick legte sich das Schiff nach Backbord über, der Steuermann suchte nach einem Halt, und das Stück Papier flog mit dem 40 kn starken Wind davon. Der NO biß sich vor Ärger auf seinen Schnurrbart, seine Miene wurde um einige Grade dunkler. „Wissen Sie noch die Uhrzeit?"

Der Steuermann mußte es verneinen, während der NO ersichtlich sein Temperament bezähmte. Ohne dieses Papier mußte die *„Ingham"* weiterhin koppeln, und bei dem herrschenden Wetter konnte kein NO die Genauigkeit des Standortes beschwören, ganz gleich, wie befähigt er war. Falls nicht bald der Hauptkonvoi gefunden wurde, mußten die beiden Zerstörer mit Brennstoffknappheit rechnen.

Während des Nachmittags setzten die Schiffe ihren Marsch fort, gegen Abend befahl McCabe seinem kleinen Konvoi, nochmals nach Südwesten parallel zum geschätzten Generalkurs zu laufen.

So schlimm die Lage erschien, so war sie doch nichts Neues. Falls die beiden Geleitzüge nicht die Funkstille unterbrachen oder eine Flugzeugmeldung kommen würde, gab es für beide Teile keine andere Wahl, als den Kurs zu kreuzen. Glücklicherweise standen keine U-Boote in der Nähe. Wenn ein Wolfsrudel den kleinen Konvoi mit nur drei Geleitfahrzeugen sichtete, dann konnte sich die Lage allerdings schnell als verteufelt erweisen.

Am folgenden Tag änderte sich das Wetter, eine Aufklärungsmaschine sollte von Island kommen. Diese würde bis zur äußersten Grenze ihrer Reichweite fliegen. Ihr war es bestimmt möglich, die zwei Konvois zu finden und zusammenzuführen.

Während des Morgens schoß der NO mehrmals die Sonne. Jetzt wußte er zumindest mit einiger Gewißheit, wo sie standen.

Zu Mittag erhielt man schon den ersten Asdic-Kontakt. Die Geräusche der Maschinen, die mit AK liefen, wurden von dem heftigen Schlingern des Schiffes begleitet, als es den Kurs änderte, und von dem Schrillen der Alarmglocken. Die Lautsprecher krächzten durch das Schiff: „Alle herhören. U-Boot-Alarm."

Wie ein Mann sprangen die Offiziere vom Tisch, liefen zu dem sich

schnell öffnenden Schott, doch ehe sich die Messe leerte, detonierte bereits die erste Wasserbombe achtern vom Küstenwachkutter. Sie ging in geringer Wassertiefe los, das Geschirr flog von den Tischen. *„Ingham"* drehte nach Backbord, um wieder Asdic-Kontakt zu bekommen.
Der WO führte eine ausgedehnte Suche durch und befahl: „Peilung 315 bis 045 absuchen."
Die Jagd dauerte eine halbe Stunde, blieb aber ohne Erfolg. Falls sich dort unten ein U-Boot befand, dann war es sicherlich auf größere Tiefe gegangen. Die ursprüngliche Ortung war gut gewesen, nur 3000 m voraus vom Konvoi. Da der WO wußte, daß das U-Boot in Schußposition stand, lief er mit dem Schiff direkt darauf zu und warf eine Wasserbombe, um es abzulenken. Anschließend drehte er, um den Kontakt wieder zu gewinnen und zum Angriff mit einer Wasserbombensalve überzugehen. Die Handelsschiffe machten inzwischen ein Ausweichmanöver um 45 Grad von der Stelle, während *„Ingham"* weiterhin jagte. *„Babbitt"* und *„Leary"* umkreisten den Konvoi, um ihn soweit wie möglich zu schützen.
Der Kontakt ging jedoch verloren, McCabe befahl, wieder auf den ursprünglichen Kurs zu gehen. Die dreitägige Suche nach dem Hauptkonvoi wurde erneut aufgenommen. Gegen Mittag kamen schlechte Nachrichten von den Zerstörern: der Brennstoffvorrat war knapp geworden. Sollte der Konvoi nicht bis zur Dunkelheit gefunden werden, mußte man die Funkstille unterbrechen.
Als der Kommandant auf der Brücke stand und grimmig an seiner Zigarre kaute, rief ein Ausguck: „Flugzeug in 340 Grad, fünf sm Entfernung."
Ein halbes Dutzend Gläser richtete sich auf die angegebene Position.
„Es ist ein Flugboot."
„Gute alte VP-73", sagte jemand. „Der Pilot ist aber weit weg von zu Hause."
Das langsam anfliegende Flugboot passierte in niedriger Höhe die Schiffe und umkreiste sie. Eine Funkverbindung gab es nicht, und der Signalgast unterzog sich der schwierigen Aufgabe, mit der

Handlampe Meldungen auszutauschen, während er von einer Seite der Brücke zur andern rannte, als das Flugzeug den Küstenwachkutter umflog. Schließlich hatte er die wichtige Nachricht: Konvoi 30 sm nördlich.

McCabe signalisierte dem Kommodore, den Kurs auf NW zu ändern, dann lief er mit der *„Ingham"* mit 19 kn um den Geleitzug herum in Richtung Norden. Schon bald machte man über dem Horizont Rauchwolken aus, und kurz darauf wurden mit *„Aggasiz"* Signale ausgetauscht. Gegen Abend wurde der Island-Konvoi in den Hauptgeleitzug eingeordnet. Nach einem Hin- und Rückmarsch von drei Tagen voller Sorgen war der Hauptkonvoi gefunden, der sich um einen Tag verspätet hatte.

Nachdem der letzte Frachter seine Position in den nach Westen laufenden Geleitzug eingenommen hatte, drehten *„Ingham"*, *„Leary"* und *„Babbitt"* mit 17 kn in die Nacht ab zur Verstärkung der Sicherung des Konvois SC-112, der über 500 sm im Südwesten stand und von mehreren U-Booten verfolgt wurde.

In der vergangenen Woche entdeckten die Deutschen in diesem Gebiet den Geleitzug HX-217. 22 U-Boote waren gegen ihn angesetzt. Aber dem Angriff mangelte eine gut aufeinander abgestimmte Koordination, die Sicherungsfahrzeuge und Flugzeuge waren aufmerksam und aggressiv, so daß nur zwei Schiffe verlorengingen. Die U-Boote litten unter dem schlechten Wetter, gestörten Funkverbindungen und Navigationsproblemen. Zwei Boote kollidierten in der Dunkelheit, die erste Kollision im Kriege zwischen U-Booten während eines Angriffs auf einen Konvoi. Ein U-Boot ging mit einem großen Teil der Besatzung unter. Ein anderes wurde von einem Flugzeug vernichtet. Unter Berücksichtigung aller Faktoren waren beide Seiten froh, sich mit so wenig Blutvergießen aus der Affäre gezogen zu haben.

In der Nacht zum 16. Dezember 1942 erreichten die drei amerikanischen Geleitfahrzeuge den Konvoi SC-112 und bezogen ihre Positionen innerhalb der Sicherung. Im Augenblick herrschte Ruhe, aber die U-Boote standen seit den vergangenen drei Tagen an dem großen,

nach Osten laufenden Geleitzug. Die Sicherungsfahrzeuge fuhren mehrere Wasserbombenangriffe gegen die U-Boote, die sich den Handelsschiffen näherten. U-663 wurde hierbei so schwer beschädigt, daß es die Jagd aufgeben mußte und zum Stützpunkt zurücklief. Dem Escort Commander war allerdings nicht bekannt, daß sich die neun Boote der Gruppe „Ungestüm" im Osten zum Angriff sammelten; am 15. Dezember 1942 hatten sie beinahe Fühlung mit dem Konvoi. Das Wolfsrudel befand sich jedoch zu weit nördlich, als der Konvoi den Vorpostenstreifen südlich passierte. Dies war den Flugzeugen zu verdanken, die die U-Boote ständig unter Wasser drückten, so daß kein Boot die Frachter sichtete. Als am andern Tag das Rudel entdeckte, daß der Konvoi entwischt war, änderte es sofort den Kurs und setzte nach Osten zur Verfolgung an. Das Wetter verschlechterte sich inzwischen, und in dem Schnee- und Hageltreiben sowie bei den haushohen Wellen bekam man keine Fühlung. Auf den 50 Handelsschiffen und den zehn Geleitfahrzeugen herrschte weiterhin das routinemäßige Leben auf See — im Augenblick ungestört von den sonst so unerbittlichen deutschen U-Booten.
George McCabe, Kommandant der *„Ingham"*, glaubte fest daran, daß Radar eine offensive Waffe wäre. *„Ingham"* besaß zu der Zeit das ältere SC-1 Radar-Gerät, das erste an die Marine ausgelieferte Produktionsmodell, das jetzt ein Jahr alt war. Es war für die Geleitfahrzeuge das, was die frühen Antibiotika für die Medizin waren. So konnte man es im Vergleich zu den neusten hochleistungsfähigen Geräten als nicht durchkonstruiert ansehen. Diese neuen Geräte baute man erst ein, als der Küstenwachkutter später in den Staaten lag. Ein Handelsschiff konnte mit McCabes altem Gerät unter günstigen Bedingungen auf nicht mehr als fünf sm erfaßt werden; ein aufgetauchtes U-Boot auf vielleicht zwei sm. Später kam das Radar-Rundsuchgerät an die Front, das alle Schiffe in mehreren Seemeilen Entfernung als kleine weiße Punkte anzeigte.
McCabe hatte nun eine Lieblingstheorie, die mehrere andere Escort Commander gleichfalls teilten. Blieben die U-Boote des Nachts über Wasser, so meinte er, würden sie eher durch Radar als durch Asdic

erfaßt werden. Er verstand es so, daß die deutschen U-Boote mit ihren empfindlichen Unterwasser-Horchgeräten die Asdic-Strahlen schneller orteten, als die Alliierten die deutschen U-Boote mit ihrem Radar erfassen konnten. Daher gingen sie auch auf größere Tiefe.

Da aber die Deutschen, so gesehen, vom Asdic abhingen, mußten sich die U-Boote, falls dieses Gerät einfach ausgeschaltet wurde, ja doch wieder auf die optische Sichtung verlassen. Dem alliierten Radar gegenüber standen sie somit zuletzt im Nachteil. Man konnte ein U-Boot also vollständig überraschen und dadurch mit Erfolg angreifen.

Diese Theorie hatte ihr Für und Wider. Allerdings wußten die Alliierten zu der Zeit noch nicht, daß die Deutschen das Funkmeßgerät oder Metox entwickelt hatten, mit dem man die Wellen eines Schiffsradars orten konnte. Das Gerät zeigte keine Entfernung an, sondern nur die ungefähre Position, aber es warnte die U-Boote, daß ein Geleitfahrzeug mit Radar irgendwo in der Nähe stand. Mit dem Einbau dieses neuen Gerätes hatte man erst vor drei Monaten begonnen, jedoch verfügten noch nicht viele Boote darüber. Es erwies sich als sehr leistungsfähig, bis die Alliierten das neue Radar auf der 10-cm-Wellenlänge einführten, die das Metox-Gerät nicht erfassen konnte. Wie immer man es nahm: McCabes Theorie sollte nur Erfolg haben, wenn sie gegenüber einem Boot ohne Metox angewandt wurde.

Als es am 17. Dezember 1942 Nacht wurde, mußte McCabe seine Ideen nun unter Beweis stellen.

Aber wer kannte die Lieblingstheorien über Angriffstaktik des Leutnants z. S. d. R. Hans Botho Bade? [2] Hierüber gibt es kein KTB, keine früheren Besatzungsmitglieder von U-626 und keine nachträglichen Eintragungen. Anfang November 1942 beendete U-626 in der Ostsee seine Ausbildung und kam am letzten Tag dieses Monats in

[2] Bade war vor dem Kriege deutscher Handelsschiffs-Offizier mit dem Kapitänspatent. Aufgrund seiner bisherigen Erfahrungen zur See ernannte man ihn trotz seines niedrigen Ranges zum Kommandanten von U-626.

Bergen/Norwegen an, um dort Brennstoff und Proviant für die erste Feindfahrt zu übernehmen. Am 8. Dezember 1942 verließ das Boot Bergen und nahm Kurs auf das Operationsgebiet im Nordatlantik. U-626 sichtete unterwegs nichts. Gelegentlich setzte man auftragsgemäß Wettermeldungen ab. Zu der Zeit, als *„Ingham"* und die anderen Schiffe drei Tage lang den Konvoi ON-142 suchten, steuerte U-626 nach Westen, passierte die Shetland-Inseln im Norden und marschierte anschließend südlich von Island längs der von den Geleitfahrzeugen benannten Route „Reich Nr. 1". Sie hatte diesen Namen erhalten, weil sie größtenteils von den auslaufenden U-Booten benutzt wurde.
In der Nacht des 17. Dezember 1942 stand Bade gegen 21.30 Uhr einige Seemeilen voraus von einem Geleitzug und unterbrach wahrscheinlich die Funkstille, um eine Sichtmeldung an den BdU abzusetzen. Die deutsche Funkstation in Lorient empfing diese Meldung aber nicht, dafür peilte ein Sicherungsfahrzeug mit HF/DF im Konvoi SC-112 den Funkspruch ein. *„Ingham"* lief sogleich an die Spitze und setzte zur Verfolgung an.
Jetzt entschloß sich McCabe, seine Theorie in die Tat umzusetzen: das Asdic sandte keine Ortungsstrahlen aus, dafür verließ sich *„Ingham"* auf ihr Radar. Als der Küstenwachkutter fünf sm vor dem Konvoi steuerte, ging er mit der Geschwindigkeit auf 12 kn herunter, so daß die Schraubenumdrehungen nicht so leicht wie bei höherer Fahrt gehorcht werden konnten.
Als sich *„Ingham"* vom Konvoi absetzte, tauchte wahrscheinlich U-626. Was Bade eigentlich beabsichtigte, bleibt ein Rätsel. Vielleicht wollte er unter Wasser die Schraubengeräusche des Geleitzuges horchen, oder er beabsichtigte, sich getaucht in Schußposition zu setzen. Obgleich sich die U-Boote des Nachts gewöhnlich über Wasser auf den Angriff vorbereiteten, sah der neue Kommandant mehr Sicherheit unter Wasser. Es besteht auch die Möglichkeit, daß man die Schrauben der *„Ingham"* gehört hatte oder die Radarstrahlungen mit dem Metox-Gerät empfing und deshalb tauchte. Aber niemand weiß, ob U-626 überhaupt ein Metox-Gerät besaß. Was auch der

Grund gewesen sein mag, Bade verriet seine Position. Ein erfahrener Kommandant, der ein sich näherndes Geleitfahrzeug geortet hätte, wäre tiefer getaucht und mit Schleichfahrt abgedreht. Bade lief jedoch mit beiden Motoren AK voraus. Gegen 23.15 Uhr rief der aufmerksame Funker am Asdic auf der *„Ingham"*: „Lautes Unterwassergeräusch. Peilung 030. Schnelle Schraubenumdrehungen. Es ist ein U-Boot."

Der WO überprüfte schnell die Peilung mit dem Radar und dem Glas. Über Wasser war nichts zu sehen.

„Sind Sie auch sicher, daß es nicht unsere Schrauben sind?"

„Jawohl, Sir. Sie sind schneller als die unsrigen und sehr nahe, zwischen 015 und 035."

„Beide Maschinen normale Fahrt voraus. Kurs 025."

„U-Boot-Alarm. Wasserbomben auf 45 m einstellen."

„Ingham" steuerte auf die Peilung zu, und die Besatzung eilte zu den Gefechtsstationen. An den Wasserbombenschienen stellten die Männer die Wasserbomben auf 45 m ein. Zwei Minuten später fielen die ersten der 270 kg schweren Bomben und schüttelten das Schiff, wenn sie jeweils explodierten. Achtern von der *„Ingham"* stiegen gewaltige Wassersäulen empor — wenige Sekunden, nachdem man die Erschütterungen verspürte. Als die letzte Bombe explodierte, umkreiste *„Ingham"* die Stelle ungefähr zwei Minuten lang. Dann setzte sie zum zweiten Angriff an.

„Asdic einschalten. Suchen von 170 bis 240."

Jetzt gab es keine Heimlichkeiten mehr.

„Kontakt. Peilung 185. Entfernung 1100."

„Beide Maschinen AK voraus."

„Neun Wasserbomben. Einstellung 45 m."

Als der Küstenwachkutter auf das getauchte Ziel zulief, zitterte er unter dem Dröhnen der Turbinen. Backbord voraus schwamm ein Karbidlicht, das die Stelle markierte, wo man die ersten Wasserbomben geworfen hatte. Das U-Boot entfernte sich und machte dabei laute Geräusche.

„Schraubenumdrehungen werden langsamer."

„Schlecht zu orten."
Das Ziel drehte nach Steuerbord, die Wasserbomben sollten voraus vom U-Boot geworfen werden, in die es hineinlaufen würde, wenn sie in die Tiefe sanken.
„Ingham" und das U-Boot hatten sich einander jetzt so weit genähert, daß das ausgesandte „Ping" mit dem zurückkommenden Echo verschmolz. Für einige wenige Sekunden war deshalb keine Ortung möglich. Jetzt hing alles davon ab, mit welcher Genauigkeit die Wasserbomben geworfen wurden. Der den Angriff leitende Offizier gab den Feuerbefehl für die erste Bombe. Der Befehlsübermittler gab ihn weiter, und um sicherzugehen, daß die Anweisung auch durchkam, ertönte kurz ein Signal auf der Pfeife.
Der Steuermann stoppte mit der Uhr den ersten Wurf.
„Achtung. Feuer Nr. 2."
Eine weitere 270-kg-Wasserbombe rollte über das Heck, und Lieutenant Osborn drückte zwei rote Stempel. Die Wabowerfer heulten auf und schossen 135 kg schwere Wasserbomben in 45 m Entfernung nach beiden Seiten.
„Feuer Nr. 3."
Noch eine Wasserbombe rollte über das Heck und zwei wiederum zur Seite.
Das Schiff bebte und schüttelte sich, als sie explodierten. Als die letzte detonierte, umkreiste *„Ingham"* erneut die Suchstelle.
Plötzlich erfolgte eine heftige Explosion. Die Männer rannten zur Brückennock, um zu sehen, was geschah. Der Kommandant richtete sich auf und legte den Hebel zum Werfen der Wasserbomben von der Brücke aus wieder in die Ruhestellung zurück. „Ich selbst habe noch eine Wasserbombe auf das U-Boot geworfen. Dieser Krieg ist einfach zu unpersönlich."
„Ingham" setzte sich drehend bis auf 1000 m ab und suchte systematisch ein Seequadrat mit dem Asdic ab. Die Geschützbedienungen standen feuerbereit an ihren Plätzen, die Rohre zur See gerichtet, die Verschlüsse geöffnet, die Munitionsmänner mit den Granaten in der Hand. *„Ingham"* erreichte das Ende der einen Quadratseite,

wendete und lief an dem letzten geworfenen Schwimmlicht vorbei. Nach einer halben Stunde hatte man keinen Kontakt mehr mit dem U-Boot. Die Radarbedienung warnte eindringlich: der Konvoi würde bald die Angriffsstelle passieren. Eines der vorauslaufenden Geleitfahrzeuge sah man schon im Süden. Nur zögernd brach McCabe die Suche ab und nahm wieder vor dem Konvoi seine Position ein. Es schwammen keine Wrackteile nach oben, aber in der dunklen Nacht würde es auch unmöglich sein, im Wasser kleinere Trümmer zu entdecken. Falls es sie doch gab, vernichtete der Geleitzug bald alle Beweisspuren. Da der Kontakt sehr gut gewesen war, herrschte unter der Besatzung kaum ein Zweifel, daß es sich um ein U-Boot gehandelt hatte. Commander McCabe schrieb in seinem Gefechtsbericht: „Obgleich keine Wrackteile nach oben kamen, so glaube ich doch, daß wir das U-Boot versenkt haben. Wenn nach dem Kriege die deutschen Unterlagen zur Verfügung stehen, so bitte ich bezüglich einer Versenkung in diesem Gebiet um Überprüfung."

Die Engländer waren ja nie so optimistisch. Sie blieben stets konservativ. Daher enthielt der Bericht McCabes auch den Vermerk: „Mögliche Versenkung eines U-Bootes. Keine Wrackteile [3]."

Drei Jahre später durchforschte man die erbeuteten deutschen Unterlagen. Am 7. Dezember 1942 war in diesem Seegebiet U-626 verschwunden, ohne eine Spur zu hinterlassen.

Was in den letzten Minuten an Bord des deutschen U-Bootes vor sich ging, ist für immer in 3600 m Tiefe begraben auf einer Position 350 sm SSO von der Südspitze Grönlands. Wie McCabe sagte, war der Krieg ja sehr „unpersönlich".

Der Geleitzug SC-112 wurde nicht mehr angegriffen, und die andern Nordatlantik-Konvois erlitten im Monat Dezember 1942 wenig oder keine Verluste. Aber die Atempause sollte nur kurz sein. Die In-

[3] Die britische Marine bestand auf eindeutige Beweisstücke oder Leichen. Ein Geleitfahrzeug bemerkte nach einem Wasserbombenangriff, wie Seemöwen über der betreffenden Stelle schwärmten. Man setzte daher ein Boot aus und brachte einen Eimer mit menschlichen Eingeweiden zurück. Die Admiralität bestätigte daraufhin eine Versenkung.

vasion Nordafrikas überraschte das deutsche Oberkommando vollkommen. Die deutschen U-Boote hielten sich in dieser Zeit, verstärkt konzentriert, im Nordatlantik auf. Da viele Geleitfahrzeuge von den alliierten Sicherungsgruppen des Nordatlantiks abgezogen worden waren, um die Invasionsflotte zu schützen, erzielten die U-Boote im November 1942 große Erfolge. In allen Seeräumen versenkten sie 117 Schiffe mit über 700 000 BRT, die meisten von ihnen in den ersten zwei Wochen des Monats. Nach der Landung der Alliierten in Nordafrika befahl Hitler, daß weitere U-Boote in die nordafrikanischen Gewässer und in das Mittelmeer verlegt werden sollten. Dönitz protestierte heftig dagegen. Die größte strategische Wirkung des U-Boot-Krieges, so argumentierte er, liege fast ausschließlich in der schnellstmöglichen Versenkung einer zahlenmäßig hohen Tonnage. Wo diese versenkt würde, spiele eine untergeordnete Rolle. Das Gebiet mit dem stärksten Schiffsverkehr, wo die Konvois auf einer verhältnismäßig begrenzten Route liefen, sei der Nordatlantik. Hitler und das Oberkommando der Kriegsmarine beurteilten jedoch die Leistung der U-Boote nach ihrer sofortigen Wirkung auf dem bedrohten afrikanischen Kriegsschauplatz und bestanden auf Schritten, die den Nachschub der alliierten Landungsstreitkräfte in Nordafrika unterbinden sollten.

Die Ansichten des Oberkommandos der Kriegsmarine gingen vor, und so wurde Dönitz gezwungen, eine große Zahl von U-Booten aus dem Nordatlantik auf die Routen nach Gibraltar und dem Mittelmeer zu verlegen.

Nach einigen anfänglichen Erfolgen wurden für die dorthin verlegten deutschen U-Boote die Bedingungen aber außergewöhnlich schwierig. Die alliierten Konvois erhielten in diesem Seeraum starken Geleitschutz, und von den Luftbasen in Gibraltar und in Nordafrika flogen die Maschinen ständig Luftsicherung. Die U-Boot-Verluste in den afrikanischen Gewässern stiegen ohne gleichwertige Versenkungsziffern alliierter Schiffe. Schließlich erlaubte man Dönitz am 26. November 1942, seine restlichen U-Boote aus dem gefährlichen Gebiet vor Gibraltar zurückzuziehen und sie weit draußen auf See auf den sicheren Routen der Amerika-Gibraltar-Geleitzüge operieren zu lassen. Aber aufgrund der Weite des Mittelatlantiks, in dem die Konvois ausweichen konnten, fanden die U-Boote diese Geleitzüge nicht und erzielten daher nur geringe Erfolge. Einige wenige Einzelfahrer wurden versenkt, aber die Ergebnisse blieben mager im Vergleich zu der großen Zahl der eingesetzten U-Boote. Dönitz hatte recht behalten, und die sich über seine Argumente hinwegsetzende Entscheidung des Oberkommandos der Kriegsmarine, die U-Boote auf den Routen nach Gibraltar zu konzentrieren, führte zu einem U-Boot-Vakuum zwischen Neufundland und England. Erst im Dezember 1942 war der BdU wieder in der Lage, neue Gruppen auf den Nordatlantik-Routen anzusetzen; aber während der Atempause erreichten Hunderte von alliierten Handelsschiffen sicher die britischen Häfen.

Aber selbst als neue Boote im Operationsgebiet eintrafen, war es ihnen nicht mehr möglich, die Versenkungsrate vom November 1942 zu erreichen. Ein Grund hierfür lag in der Verlegung der alliierten Konvoi-Routen, und zwar weit entfernt von der kurzen Great-Circle-Route und den Aufklärungsstreifen der U-Boote [4]. Nachdem man mehrere erwartete Konvois nicht gefunden hatte, erkannte der BdU die richtige Ursache hierfür. Die entsprechende Gegenmaßnahme war die Verlängerung der U-Boot-Aufklärungsstreifen. Nur so konnte man herausfinden, wo die neuen Routen lagen. Allerdings bestand jetzt das Risiko, daß die Geleitzüge unentdeckt die größeren Räume zwischen den einzelnen U-Booten passierten. Selbst wenn man die Konvois fand, war es äußerst schwierig, die weit auseinandergezogenen U-Boote auf sie zu konzentrieren. Die Deutschen hatten augenblicklich nicht genügend U-Boote, um alle Konvois auf den stets

[4] Als Anfang 1942 die U-Boote vor der amerikanischen Ostküste operierten, gingen die Verluste auf der Transatlantik-Route so stark zurück, daß die Engländer keine Ausweichrouten zu benutzen brauchten, die Konvois liefen aus Zeitersparnis auf der kurzen Great-Circle-Route. Als die deutschen U-Boote in die nördlichen Gewässer zurückkehrten, reagierte die britische Admiralität darauf nur langsam mit Verlegung der Route.

wechselnden und weiten Routen zu entdecken. Zu der Zeit aber, da wieder mehr Boote aus den französischen und deutschen Stützpunkten in den Atlantik liefen, um hier eingesetzt zu werden, hatten sich die Alliierten von ihrer Schwäche im November 1942 erholt. Die Geleitfahrzeuge kehrten von den afrikanischen Invasionsstreitkräften zurück, die Sicherung um die Konvois wurde erneut auf volle Stärke gebracht. Darüber hinaus behinderte die Deutschen eine Reihe von gewaltigen Stürmen, die ostwärts über den Atlantik zogen.

In dem tobenden Wind, den haushohen Wellen und der verminderten Sicht fanden die U-Boote die Konvois nicht. Infolgedessen waren die in Island stationierten Geleitfahrzeuge in der Lage, während der letzten Dezemberwoche die wohlverdiente Atempause auszunutzen.

„Ingham", *„Babbitt"* und *„Leary"* liefen in der Nacht vom 23. Dezember 1942 in „Happy Valley" ein, wo sie die *„Campbell"*, die gerade von den USA kam, mit dem Signal begrüßte, daß sie Post an Bord hätte. Trotz heftiger Winde und eines Schneesturms schickte man noch um Mitternacht ein Boot hinüber, das bald mit den kostbaren Postsäcken zurückkam. Die Postverteilung war jedesmal ein Weihnachtsfest, und es wurde wenig getan, ehe alle Briefe gelesen waren. Erst im Morgengrauen waren die meisten Besatzungsmitglieder damit fertig.

Nach dem Einlaufen von einer langen Geleitfahrt gab es nur eine kurze Ruheperiode, dann wurde die nicht endenwollende Überholung und Ausbildung wieder aufgenommen. Schiffe, die unter normalen Friedensbedingungen nur weniger als die Hälfte ihrer Zeit auf See verbringen, standen jetzt drei Wochen im Monat draußen. Die Überholung mußte bei jeder Gelegenheit durchgeführt werden. Nur die größeren Schäden reparierte das Zerstörer-Begleitschiff *„Vulcan"*; die anderen Reparaturen nahm die Besatzung selbst vor.

Ausbildung und Drill unterbrachen die täglichen Arbeiten: Geschützexerzieren, Praxis des Wasserbombenwerfens, Leckwehrkontrolle und vor allen Dingen U-Jagd-Taktik. Jeden Tag im Hafen begab sich eines der drei U-Jagd-Teams auf HMS *„Blenheim"*, wo mit einem

Taktiklehrer zwei Stunden lang Angriff über Angriff gegen ein „U-Boot" — ein bewegliches erleuchtetes Schiffchen auf dem Tisch — gefahren wurde.

So ging Tag für Tag bei jeder sich bietenden Gelegenheit die Ausbildung weiter. Vom Kommandanten bis zum einfachen Matrosen wußte jeder, daß draußen vor dem Fjord die kalte stürmische See und ein erfahrener und unbarmherziger Feind lauerte.

Kapitel 5

NATURGEWALTEN
Januar 1943

Als das neue Jahr mit heulenden Orkanen und tosenden Schneestürmen begann, konnte niemand mehr ans Feiern denken. Die Schiffe auf ihrem Ankerplatz im Hvalfjordur waren vollauf damit beschäftigt, ihre Position einzuhalten und sowohl die anderen Fahrzeuge als auch die Felsenküste zu vermeiden. Alle lagen unter Dampf, die Kontroll-Wachen waren besetzt, und viele Kriegsschiffe benötigten Maschinenkraft, um die Spannung der Ankerketten zu vermindern. Aber der Anblick der schneebedeckten Landschaft und die Einsamkeit von „Happy Valley" war doch nicht so trübe wie der von London und Liverpool, wo die Stäbe mit den traurigen graphischen Darstellungen der Schiffsverluste, den zurückgehenden Einfuhren und düsteren Lageberichten konfrontiert wurden.

Nachdem Dönitz schließlich das Oberkommando der Kriegsmarine von seiner Strategie wieder überzeugt hatte, gelang es ihm gegen Ende Dezember 1942, eine größere Zahl von U-Booten, die mit geringen Erfolgen vor den Azoren und Gibraltar operierten, gegen den nach Westen laufenden Konvoi ON-154 anzusetzen. Das eilig gebildete Wolfsrudel, das den Geleitzug bei dichtem Nebel verfolgte, stand plötzlich innerhalb des Sicherungsringes. Als sich der Nebel auflöste, und bevor die Geleitfahrzeuge von neuem die Übersicht über den Konvoi gewonnen hatten, versenkten die Deutschen 13 Schiffe. Dieser Rudelangriff nach verhältnismäßig ruhigen Wochen war das niederdrückende Finale eines schwarzen Jahres für die Alliierten.

Im Jahre 1942 gingen den Alliierten acht Millionen BRT Schiffsraum verloren, und somit erhöhte sich das Defizit um eine weitere Million BRT. Die Einfuhren nach Großbritannien fielen auf zwei Drittel der Tonnage von 1939, dem letzten Friedensjahr. Die deutsche

U-Boot-Waffe bekam während des gleichen Zeitraums so viele neue Boote, daß sowohl ihre Verluste leicht ersetzt als auch die Front-U-Boote verstärkt werden konnten [1]. Besonders kritisch für die Alliierten wirkte sich der Ölmangel aus, und am Ende des Jahres gab es in Großbritannien nur noch einen Ölvorrat für drei Monate. Da die Brennstoffversorgung der Armee in Nordafrika noch schlechter war, beschloß die Admiralität, Tanker-Geleitzüge direkt vom Ölhafen Trinidad nach Nordafrika laufen zu lassen. Für deren Sicherung zog man Geleitfahrzeuge aus dem Nordatlantik ab. Der erste Konvoi, TM-1, lief zu Anfang des Januars aus. Vor den Azoren erfaßte ihn die U-Boot-Gruppe „Delphin" und versenkte sieben von neun Tankern. Bis Ende des Jahres gingen ohne eigene Verluste für die U-Boote 20 Schiffe aus zwei Konvois verloren.

Angesichts dieser ernsten Lage lief *„Ingham"* in der zweiten Januarwoche mit den Zerstörern *„Leary"* und *„Babbitt"* aus Island aus, um den Konvoi ONSJ-160 zu einem Treffpunkt mit dem nach Westen steuernden Geleitzug ON-160 zu bringen. Obwohl die Sicherung für diese Aufgabe zahlenmäßig zu schwach war, detachierte CINCWA die *„Babbitt"*, als man gerade außer Sichtweite von Skagi Point war, so daß nur noch zwei Kriegsschiffe die 14 Frachter sicherten [2]. Falls nun die U-Boote den Geleitzug sichteten, war die Lage reif für eine Katastrophe.

Die Situation wurde durch eine nahezu ständige Luftsicherung mit Hudson-Maschinen etwas erleichtert, auch durch das sich schnell ver-

[1] Im Januar 1942 verfügte Dönitz über 249 U-Boote, von denen nur 91 Front-U-Boote waren. Gegen Ende des Jahres waren es 212 Front-U-Boote von 339 in Dienst gestellten Einheiten.

[2] Die für eine angemessene Sicherung erforderliche Zahl von Geleitfahrzeugen stand nicht im Verhältnis zu der Größe des Konvois, sondern hing mehr von der Anzahl der gegen ihn operierenden U-Boote ab. In der Annahme, daß eine Sicherung von insgesamt fünf Schiffen zur Verteidigung gegen ein angreifendes U-Boot erforderlich war, brauchte man wahrscheinlich neun Kriegsschiffe gegen drei U-Boote. Innerhalb dieser Grenzen konnte eine derartige Streitkraft sowohl einen Konvoi mit 60 als auch mit 45 Schiffen wirksam schützen. Falls andererseits der Konvoi aus nur 20 Frachtern bestand, konnte man die Anzahl der Geleitfahrzeuge bei der gleichen U-Boot-Zahl nicht einfach verringern.

schlechternde Wetter, das die U-Boote mehr behinderte als den Konvoi. Heute weiß man, daß damals viele U-Boote, die den Konvoi ON-154 angegriffen hatten, wegen Torpedo- und Brennstoffmangel zurückgerufen werden mußten. Es standen nur noch 13 deutsche U-Boote im Nordatlantik. Das Zentrum des Sturmtiefs lag vor den Neufundlandbänken und wanderte nach Nordosten, gefolgt von mehreren anderen Sturmgebieten. Die Gewalt, mit der diese Stürme im Januar 1943 über den Atlantik fegten, werden Meteorologen und Historiker in ihren Lehrbüchern als Beispiel festhalten. Aber der Monat Januar konnte schließlich nicht alles beanspruchen. In diesem furchtbaren Winter brach das Wetter seit über 50 Jahren alle Rekorde, an 116 Tagen von 140 herrschten die bisher gewaltigsten Orkane im Nordatlantik. Noch viele Jahre später bezogen sich erfahrene Seeleute bei Vergleichen auf die damaligen Wintergewalten.

Drei Tage nach dem Auslaufen aus Island nahmen die Handelsschiffe ihre Positionen in dem nach Westen marschierenden Konvoi ein, und in den nächsten vier Tagen gehörten *„Ingham"* und *„Leary"* zur Sicherung. Soviel man damals wußte, hatten die U-Boote mit dem Geleitzug keine Fühlung. *„Ingham"* entfernte sich 15 sm vom Konvoi, um ein von einer Hudson unter Wasser gedrücktes U-Boot zu jagen. Aber man konnte keinen Kontakt bekommen. Daher eilte *„Ingham"* rasch zum Konvoi zurück. Die Nacht verlief ohne besondere Ereignisse, und da keine Funksprüche aufgefangen wurden, war nicht anzunehmen, daß das U-Boot den Geleitzug gesichtet hatte. Heute weiß man allerdings, daß sich während dieser Nacht viel abspielte. Gegen 20.50 Uhr verfehlte U-632 laut KTB des BdU mit zwei Torpedos ein Sicherungsfahrzeug. Aus dem KTB von U-632 selbst geht hervor, daß es bei schwerer See, Regen und Dunkelheit ein Geleitfahrzeug ausmachte und zwei Torpedos feuerte. Bei dem Sturm verfehlten die Torpedos ihr Ziel, und das U-Boot tauchte tiefer, ohne die Handelsschiffe zu entdecken. Welches Sicherungsfahrzeug das Ziel war, ist nicht bekannt, aber der Kommandant von U-632 beschrieb es als ein Schiff mit 3000 ts. Auf der Backbordseite liefen kleine Korvetten, so daß *„Ingham"* wohl das beabsichtigte Opfer gewesen sein muß.

Das Wetterbarometer blieb nahezu auf Sturm stehen, aber es sollte noch schlimmer kommen. Als am 21. Januar 1943 das Barometer weiterhin fiel, verließ *„Ingham"* den Konvoi ON-160 und marschierte nach Norden, um sich mit dem nach Osten steuernden Konvoi HX-223 zu vereinigen. *„Leary"* konnte infolge der schweren See von einem Tanker kein Öl übernehmen und mußte daher nach Island entlassen werden [3]. Die größere *„Ingham"* wurde am neuen Konvoi dringend benötigt, denn die U-Boot-Karte der Admiralität zeigte einen erschreckenden Anstieg der deutschen U-Boot-Aktivität. Immer mehr U-Boote liefen in die Operationsgebiete, und als der Küstenwachkutter in 20 sm den Rauch des HX-Konvois ausmachte, der von der Escort Group A 3 unter Kapitän z. S. Paul Heineman auf dem Küstenwachkutter *„Spencer"* [4] gesichert wurde, gelang es dem BdU, in drei Zonen jeweils 7, 17 und 18 U-Boote zu konzentrieren. Der Konvoi steuerte genau in einen dieser Aufklärungsstreifen. CINCWA gab die Warnung, daß innerhalb von 24 Stunden Wölfe die Schafe anfallen würden.

Eine Woche vorher hatte Dönitz in seinem Kriegstagebuch eingetragen, daß in der ersten Hälfte des Januars keine Geleitzüge im Nordatlantik gesichtet worden seien. Er schloß daraus, daß der Grund in ihrer Verlegung von der kurzen Great-Circle-Route lag, die man in den letzten sechs Monaten benutzte. Dies kam nicht unerwartet. Der BdU hatte es sogar schon rätselhaft gefunden, daß die Alliierten damit so lange zögerten. Er verlegte daher sofort neun U-Boote in ein Gebiet ungefähr 150 sm südöstlich von Kap Farewell, Grönland, wo man nach aufgefangenen Funksprüchen und nach Kenntnis über die regelmäßigen Auslaufzeiten der Konvois schätzte, daß ein Geleitzug gegen den 23. Januar 1943 dort passieren müßte.

[3] Kurz nachdem sie in Island eingetroffen war, wurde sie verlegt und ging dann durch Torpedotreffer mit nahezu 100 Mann unter.

[4] Zu dieser Geleitgruppe gehörten der Küstenwachkutter „Campbell" und vier britische und kanadische Korvetten. Es handelte sich also um eine „Schmelztiegel"-Gruppe verschiedener Nationen, aber um ein ausgebildetes Team, das in der Schlacht im Atlantik noch die härtesten Kämpfe zu bestehen hatte.

Am Mittag des 22. Januar 1943 stand Konvoi HX-223 tatsächlich nur noch 24 Stunden vor dem westlichen Teil des U-Boot-Operationsgebietes und marschierte direkt auf dessen Zentrum zu. Sowohl die Berechnung der Admiralität als auch die des BdU stimmten exakt.

Die täglich geschätzten Positionen der auf See befindlichen U-Boote, deren Funksprüche man mit HF/DF einpeilte, wurden von der Admiralität regelmäßig an die Geleitgruppen auf See durchgegeben. Den Alliierten war es jedoch unbekannt, daß die Deutschen diese Funksprüche abfingen, seit langem den Code kannten und auch schnell entschlüsselten. Kurz nachdem der CINCWA, Admiral Sir Max Horton [5], die Lagebeurteilung gesehen hatte, befand sich diese auch schon in deutschen Händen. Die bittere Verstandesschlacht zwischen den sich gegenüberstehenden Befehlshabern wurde wieder aufgenommen.

Es handelte sich um das jahrhundertealte Kriegsspiel: Wenn ich wüßte, was er weiß, und ich an seiner Stelle wäre, was würde ich dann tun? Wenn er dies an meiner Stelle machte, was soll ich dann tun, um seinem Schachzug zu begegnen?

Zum 23. Januar 1943 sah dies im wesentlichen wie folgt aus:

Horton. 1. Januar 1943.

Seit sechs Monaten laufen wir auf der kurzen Great-Circle-Route. Die U-Boote konzentrierten sich längs derselben. Ich werde daher die Konvois auf mehr nördliche Routen verlegen und die Vorpostenlinien umgehen.

Dönitz. 15. Januar 1943.

Seit zwei Wochen haben wir keine Fühlung mehr gehabt. Wahrscheinlich verlegen sie ihre Konvois weiter nach Norden. Ich wundere mich, warum sie es nicht schon früher getan haben. Ich verlege also die Vorpostenstreifen mehr nach Norden, genau südlich von Grönland.

[5] Admiral Sir Max Kennedy Horton, GCB, DSC, Royal Navy, löste am 17. November 1942 Admiral Sir Pery Noble als Commander-in-Chief, Western Approaches, ab. Als berühmter U-Boot-Kommandant des ersten Weltkrieges war er vor Übernahme des neuen Postens Befehlshaber der U-Boote. Diese Stelle hatte Admiral Noble weitaus verbessert. Doch stellte sich Admiral Horton als der richtige Gegenspieler für Admiral Dönitz heraus.

Horton. 22. Januar 1943.
Voraus vom Konvoi konzentrieren sich die U-Boote. Ehe der Geleitzug hineinläuft, leite ich ihn noch weiter nach Norden um und umgehe die Gefahrenzone.
Dönitz. 23. Januar 1943.
Aus dem alliierten U-Boot-Lagebericht geht hervor, daß Horton weiß, daß sich die U-Boote voraus vom Konvoi konzentrieren. Wenn ich Horton wäre, würde ich den Konvoi nach Norden umleiten. Bis jetzt haben wir keine Fühlung südlich von Grönland. Ich glaube, er hat bereits den Geleitzug nach Norden verlegt. Aufgrund dessen werde ich einige Boote aus dem Gebiet südöstlich von Grönland herausnehmen und einen neuen Vorpostenstreifen bilden, der von Norden nach Süden vor der Ostküste Grönlands verläuft.
Dönitz verwirklichte am 23. Januar 1943 seine Gedankengänge und befahl den Booten südöstlich von Grönland und anderen, am 24. Januar 1943 gegen 11.00 Uhr einen 450 sm langen Vorpostenstreifen vor der Ostküste Grönlands zu bilden. Nach seiner Berechnung mußte der Konvoi den Aufklärungsstreifen gegen Mittag dieses Tages erreichen.
Mit Ausnahme eines Faktors war die Überlegung des deutschen Admirals einwandfrei. Die Konzentration der U-Boote südlich von Grönland war ausgezeichnet, und der Konvoi lief am Mittag des 22. Januar 1943 auch genau in das Zentrum des Wolfsrudels, das somit am folgenden Tag Fühlung bekommen hätte. Allerdings berücksichtigte er nicht den gewaltigen Sturm, der auf dieses Gebiet zukam und den Konvoi fast zum Stillstand brachte.
Infolgedessen stand der Geleitzug gegen Mittag dieses Tages immer noch 150 sm westlich vom Zentrum des Wolfsrudels. Die U-Boote, Geleitfahrzeuge und Handelsschiffe hatten wenig Zeit, an anderes als den Sturm zu denken. Alle waren damit beschäftigt, gegen ihn mit dem Leben davonzukommen. Einen derartigen Orkan hatten bisher noch nicht einmal die erfahrensten Seeleute erlebt. Große Wellen bis zu 20 m hoch rollten in einer unendlichen Woge über den Ozean, dessen Oberfläche durch den Wind mit einer Geschwin-

digkeit von über 100 kn zu weißem Schaum geschlagen wurde. Die Wellenkämme rissen bei den heulenden Winden ab, der Gischt flog Hunderte von Metern in die Luft, so daß die Sicht gleich Null war. Um das Elend der frierenden und mitgenommenen Seeleute noch zu verschlimmern, sank die Lufttemperatur auf den Gefrierpunkt; das Wasser bildete Eisschichten auf den stampfenden und rollenden Schiffen. So schlecht die Dinge auf den Überwasserfahrzeugen standen: noch mehr litten die U-Boote unter dem Wetter.
Auf der *„Ingham"* war es selbst den unter Deck befindlichen wachfreien Offizieren und Mannschaften klar, daß sich oben die Lage immer mehr verschlimmerte. Das Schiff schlingerte bis zu 50 Grad, der Bug tauchte ununterbrochen in die heranwogenden Wassermassen. Das Fahrzeug stoppte für einen Augenblick. Dann stieg es steil in die Höhe gegen die See und fiel wieder nach unten.
Schon herrschte stockdunkle Nacht, dichte niedrige Wolken fegten über die Schiffe hinweg. Das Meer, durch die Gewalt des Sturmes fast weiß gepeitscht, war deutlich sichtbar. Der Küstenwachkutter lief direkt gegen den Sturm; voraus lauerten die gewaltigen heranwogenden Wasserberge und drohten die *„Ingham"* zu erdrücken. Das Brükkenhaus befand sich 10,5 m über der Wasserlinie, aber die Wassermassen rollten noch höher. Kam eine neue Welle an, hob sich *„Ingham"* hoch und kletterte an ihr steil empor; wenn das Wasser vorbeirauschte, hing der Bug für einen Augenblick in der Luft, ehe er erneut in das nächste Wellental hinunterglitt, wo er mit einem lauten Knall derart aufschlug, daß das ganze Schiff von Schockwellen erschüttert wurde. Mit diesem Zittern vermischte sich das Vibrieren der sich drehenden Schrauben, wenn sie frei aus dem Wasser ragten.
Sobald es schien, daß es immer weiter nach unten gehen werde und das Vorschiff schon bis zum zweiten Geschütz unter Wasser stand, hob sich der Bug langsam wieder und kletterte mit erhöhter Geschwindigkeit nach oben, um die nächste Welle zu empfangen. Dabei wurden Tonnen von grünem Wasser über die Brücke geworfen. Selbst die 13,5 m über dem Wasserspiegel befindliche offene Brücke stand knietief unter Wasser. Das Wasser lief in die Brückennocks und auf

die dort stehenden Männer, wenn der Küstenwachkutter sich zur Seite überlegte. Die Nacht verging nur langsam, und es schien unmöglich, daß das Schiff nicht überwältigt würde. Aber immer wieder tauchte es vibrierend und zitternd aus den Wellen auf.

Die *„Ingham"*, ein ausgezeichnetes, seetüchtiges Schiff, kämpfte um ihr Leben. Auf den kleinen Korvetten und Zerstörern sah es noch viel

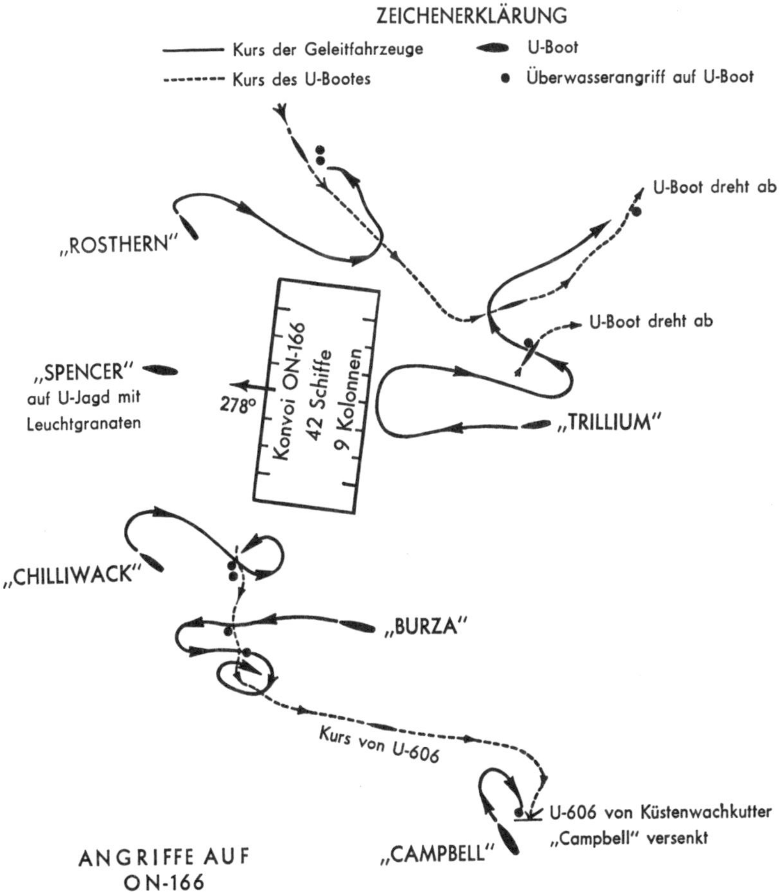

ANGRIFFE AUF
ON-166
in den Nächten vom 22. u. 23. 2. 1943

ärger aus. Gegen 03.00 Uhr lief *„Ingham"* nur noch fünf kn, so daß man das Schiff kaum steuern konnte. Seit langem hatte man es aufgegeben, die Position einzuhalten. Bei einem solchen Orkan war das Radar nutzlos. Der WO wußte gar nicht, wo sich der Konvoi befand. Er konnte nur den Generalkurs einhalten und — hoffen. Bei dem Schneetreiben, dem Gischt, ja einer schier verrückt gewordenen Natur mußten die Ausgucks froh sein, ein anderes Fahrzeug auf ungefähr 450 m auszumachen. Daß ein U-Boot so weit sehen konnte, falls es überhaupt wagte, über Wasser zu bleiben, schien ausgeschlossen.
So übel die Lage aussah, sosehr hätte sie noch schlimmer sein können. Dabei gab es freilich keine Gewißheit, daß es so bleiben würde. Ein Temperatursturz von nur wenigen Graden würde das Schiff vereisen. Dann würde es topplastig werden und kentern, falls es nicht möglich war, das Eis zu entfernen. Da das Deck ständig unter Wasser stand, war die Chance, Arbeitskommandos hinauszuschicken, äußerst gering. Während der Nacht überprüften die Männer dauernd die Temperatur, die nur drei Grad über dem Gefrierpunkt des Salzwassers stand. Der Konvoi lief 150 sm südlich von Kap Farewell, der Südspitze Grönlands, und der Wind wehte immer noch aus ONO. Falls er auf NW drehte und kältere Luft vom Eiskap heranführte, gab es Schwierigkeiten.
Obgleich arg mitgenommen und von der Vereisung bedroht, befand sich *„Ingham"* noch nicht in ernsthafter Gefahr. Zwei Frachter verloren im Sturm die Kontrolle und kollidierten, so daß einer von ihnen nach St. Johns zurücklaufen mußte. *„Campbell"* steuerte achtern vom Geleitzug, um den anderen beschädigten Dampfer im Auge zu behalten. In dem tosenden Sturm hätte sie bei Verschlechterung der Lage jedoch nur wenig helfen können.
Mit Tagesanbruch fiel die Windstärke auf 50 kn, die Sicht verbesserte sich zeitweilig zwischen den einzelnen Schneeböen. Der Konvoi hatte sich zerstreut, und am Morgen machte man nur noch weniger als ein Dutzend Schiffe aus. Am Nachmittag marschierte *„Ingham"* zurück, um die anderen Frachter ausfindig zu machen. Als erstes Schiff sichtete man einen britischen Dampfer, dessen Mast in einem unmöglichen

Winkel herabhing; seine Boote waren an einer Seite zerschlagen. Andere Schiffe wiesen unterschiedliche Beschädigungen auf. Gegen Abend zählte man wieder 20 Fahrzeuge von insgesamt 51 sowie drei Korvetten. Alle wurden jetzt, soweit wie möglich, zu einem geschlossenen Konvoi formiert. Aber mit Einbruch der Dunkelheit wehte der Wind, der plötzlich nach Süden drehte, erneut in Orkanstärke. Während der Nacht war also wiederum jedes Schiff auf sich allein angewiesen.

Der 24. Januar 1943, ein Sonntagmorgen, war noch ärger als der vorherige Tag. Das Tief hatte sich vergrößert, es zog nicht ab, sondern erfaßte die angeschlagenen Schiffe, die kaum noch Fahrt machten. „*Campbell*" meldete, daß sie ihre Position nicht einhalten könne und nach Westen laufe. „*Spencer*" sicherte eine kleine Gruppe von sieben Schiffen, konnte aber nicht heranschließen und übergab daher am späten Nachmittag der „*Ingham*" die Aufgabe des Escort Commander. Während der Nacht und am folgenden Tag sammelte die „*Ingham*" die zerstreuten Schiffe und ermahnte sie, aufzuschließen. Die drei Korvetten „*Rosthern*", „*Dianthus*" und „*Napanee*" unterstützten sie hierbei. Gegen Mittag formierten sich 25 Schiffe unter dem Schutz der vier Geleitfahrzeuge. Trotz des Wetters ging der Rest des Konvois auf Kurs NNO und steuerte längs der Ostküste Grönlands, die jetzt nur noch 75 sm an Backbord lag. Der Wind drehte bald auf NW und kam vom Eiskap, aber das Glück war mit den Schiffen. Die Temperatur fiel, der Wind und die See ließen in ihrer Gewalt nach. Die Vereisung bildete keine ernsthafte Gefahr mehr.

Als sich das Wetter besserte, lief „*Ingham*" voraus und achtern vom Konvoi und hielt Ausschau nach Nachzüglern. Es fehlten fast 20 Schiffe. Von der „*Spencer*" kam die Meldung, daß die „*Kollbjorg*" in dem Sturm auseinandergebrochen sei; für die Besatzung bestände in dem stürmischen eisigen Wasser wenig Hoffnung.

Wieder brach über den Konvoi die Nacht herein. Jetzt wurde der Kurs auf Ost geändert. Der Geleitzug befand sich auf 62 Grad N in der Dänemark-Straße, also weit über den Breitengraden, in denen sich die Vorpostenstreifen der U-Boote erstreckten. Für die „*Ingham*" bedeutete dies eine Erleichterung. Auf der Höhe des Sturms war ihre Asdic-Kuppel beschädigt worden, so daß die Unterwasser-Suchgeräte ausfielen.

Am andern Tag besserte sich das Wetter weiterhin. Kurz nach Mittag vereinigten sich die beiden Hälften des Konvois, als *„Spencer"* und *„Campbell"* mit neun Frachtern in Sicht kamen. Noch fehlten elf Schiffe, die nun allein ihre Bestimmungshäfen anlaufen mußten.

Da die zwei Hälften getrennt steuerten, passierten sie den Aufklärungsstreifen, den die U-Boote östlich von Grönland gebildet hatten, ohne allerdings entdeckt zu werden. Viele U-Boote erreichten wegen der schweren See und aufgrund von Besteckfehlern nicht ihre vorgeschriebenen Positionen, andere sahen in der turmhohen See und dem Schneetreiben nur wenig. Gerade zu diesem Zeitpunkt, als die Pläne der U-Boot-Befehlsstelle in Berlin [6] durch das Unvermögen der Boote, mit einem dieses Seegebiet bestimmt passierenden Konvoi Fühlung zu bekommen, kaum realisierbar waren, horchte U-266, rund 250 sm südwestlich von Grönland und Hunderte von Seemeilen vom Konvoi HX-223 entfernt, laute Geräusche, die wohl von einem andern Geleitzug stammten. Der BdU griff diesen Hinweis sofort auf und verlegte U-Boote aus dem Aufklärungsstreifen östlich von Grönland in dieses Gebiet. Im Süden fand man jedoch nichts. Der Stab in Berlin folgerte daraus, daß unerfahrenes Personal auf U-266 Phantomen nachjagte. Diese Falschmeldung und die vorzeitige Reaktion des BdU, U-Boote zu verlegen, halfen dem Konvoi HX-223, den Vorpostenstreifen, der sonst ein gefährlicher Hinterhalt gewesen wäre, ungehindert zu passieren.

Am 27. Januar 1943 verließen *„Ingham"* und *„Napanee"* den Konvoi, um drei Tanker nach Island zu bringen. Mit elf kn Fahrt entfernten sie sich in Zickzackkursen. Die See war noch immer schwer. Gegen 23.45 Uhr erfaßte das Radar ein Ziel Steuerbord voraus in 3500 m Entfernung. Die schlafende Besatzung wurde von dem Schril-

[6] Als Dönitz Anfang 1943 Oberbefehlshaber der Kriegsmarine wurde, behielt er die Führung der U-Boot-Operationen weiterhin in Händen. Damit er beide Aufgaben erfüllen konnte, verlegte er das U-Boot-Hauptquartier von Paris nach Berlin.

len der Alarmglocken geweckt. „*Ingham*" drehte sogleich auf die Position zu. Nach etwas mehr als einer sm tauchte das Ziel und verschwand vom Radarschirm. Der Küstenwachkutter näherte sich der Tauchstelle und warf einen Wasserbombenteppich. Über drei Stunden zog sich die ausgedehnte Suche hin, aber mit dem beschädigten Asdic konnte man keinen Kontakt mehr erzielen. Wäre der U-Boot-Kommandant ein wagemutiger Offizier gewesen, so hätte er ohne große persönliche Gefahr seiner Erfolgsliste ein großes Geleitfahrzeug hinzufügen können; denn der Küstenwachkutter war nicht in der Lage, ein getauchtes U-Boot zu orten. Glücklicherweise reagierte das deutsche U-Boot nach dem üblichen Verfahren und ging auf größere Tiefe, anstatt die Chance auszunutzen, ein Geleitfahrzeug zu versenken. Die „*Ingham*" brach im Morgengrauen die Verfolgung ab und lief zum Konvoi zurück. Am andern Tag machte sie im Hafen von Reykjavik neben einem Tanker fest und begann mit der Brennstoffübernahme.

Viele Reparaturen mußten durchgeführt und Proviant an Bord genommen werden. Mitten in diese Arbeiten hinein kam vom Befehlshaber der Task Force 24.6 der Befehl, die Vorbereitungen zu beschleunigen und innerhalb von 48 Stunden auszulaufen. Der Hafenaufenthalt war also kurz und brachte für die Besatzung kaum Ruhe.

So ungemütlich sich der Januar 1943 für die Besatzungen der sturmgepeitschten Schiffe zeigte, so blieb doch ihre Feuerprobe nicht ohne Entschädigung. Die Kombination von Ausweichmanövern und schweren Stürmen verhinderte die U-Boote, die Konvois zu finden. Nur der Tanker-Geleitzug TM-1 erlitt als einziger in diesem Monat schwere Verluste. Im gesamten Atlantik gingen nur 15 Schiffe verloren. Diese geringe Verlustrate — der Dezember 1942 galt ebenfalls als relativ günstig — erhellte für die Alliierten den Blick in die Zukunft beträchtlich. Aber einige Offiziere in den Stäben wußten, daß die Pause nur kurz war. Denn Admiral Dönitz, der immer noch nach weichen Stellen in der alliierten Verteidigung suchte, würde solche mageren Ergebnisse seiner ständig sich vergrößernden U-Boot-Waffe nicht mehr lange tolerieren.

Kapitel 6

DIE HÄRTESTE SCHLACHT

1. Februar bis 15. Februar 1943

Enttäuscht durch den Fehlschlag, die Konvois im stürmischen Monat Januar 1943 nicht gefunden zu haben, befahl Dönitz größte Anstrengungen im Februar.

Der Monat kündigte sich mit neuen Stürmen an. Die Zahl der einsatzbereiten deutschen U-Boote im Gebiet des Atlantiks stieg auf 175, davon standen 100 Boote in See. Zwei große Gruppen operierten vor Neufundland in einem Aufklärungsstreifen, der sich über mehrere hundert sm erstreckte. Die Alliierten schickten jetzt die meisten Konvois über längere und verzweigtere Routen, um einer Entdeckung zu entgehen, obgleich solche Umleitungen kostspielig waren. Hierdurch zwang man allerdings die U-Boote, ihre Vorpostenstreifen zu verlängern. Nur so konnten sie ein größeres Gebiet überwachen. Bei dem vorherrschenden Wetter und den weiteren Abständen zwischen den U-Booten wurden die Konvois teilweise auch gar nicht gesichtet.

Spät im Januar erfaßte und dechiffrierte der B-Dienst eine weitere verschlüsselte Routing-Meldung der Alliierten, die den Konvoi SC-118 betraf. Er lief mit wertvoller, für Rußland bestimmter Ladung von New York zum Nordkanal. Der BdU hatte seinen ersten Anhaltspunkt zu einer Verfolgung.

Der zweite folgte bald darauf. Am Ende des Monats sichtete U-456 in einem schweren Weststurm den nach Osten marschierenden Konvoi HX-224 und setzte sich auf seine Fährte. Weitere fünf Boote standen achtern vom Geleitzug, brauchten aber mehrere Tage, um heranzuschließen. U-456 griff daher allein an und versenkte am 2. Februar 1943 drei Schiffe.

Für einen großen Konvoi bedeutete dies keinen erheblichen Verlust. Der Untergang eines Tankers sollte jedoch weitreichende Folgen haben. Zwei Tage darauf nahm U-632 einen Überlebenden dieses Tankers auf, der den U-Boot-Kommandanten freiwillig informierte, daß ein weiterer langsamer Geleitzug zwei Tage später als HX-224 auf der gleichen Route folgen würde. Diese unglaubliche Nachlässigkeit oder der Verrat kostete Hunderten von Seeleuten und Soldaten das Leben.

Als Dönitz diese Information erhielt, schwanden seine letzten Bedenken. Er kannte aus dem aufgefangenen Funkspruch die vorgesehene Route von SC-118, zweifelte aber noch, ob der langsame Konvoi wegen der Angriffe auf HX-224 tatsächlich auf der gleichen Route marschieren würde. Aufgrund der letzten Bestätigung durch U-632 ersah er, daß dies doch der Fall war, und handelte entsprechend. Er konzentrierte alle verfügbaren U-Boote zur Gruppe „Pfeil" und befahl ihr, auf der vermuteten Route des Konvois zu stehen und nach Westen zu laufen. Seine Anweisungen waren einwandfrei.

In der folgenden Nacht steuerte SC-118 in das Zentrum der Gruppe „Pfeil" und lief dann weiter nach Osten. Er blieb unentdeckt. Auf beiden Seiten war keiner klüger geworden.

Der Konvoi, bestehend aus 44 Dampfern und Tankern, hatte New York am 24. Januar 1943 verlassen. Am letzten Tag des Monats übernahm vor Neufundland die britische Escort Group B 2 unter Commander F. B. Proudfoot, R.N., auf *„Vanessa"* von der Western Local Escort die Sicherung. Zum Konvoi stießen noch weitere 19 Dampfer aus Halifax und St. Johns. Group B 2 war zahlenmäßig zu der Zeit eine ungewöhnliche starke Sicherungsstreitmacht. Sie setzte sich aus drei britischen Zerstörern, drei britischen Korvetten, der freifranzösischen Korvette *„Lobelia"* und dem Küstenwachkutter *„Bibb"* zusammen, der aber nur vorübergehend zu den Geleitstreitkräften gehörte. Die Schiffe hatten allerdings noch nicht als U-Jagdgruppe zusammengearbeitet, in der drei alliierte Nationen vertreten waren. Der Escort Commander der Group B 2, Commander Donald Macintyre, R.N., befehligte nicht den Verband, da sein Flaggschiff *„Hesperus"* seit der Rammung und Versenkung von U-357 vor einigen Wochen in der Werft lag. In den kommenden Tagen sollte man ganz besonders die Energie und Aktivität von Macintyre vermissen, der neben Walker zu den führenden U-Boat-Killern der Royal Navy gehörte. Proudfoot als rangältester Offizier übernahm daher den Befehl über die Gruppe, die für ihn relativ fremd war; denn erst vor kurzem hatte man ihn zum Kommandanten der *„Vanessa"* ernannt.

Die ersten drei Tage vergingen ohne besondere Vorkommnisse. Am vierten Tag feuerte ein Frachter versehentlich eine Leuchtrakete, sogar bei Tageslicht konnte ein Geleitfahrzeug sie auf 20 sm Entfernung sehen. *„Vanessa"* lief auf das Schiff des Kommodore zu und forderte ihn auf, die Frachter zu ermahnen, besser aufzupassen.

Die Nacht vom 3. zum 4. Februar 1943 verging wieder ohne Ereignisse, nachdem der Konvoi nichtsahnend durch die Gruppe „Pfeil" marschiert war. In der frühen Morgendämmerung spielte ein sorgloser Matrose auf der *„Annik"*, trotz der Warnung der *„Vanessa"* am Vortag, mit dem Raketenwerfer und feuerte eine Leuchtrakete ab. Das brillante Feuerwerk explodierte am Himmel über dem Konvoi. Erschrockene Männer auf 71 Schiffen schauten nach oben, als die brennenden Flocken herunterfielen. In 20 sm Entfernung aber entdeckte sie der aufmerksame Ausguck auf U-187. Es handelte sich um ein neues Boot, und es war sein erster Kontakt nach 22 Tagen einer ereignislosen Jungfernfahrt. U-187 lief auf den Konvoi zu, bestimmte dessen Geschwindigkeit und Kurs und setzte in den frühen Morgenstunden eine Fühlungshaltermeldung ab.

Diese Meldung empfing der BdU, aber auch das Rettungsschiff *„Toward"* achtern vom Konvoi SC-118. *„Toward"* hatte eine HF/DF-Anlage an Bord, peilte die Position des U-Bootes ein und gab sie sofort an *„Vanessa"* weiter.

In dieser Stunde lief *„Beverly"* voraus vom Geleitzug und änderte in lobenswertem Eifer sofort ihren Kurs in Richtung auf die Ortung, ohne Befehle von der *„Vanessa"* abzuwarten. Sie wollte, so meldete sie dem Flaggschiff, 20 sm voraus vom Geleitzug die See absuchen.

Wenig später als eine Stunde sichtete sie U-187 über Wasser und jagte das Boot mit 22 kn. Als sich die Entfernung bis auf 4500 m verringerte, kam Feuerbefehl. *„Beverly"* war jedoch ein alter amerikanischer Flushdecker mit einer unmodernen Feuerleitanlage. Der Richtkanonier konnte in der schweren See das U-Boot nicht erkennen und daher auch nicht feuern. Als die Entfernung nur noch 3500 m betrug, tauchte U-187.

Zu diesem Zeitpunkt erschien „*Vimy*"; die beiden Zerstörer suchten nun gemeinsam systematisch die See ab. „*Vimy*" erhielt auch Asdic-Kontakt und führte in schneller Folge drei Wasserbombenangriffe durch. Nach dem letzten Anlauf kam das U-Boot in Nähe der „*Beverly*" nach oben, und als der Zerstörer sich U-187 feuernd näherte, sackte es langsam mit dem Heck weg, während die Besatzung ihr Boot verließ. „*Beverly*" fischte 40 Offiziere und Mannschaften auf, bis „*Vimy*" signalisierte: „Lassen Sie auch noch welche für mich." Den Kommandanten und die letzten drei Geretteten überließ man also freundlichst der „*Vimy*".

Von den Geleitfahrzeugen besehen, war dies eine klassische Reaktion gewesen. Das eingepeilte U-Boot wurde schnell angegriffen, nachdem es die Sichtmeldung abgesetzt hatte, und sofort zum Schweigen gebracht. Bei Geleitaufgaben ist ein wenig Verhütung schon Tonnen von Heilmitteln wert.

Der BdU aber hatte die erste Sichtmeldung empfangen und daraufhin 16 Boote der Gruppe „Pfeil" eingesetzt. Außerdem befahl er fünf Booten der Gruppe „Haudegen", den Konvoi gleichfalls anzugreifen.

SC-118 stand gewiß unter einem Unglücksstern. Ein entschlüsselter Funkspruch verriet die Route, ein überlebender Matrose gab diese nochmals preis, und trotz eindringlicher Warnung gegen solch ein unwahrscheinliches Ereignis gab das zufällige Feuern von Raketen die Position des Konvois bekannt, als dieser schon fast unbehelligt durchgekommen war. Obgleich die Geleitsicherung sich des U-Bootes rasch angenommen und es vernichtet hatte, sammelten sich die U-Boote bereits um den Konvoi.

Group B 2 verlangte trotz der vielen Widerwärtigkeiten nach Kampf, und sie schlug scharf und streitlustig zurück. Als die U-Boote an den Konvoi heranschlossen und ungezwungen untereinander über Funk sprachen, peilten „*Toward*" und „*Bibb*" mit HF/DF diese Funksprüche ein. Wenn ein lautes Signal anzeigte, daß ein U-Boot in der Nähe stand, wurde diese Position der *„Vanessa"* gemeldet, die sogleich einem der Geleitfahrzeuge befahl, auf die Peilung zuzusteuern und das U-Boot zu jagen.

Während des Nachmittags und der Nacht wurden die Sicherungsfahrzeuge immer wieder bis zu 20 sm vom Konvoi auf die Suche nach den U-Booten detachiert. Hierbei sichtete *„Vimy"* ein aufgetauchtes U-Boot und setzte zum Angriff an. Zwanzig Minuten später ging das Boot unter Wasser. *„Vimy"* bat daraufhin um Hilfe. Aber Proudfoot wollte den engeren Sicherungskreis nicht weiter schwächen, da vier Geleitfahrzeuge bereits U-Boot-Kontakten nachgingen. Während *„Vimy"* das U-Boot jagte, machte *„Beverly"* auf der anderen Flanke dicht in der Nähe ein Unterseeboot aus und setzte zum Rammstoß an. Das U-Boot geriet aber innerhalb ihres Drehbereichs, und so begann eine wilde Verfolgung im Kreis, wobei der Zerstörer jedes Mal mit den Wasserbombenwerfern feuerte, sobald das U-Boot querab stand. Schließlich konnte das Boot doch tauchen. *„Beverly"* meldete anschließend, daß sie den Gegner gut mit Wasserbomben eingedeckt habe.

In den folgenden drei Stunden griffen *„Campanula"*, *„Bibb"*, *„Vimy"*, *„Lobelia"* und *„Mignonette"* mit Wasserbomben mehrere U-Boote an, die sich dem Konvoi näherten. Für alle Schiffe gab es genug Ziele. Obwohl hierbei keine U-Boote versenkt wurden, so erlitten doch eine Reihe von ihnen Beschädigungen. Die aufmerksamen Geleitfahrzeuge verhinderten nicht nur, daß einige der Boote die Sicherung durchbrachen, sondern jagten sie während der Nacht mit solcher Beharrlichkeit, daß sie mit dem Konvoi die Fühlung vollständig verloren. Escort Group B 2 hatte die Lage unter Kontrolle.

Durch einen weiteren unglücklichen Zufall verlor sie allerdings ihre Herrschaft recht schnell wieder. Der Geleitzug-Kommodore befahl eine Kursänderung, um die U-Boote abzuschütteln. Leider versagte im entscheidenden Augenblick seine Funkanlage, so daß die Kriegsschiffe nichts davon erfuhren. Um die Situation noch zu verschlimmern, erhielten die ersten drei Kolonnen an Backbord ebenfalls nicht das entsprechende Signal und liefen ihren alten Kurs weiter. Während die

Obgleich die Schlacht im Atlantik, die von entscheidendem Einfluß auf den Krieg war, im Mai 1943 zu Ende ging, folgten zwei weitere Jahre bitteren Kampfes gegen einen entschlossenen und findigen Feind. Der Schütze eines 4-cm-Geschützes eines Küstenwachschiffes liegt tot auf seinem Gefechtsstand, nachdem sein Schiff von einem akustischen Selbstannäherungstorpedo eines U-Bootes getroffen wurde (Bild rechts).

Ein tödlich verwundeter Besatzungsangehöriger der *„Spencer"* wird vom Sanitätspersonal behandelt (Bild unten).

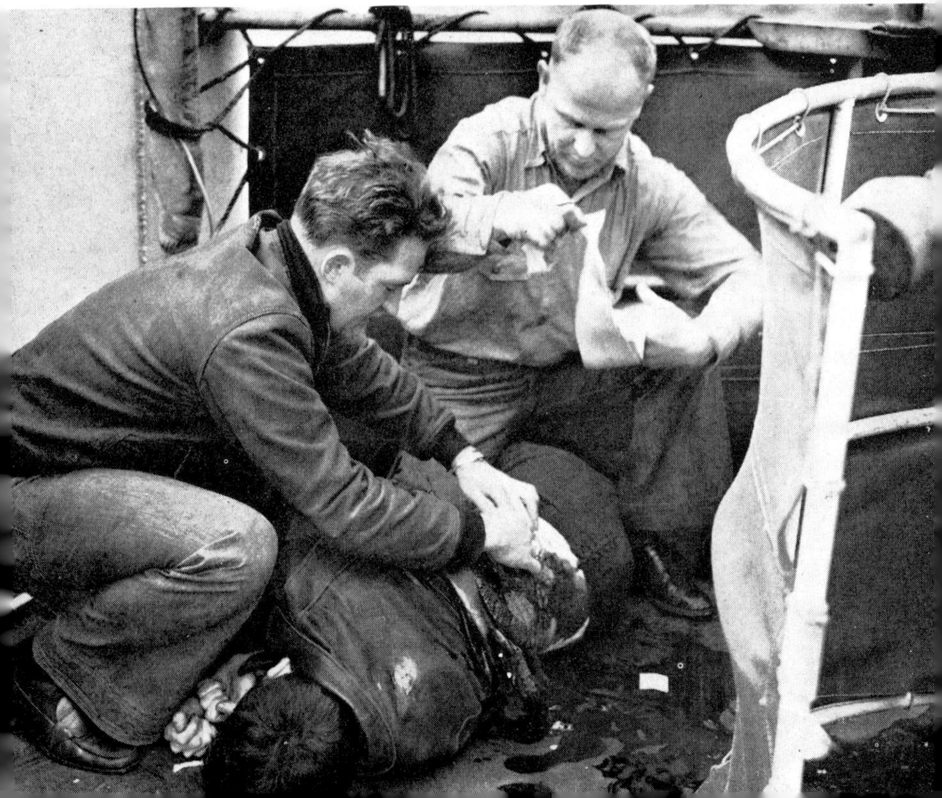

Zerstörer *„Leary"* in schwerer See.

Müdigkeit und Strapazen zeichnen die Gesichter dieser britischen Seeleute, die auf einem Rettungsfloß im aufgewühlten Nordatlantik stundenlang hin und her geschüttelt wurden.

Winter in Hvaljfordur.

Nach der Ankunft in einem britischen Hafen marschieren Besatzungsangehörige von U-175 unter der Aufsicht britischer Truppen in die Gefangenschaft.

restlichen elf Kolonnen nach Steuerbord drehten, marschierte der andere Teil 15 sm für sich allein, ehe die Geleitfahrzeuge alles wieder in Ordnung bringen konnten. Die Teilung verwirrte die Sicherungsfahrzeuge, noch viel mehr aber die Deutschen. Die meisten Boote der Gruppe „Pfeil" verfolgten den kleineren Teil des Konvois. Niemand wurde in der Nacht belästigt. Als *„Lobelia"* ein über Wasser laufendes U-Boot sichtete, richtete sie ihren Scheinwerfer darauf. Das Boot tauchte.

Nachdem *„Lobelia"* die Suche nach dem U-Boot aufgegeben hatte, stieß sie auf den amerikanischen Transporter *„Henry R. Mallory"*, der weit achtern vom Konvoi lief. Die Korvette näherte sich dem großen Schiff und versuchte, mit ihm in Signalverkehr zu treten. Sie erhielt jedoch keine Antwort. Die *„Henry R. Mallory"* konnte zwar 14 kn laufen; das entschuldigte sie aber nicht, daß sie mit Truppen an Bord so weit hinter dem Konvoi kreuzte.

Mit dem Morgengrauen des 5. Februar 1943 hatten sich die beiden zerstreuten Teile des Geleitzuges wieder vereint. Allerdings wurde das Wetter zusehends schlechter. Gegen Mittag herrschte schwere See mit Schnee, Regen und Hagel. Die U-Boote hatten überhaupt keine Fühlung mehr und erhielten bei dem schlechten Wetter auch keinen Kontakt. In gerechter Unparteilichkeit verhinderte das Wetter, daß Flugzeuge für den Konvoi Sicherung flogen.

In der vorherigen Nacht war der Dampfer *„West Portal"* hinter dem Konvoi zurückgeblieben und hatte gegen 13.00 Uhr den üblichen Preis für seine Nachlässigkeit bezahlt, als U-413 ihn auf den Meeresgrund schickte. Ehe er unterging, empfing *„Vanessa"* die verzweifelten Hilferufe, aber die Position der *„West Portal"* war nicht bekannt, und da die U-Boote wieder an den Konvoi heranschlossen, konnte man keine Geleitfahrzeuge zur Suche abstellen. Am Nachmittag griffen *„Beverly"* zweimal und *„Vimy"* einmal an. Der Geleitzug lief immer noch ungestört weiter, aber *„West Portal"* sank mit der gesamten Besatzung — ein Opfer ihrer Bummelei.

Das Schicksal der *„West Portal"* hätte für die *„Henry R. Mallory"* eine Warnung sein sollen; doch gegen 15.00 Uhr lief sie erneut weit achtern vom Geleitzug. Außerdem standen noch drei weitere Nachzügler ungefähr zehn sm achteraus, und um 19.15 Uhr blieb auch der Dampfer *„Polyktor"* wegen Ruderversager zurück. Nach zweitägigen unaufhörlichen und erfolgreichen Bemühungen bekam Commander Proudfoot erst recht sein Kreuz zu tragen. Die Befehle der Kriegsschiffe an die Nachzügler waren kurz und unmißverständlich [1].

Zu diesem Zeitpunkt vereinigte sich die *„Ingham"* mit den abgekämpften Geleitfahrzeugen, nachdem sie mit erhöhter Fahrt von Island ausgelaufen war. Nach der Ankunft in Hvalfjordur im Anschluß an den zwei schweren Wochen um den Konvoi HX-223 wurde ein Taucher nach unten geschickt, um die beschädigte Asdic-Kuppel zu untersuchen. Er fand ein von der See verursachtes rund 60 cm großes Loch, doch bestand keine Möglichkeit zur Ausbesserung. Am 3. Februar 1943 wurde der *„Ingham"* befohlen, mit Höchstgeschwindigkeit zur Verstärkung der Escort Group B 2 auszulaufen. Die Dringlichkeit hatte ihre Ursache in dem Erscheinen so vieler U-Boote auf der Karte in der Admiralität.

Nachdem der BdU die Gruppe „Pfeil" zur Bekämpfung von SC-118 verlegt hatte, wechselte man zahlreiche Funksprüche mit den betreffenden U-Booten. Sobald die Boote antworteten, peilten die alliierten HF/DF-Landstationen deren Funksprüche ein. Auf der Karte eingetragen, überschnitten sie sich immer mehr in einem kleinen Gebiet des Atlantiks ungefähr 600 sm südlich von Grönland. Der Admiralität war es klar, daß sich in diesem Seeraum die U-Boote konzentrierten und der Konvoi SC-118 in weniger als 250 sm Entfernung darauf zusteuerte. Man funkte an die *„Vanessa"* entsprechende Warnungen, und CINCWA forderte vom CTG 24.6 zusätzliche Geleitfahrzeuge

[1] Die Engländer waren sehr geschickt in der – ironischen — Anwendung von Bibelsprüchen bei ihren Aufforderungen, und ein kurzes Bibelzitat drückte die Gedanken oft besser aus als Paragraphen. Ein britischer Zerstörer, der an drei Tagen hintereinander denselben Nachzügler zum Heranschließen aufforderte, erhielt wie stets die übliche Antwort.: „Laufe so schnell wie möglich". Der Kommandant des Zerstörers signalisierte daraufhin ungeduldig: „Hebräer 13,8". Der Handelsschiffskapitän schlug den Vers in der Bibel nach und las: „Jesus Christus, gestern und heute, und derselbe auch in Ewigkeit".

an. Daraufhin wurden zunächst die *„Ingham"* dann *„Babbitt"* und *„Schenck"* zum Schutze des Geleitzuges aus Island abberufen.
Als sich der Küstenwachkutter in der Nacht vom 5. Februar 1943 dem Konvoi SC-118 näherte, erfaßte er mit dem Radar ein Ziel. Sofort kam der Befehl: Klarschiff zum Gefecht. Zwei Minuten später waren alle Geschütze besetzt [2].
Mit 17 kn stampfte *„Ingham"* durch die schwere See. Das Ziel befand sich 20 Grad an Steuerbord, so daß die vorderen Geschütze zum Tragen kommen sollten. Nach wenig mehr als einer sm richtete der Signalgast die Rotlicht-Aldislampe auf das geortete Ziel und gab ES. Die richtige Antwort kam auch sogleich zurück. Es handelte sich um *„Mignonette"*. *„Ingham"* drehte in einem großen Bogen und ging auf Parallelkurs, während die Signalgasten mit ihren abgeblendeten Lampen einander Frage und Antwort standen.
Der Konvoi marschierte 20 sm im Nordosten. Der Küstenwachkutter hatte sich ihm von achtern genähert, ohne Radarkontakt zu bekommen. *„Ingham"* ließ die kleine Korvette in der Dunkelheit zurück und steuerte auf den Geleitzug zu. Schon vor Mitternacht nahm sie ihre Position zwei sm achteraus von den Dampferkolonnen ein. Sollten sich die U-Boote während der Nacht von hier vor den Konvoi setzen, so war dies der ideale Jagdgrund. Nur eines war dabei zu bedenken: Es drang Wasser in die Asdic-Kuppel, das Gerät arbeitete nicht, sobald das Schiff mehr als acht kn lief. Wollte man ein U-Boot aufspüren, mußte es schon über Wasser laufen. Die augenblickliche Position war auch insofern der beste Platz, da die U-Boote hier noch nicht getaucht heranschlossen.
Die Nacht verging für SC-118 ruhig, die Besatzungen der Geleitfahrzeuge holten endlich ihren wohlverdienten Schlaf nach.
Früh am Morgen besserte sich das Wetter, die erste RAF-Maschine kam von Island, feuerte aber zuerst grünes ES, ehe sie sich in den Bereich der Flak wagte. Sofort übernahmen die Piloten ihre Aufgabe,

[2] Die Küstenwachkutter der „Hamilton"-Klasse hatten als Hauptbewaffnung 2-12,7 cm- und 4-10,5 cm-Geschütze.

und bereits nach zwanzig Minuten drückten sie das erste U-Boot achtern vom Konvoi unter Wasser. *„Bibb"* und *„Ingham"*, die einzigen schnellen Fahrzeuge mit großem Aktionsradius, wurde befohlen, achtern vom Geleitzug zusammen mit den Liberator-Flugzeugen Jagd auf die U-Boote zu machen.

Man sichtete mehrere U-Boote, vier Wasserbombenangriffe wurden ausgeführt. U-465 erlitt schwere Beschädigungen, so daß es zum Stützpunkt zurückkehrte. Die Flugzeuge entdeckten elf U-Boote, die man zu tauchen zwang, so daß sie ihre Bewegungsfreiheit aufgeben mußten. Daher verloren am späten Nachmittag die U-Boote die Fühlung.

Aber auf dem Ozean wimmelte es nur so von U-Booten, und die Geleitfahrzeuge konnten nicht überall sein. Gegen 18.20 Uhr unterbrach ein „SSS" die Funkstille, gefolgt von den Rufzeichen der *„Polyktor"*. Das unglückliche Schiff, das am vergangenen Tag Ruderschwierigkeiten gehabt hatte, versuchte den Konvoi wieder zu erreichen, als es von U-266 torpediert wurde. Mit aufgerissenem Rumpf versank *„Polyktor"* ohne Hilfe. Bald hörten die Notrufe auf. Mit der *„Polyktor"* ging fast die gesamte Besatzung unter [3].

Kurz nach Einbruch der Dunkelheit erhielten die U-Boote erneut Fühlung und funkten Kurs und Geschwindigkeit des Geleitzuges. Es war nur noch eine Frage der Zeit, bis weitere Boote zum Angriff heranschlossen.

Aber Proudfoot und die kampflustige Group B 2 wollten sich nicht wie Lämmer abschlachten lassen. Als *„Bibb"* mit HF/DF im Süden einen Funkspruch einpeilte, wurde der *„Vimy"* befohlen, der Ortung nachzugehen. Sie verließ ihre Position an Backbord, lief vor dem Konvoi herum und dampfte an Steuerbord entlang. Fünfzehn sm vom Konvoi erhielt man einen Asdic-Kontakt. Sie erhöhte ihre Geschwindigkeit auf 15 kn und begann systematisch zu suchen.

U-267 war kurz nach der Dunkelheit aufgetaucht, wurde aber schon

[3] Den Kapitän und LI nahm ein U-Boot auf, das sie als Kriegsgefangene nach Deutschland brachte.

nach einer Minute von einer Liberator unter Wasser gedrückt. Die Liberator flog bis auf zwei sm an, ehe das U-Boot sie entdeckte. Wiederum zwanzig Minuten später horchte U-267 die Schraubengeräusche des Konvois, die man schwach im Norden vernahm. Das Boot drehte nach NO und ging auf Sehrohrtiefe. Plötzlich rief der Horchpeiler: „Laute Schraubengeräusche. Zerstörer."
„Auf 130 m gehen."
Ehe man in der Zentrale reagierte, detonierten bereits die Wasserbomben ringsherum. Die Lichter gingen aus, das U-Boot wurde mit einem Winkel von 50 Grad buglastig. Die Männer purzelten im Boot durcheinander.
„Beide AK zurück."
Endlich brachte man U-267 in Trimmlage, es nahm auch wieder Fahrt auf. Plötzlich rauschte es nochmals in die Tiefe. Schließlich konnte das Boot auf 230 m abgefangen werden, gefährlich nahe der Tiefe, wo der Wasserdruck den Bootskörper zerquetscht. Durch Preßluft wurde der Abstieg gestoppt.
Mit einer Maschine halbe Kraft – die andere war ausgefallen – pendelte sich U-267 auf 120 m ein und entfernte sich in Schleichfahrt. Schwer beschädigt und mit einer großen Ölspur kehrte das Boot mit einem geräuschvollen Motor zum Stützpunkt zurück. Die Besatzung wartete bleich und ängstlich auf den zweiten Angriff, der aber nicht mehr kam. *„Vimy"* erhielt keinen Asdic-Kontakt mehr und war deshalb zum Konvoi gelaufen. Über den Angriff war man gerade nicht allzu optimistisch gestimmt.
Während im Konvoi die letzten Erschütterungen der in weiter Ferne explodierenden Wasserbomben der *„Vimy"* gehört wurden, detonierten sogleich weitere Wasserbomben in der Nähe.
Die frei-französische Korvette *„Lobelia"* Backbord achtern vom Geleitzug erfaßte mit Radar in zwei sm Entfernung ein Objekt und gab U-Boot-Alarm. Für die mutigen Franzosen war dies der Beginn eines dreitägigen fortwährenden Kampfes, wie ihn nur wenige Schiffe in diesem Krieg zu bestehen hatten. Als *„Lobelia"* auf das Ziel zudrehte, tauchte das U-Boot. Die Korvette warf daraufhin fünf Wasser-

bomben. Zwölf Minuten später kam das U-Boot nach oben und lief mit hoher Fahrt ab. Die Korvette folgte mit AK, eröffnete mit Leuchtgranaten das Feuer, worauf das U-Boot sofort unter Wasser ging. *„Lobelia"* warf wiederum Wasserbomben. Bald erhielt sie Asdic-Kontakt. Eine weitere Wasserbombenserie folgte. *„Mignonette"* kam zu Hilfe, die beiden Korvetten jagten gemeinsam das U-Boot, das aber nicht mehr auftauchte und sich mit Schleichfahrt entfernte. *„Mignonette"* lief wieder ab, während *„Lobelia"* noch eine Stunde blieb, ehe auch sie die Verfolgung abbrach.

Während die beiden Korvetten Backbord achtern vom Konvoi den Eindringling abwehrten, erfaßte *„Abelia"* ein U-Boot voraus von den Dampfern. Sie nahm sogleich die Jagd auf, feuerte Leuchtgranaten und mit MGs. Nach zehn Minuten hatte sich die Korvette dem Ziel nur wenig genähert, aber die Granaten schlugen dicht neben dem U-Boot ein. Das Boot tauchte und wurde mit zehn Wasserbomben belegt.

Die Geleitfahrzeuge handelten genau nach dem Lehrbuch. Noch keine andere Gruppe hatte sich im Kampf gegen eine solche starke U-Boot-Ansammlung so lang daran gehalten. Doch standen am Konvoi zu viele U-Boote. Was sollte gegen sie geschehen? *„Vimy"*, *„Mignonette"* und *„Lobelia"* hatten sich vom Geleitzug entfernt. *„Abelia"* verfolgte ebenfalls ein U-Boot. An Backbord und achtern standen keine Sicherungsfahrzeuge mehr. Ein Gebiet von zwölf sm blieb ungeschützt, aber der Escort Commander fand keine Zeit, Schiffe von anderen Sektoren zur Deckung der Lücke zu detachieren. Durch dieses Loch drang nun U-262 ein.

Ohne Hindernis lief es zwischen den Backbord-Kolonnen, wo die Dampfer so dicht nebeneinander steuerten, daß sich der Kommandant wegen etwaiger Ausweichmanöver Sorgen machte. Schließlich stand das Boot zwischen zwei großen Tankern, und voraus steuerte ein drittes Schiff. Da das U-Boot in dieser unangenehmen Situation nichts anderes vermochte, feuerte es widerwillig auf einen Tanker Steuerbord achtern. Beide Torpedos explodierten jedoch nicht. Der Tanker selbst drehte scharf ab. Das U-Boot ließ sich zurücksacken

und machte zwei Torpedos auf das Schiff an Steuerbord los. Obgleich man keinen Treffer beobachtete, waren die Aale explodiert [4]. U-262 drehte nach Backbord, schoß nochmals auf einen Tanker, verfehlte aber von neuem. Dies war der letzte Torpedo des Bootes. Verärgert funkte der Kommandant eine Fühlungshaltermeldung und lief ab. SC-118 hatte wieder einmal großes Glück gehabt.
Großes Glück hatte aber auch die Group B 2. Gegen 01.00 Uhr erhielt die soeben eingetroffene *„Babbitt"* in 3600 m voraus vom Konvoi Radarkontakt und näherte sich dem Objekt. In letzter Minute drehte das U-Boot hart ab, geriet dabei jedoch in den Drehkreis der *„Babbitt"*. Beide Schiffe liefen im Kreis, und wenn das U-Boot querab stand, feuerte der Zerstörer mit den Wasserbombenwerfern. In einem günstigen Augenblick tauchte das U-Boot, zwar unbeschädigt, aber doch mitgenommen.
U-262 hingegen steuerte nach dem mißglückten Experiment mit den fünf vergeblich gefeuerten Torpedos achtern vom Konvoi, wo es nach dem Befehl des BdU als Fühlungshalter dienen und den Geleitzug in Sicht behalten sollte. Dies war eine willkommene Atempause für die Besatzung, um sich von ihrer Enttäuschung zu erholen. Außerdem schien es in der Nacht in fünf sm Entfernung achteraus von den Dampferkolonnen fast so sicher zu sein wie im U-Boot-Bunker in Lorient.
„Schiff in 190 Grad."
Kommandant und Wachoffizier richteten ihre Gläser auf die angegebene Position, auf die der aufgeregte Ausguck hinwies. Es handelte sich zwar nur um einen Schatten, aber es wäre besser, ihn im Auge zu

[4] U-262 könnte den polnischen Frachter „Zagloba" getroffen haben, dessen Schicksal seit über 20 Jahren ein Geheimnis geblieben ist. Der Angriff erfolgte in der Nähe der Position der „Zagloba" im Konvoi, und die Beschreibung des torpedierten Schiffes stimmt mit dem polnischen Frachter überein. Am nächsten Morgen vermißte man „Zagloba" im Geleitzug, sie wurde als Nachzügler angesehen. Da sie aber nie im Bestimmungshafen eintraf, wurde sie als auf See vermißt erklärt. Es gab keinen U-Boot-Alarm oder irgendeine Meldung über den Angriff, als U-262 feuerte. Aber gerade das kann der Grund sein, daß alle Seeleute den Tod fanden.

behalten. Das U-Boot drehte langsam nach Backbord. Die Entfernung verringerte sich zusehends. Der Mond kam für einen kurzen Augenblick hinter der Wolkendecke hervor.

„Zerstörer. Alarm. Tauchen."

Während das U-Boot in die Tiefe rauschte, schoß das Fahrzeug schnell mit hoher Bugwelle heran. Es handelte sich um keinen Zerstörer, sondern um die *„Lobelia"*, die nach der vierstündigen Suche nach dem U-Boot zum Konvoi zurückkehrte. Da die Tauchstelle gut sichtbar war, begann die kleine französische Korvette Wasserbomben zu werfen.

Die erste explodierte, als U-262 auf 75 m stand, sie lag gut, das U-Boot schüttelte sich im Todeskampf. Die Lichter gingen aus, die Luftzufuhr und Ventilationsleitungen wurden herausgerissen. Das Heck sackte ab; man konnte das U-Boot nur noch mit AK voraus halten. Schließlich pendelte sich U-262 auf 170 m ein und entkam mit Schleichfahrt. *„Lobelia"* erhielt keinen Kontakt mehr, hatte aber ein U-Boot außer Gefecht gesetzt, das nun für längere Zeit durch Reparaturen ausfiel.

Es war bedauerlich, daß zu diesem Zeitpunkt nicht der Vorhang über die großartigen Leistungen der Escort Group herabgelassen werden konnte. Seit fast drei Tagen kämpfte sich SC-118 umgeben von über 20 U-Booten durch die Gefahrenzone, und nur ein Schiff innerhalb des Konvois erhielt einen Treffer. Auch gingen zwei Nachzügler verloren, aber angesichts der Bedrohung des Geleitzuges hatte wenig zu ihrer Rettung unternommen werden können. Das Wolfsrudel mußte jedoch schwere Angriffe über sich ergehen lassen. Ein Boot ging unter, mehrere erlitten Beschädigungen. Am 7. Februar 1943 war der BdU außerordentlich enttäuscht. Im KTB hieß es, daß nur noch elf U-Boote einsatzbereit wären, man hätte die Fühlung verloren. Die Operationsabteilung stand vor einem Rätsel. Warum konnten die Boote nicht an den Geleitzug herankommen und angreifen? Warum hielten sie zumindest nicht Fühlung?

Wäre es nach der Group B 2 gegangen, so hätte sie jetzt den Kampf noch nicht aufgegeben. Sie war der Gewinner und wollte gern den

vollen Sieg erringen. Bis zu diesem Augenblick lagen alle Chancen bei ihr. Da betrat aber ein neuer Spieler das Feld.
Gegen 02.13 Uhr durchbrach der Turm eines U-Bootes die Wasseroberfläche in vier sm Entfernung an Steuerbord des Konvois, dann erschien das Boot selbst. Es hob und senkte sich in der langen Dünung. Der Kommandant, gefolgt vom Wachoffizier und den Ausguckposten, kletterte schnell auf die Brücke. Nachdem er den Horizont abgesucht hatte und alles klar schien, wandte er seine Aufmerksamkeit dem Konvoi zu, der als schwacher dunkler Schatten im Norden stand. Er drehte sich zum WO und sagte: „Setzen Sie jetzt die Fühlungshaltermeldung ab."
Der Funkspruch ging an den BdU: „Geleitzug AK 6668, 60 Grad, 7 kn. Unterschrift *Forstner.*"
Seit zwei Tagen suchte von Forstner angestrengt nach dem Geleitzug SC-118, und trotz dauernder Behinderung durch zahlreiche Flugzeuge erhielt er schließlich in dieser Nacht Fühlung. Vor drei Wochen war er aus La Pallice in Frankreich zur sechsten Feindfahrt als Kommandant von U-402 ausgelaufen. Es war die erste seit seinem erfolgreichen Angriff auf SC-107 am Morgen des 2. November 1942.
Als U-402 mit AK auf die Steuerbordflanke des Konvois zudrehte, hatte es nicht mit schwachen Sicherungsstreitkräften wie im November 1942 zu tun, sondern mit einer kampferprobten Gruppe, die danach strebte, möglichst viele U-Boote zu versenken. Sie hatte auch bereits bewiesen, daß sie es konnte. Aber selbst wenn Siegfried von Forstner dies gewußt hätte: Keine Sekunde hätte er mit seinem Angriff gezögert. Deutlich sah er voraus die Frachter des Konvois, aber keine Geleitfahrzeuge.
Weniger als zwei Stunden vor Mitternacht meldete *„Bibb"* eine starke HF/DF-Peilung im Süden des Konvois, worauf man ihr befahl, der Ortung nachzugehen. Der Küstenwachkutter schwang herum und befand sich nun 15 sm südlich vom Konvoi. Nachdem er die Sicherungsstreitkräfte verlassen hatte, versäumte es Proudfoot, deren Position mit einem anderen Fahrzeug zu besetzen.
Als von Forstner sich in Angriffsposition setzte, erhielt *„Mignonette"*

ebenfalls achteraus einen Kontakt, und *„Campanula“* an Steuerbord achtern verließ zur Unterstützung ebenfalls ihren Platz. So war die gesamte Steuerbordflanke vom Geleitzug sowie achteraus ohne Sicherung. Von Forstner drang rasch in diese Lücke ein.

Auf 1350 m Entfernung torpedierte er einen kleineren Frachter, der brannte und schnell unterging. Sogleich aber verlegte er sein Feuer und schoß zwei Torpedos auf einen großen Tanker, doch beide verfehlten ihr Ziel.

Mit „Hart Ruder“ drehte das U-Boot herum. Jetzt feuerte von Forstner mit den Heckrohren und wurde zwei Minuten später mit einer heftigen Erschütterung belohnt. Der Tanker setzte rote Lichter und feuerte Leuchtsignale.

Dieser U-Boot-Kommandant war auch ein gewissenhafter Arbeiter. Er hatte einige Zweifel, ob der Tanker untergehen würde; zehn Minuten später traf ein Aal den Maschinenraum. Zwanzig Minuten darauf sank der amerikanische Tanker *„R. E. Hopkins“* mit einem Verlust von 15 Mann. Bei dem kleinen Frachter handelte es sich um das Rettungsschiff *„Toward“*, dessen Untergang Konsequenzen haben sollte, die in gar keinem Verhältnis zur Größe des Schiffes standen.

Nach dem Feuern des fünften Torpedos steuerte von Forstner achtern vom Geleitzug, ging mit der Fahrt herunter, während die Besatzung mit Feuereifer die Torpedos nachlud. Leuchtsignale und Leuchtgranaten erhellten die Nacht. Lichter, Überlebende, Flöße und Boote markierten den Vernichtungsweg des Konvois.

Bis jetzt hatte Group B 2 die U-Boote in Schach gehalten und die Zügel straff geführt, nun ließ dies nach. Acht Minuten später, als U-402 den zweiten Torpedo auf die *„R. E. Hopkins“* losgemacht hatte, nahm U-614 die Verwirrung an Steuerbord des Geleitzuges wahr, drang von Backbord ein und schickte den Nachzügler *„Harmala“* mit zwei Torpedos auf den Meeresgrund.

„Harmala“ trug selbst die Schuld an ihrem Unglück. Als U-402 an der Steuerbordseite den Angriff mit seinem Feuerwerk begann, wollte *„Harmala“* keinen Anteil daran nehmen, verließ also ihre Position in der Kolonne und marschierte nach achtern, um an Backbord eine ru-

hige Stelle zu finden. Schließlich steuerte der Frachter wieder den Kurs des Konvois, befand sich aber drei sm achtern von der Backbordkolonne und wurde wenige Minuten darauf torpediert.

In zwanzig Minuten waren drei Schiffe torpediert worden. Es gab kein Rettungsschiff mehr zur Aufnahme der Überlebenden. Die Rettungsmannschaft gehörte selbst zu den ersten Opfern. „*Mignonette*" wurde deshalb für diese Aufgabe detachiert, „*Lobelia*" sollte sie hierbei sichern. Nur zwei Geleitfahrzeuge, „*Campanula*" und „*Schenck*", überwachten noch das Gebiet achtern von den Dampfern.

Die erst kürzlich eingetroffene „*Schenck*" war in dieser Nacht für Proudfoot ein Ärgernis. Vorher hatte er dem amerikanischen Zerstörer befohlen, eine Position Backbord achtern einzunehmen, um die von der „*Lobelia*" hinterlassene Lücke auszufüllen. Aber aus irgendeinem Grund schien „*Schenck*" an der Spitze zwischen „*Vanessa*" und „*Abelia*" zu laufen, wo das Fahrzeug nach Proudfoot „lästig fiel". Nach der Torpedierung der drei Schiffe nahm der Commander an, daß „*Schenck*" an Steuerbord vorn stand, diagonal vor dem Konvoi, wo es ja eigentlich sein sollte [5].

Gerade in diesem Augenblick meldete „*Campanula*" einen Asdic-Kontakt achtern vom Geleitzug. Der Escort Commander beschloß, „*Schenck*" loszuwerden und befahl ihr, die „*Campanula*" zu unterstützen.

Tatsächlich steuerte die viel verleumdete „*Schenck*" aber auf ihrer Position Backbord achtern. Als sie den Befehl erhielt, nach Steuerbord achtern zu gehen, entfernte sie sich pflichtgemäß.

Als sie achteraus kreuzte, markierte ein brillantes Feuerwerk die Stelle, wo die Torpedos von U-614 getroffen hatten. Gegen 03.23 Uhr sichtete der Zerstörer Flöße, und indem er sie als Ausgangspunkt benutzte, begann er die Suche nach dem U-Boot. Sieben Minuten später erhielt man auf zwei sm Entfernung eine Radarortung und schoß eine

[5] Wahrscheinlich sah der Escort Commander an Steuerbord die „Babbitt", das Schwesterschiff der „Schenck", die im inneren Sicherungsring einen Wasserbombenangriff durchführte.

Leuchtgranate. Weil sich diese Leuchtgranate infolge der niedrigen Wolkendecke als unwirksam erwies, feuerte man noch eine weitere, und in dem schwachen Licht entdeckte man voraus einen schwarzen Schatten. Da die *„Schenck"* auf ihr ES keine Antwort bekam, setzte sie zum Rammstoß an. In letzter Minute erkannte man das Ziel als die *„Campanula"*. Mit beiden Maschinen AK zurück und „Hart Ruder" wurde eine Kollision vermieden.
Der Konvoi war achtern von Geleitfahrzeugen entblößt, als *„Schenck"* und *„Campanula"* beinahe kollidierten. *„Mignonette"* und *„Lobelia"* retteten Überlebende, und *„Bibb"* ging einer HF/DF-Peilung nach. Bis auf die an der Spitze stehenden Kriegsschiffe war jetzt der Konvoi vollkommen ungesichert. Die Schiffe waren viel zu lange eingesetzt. Mit dem Verlust des Rettungsschiffes mußten die Geleitfahrzeuge auch noch die Schiffbrüchigen an Bord nehmen. Einige unterbrachen sofort die U-Jagd, um zu helfen, wenn sie der Befehl des Escort Commander dazu erreichte, andere beteiligten sich aus eigener Initiative an der Rettung. Proudfoot hatte die Übersicht über das Geschehen achtern vom Konvoi verloren und damit auch die Kontrolle über die Gesamtlage.
Das bedeutet keinen Tadel für einen fähigen Escort Commander. Der Funksprechverkehr war durch die Vielzahl der Aktionen so gestört, daß er die genauen Positionen seiner Einheiten nicht mehr kannte, und die *„Vanessa"* besaß kein PPI-Radar-Anzeigegerät, mit dessen Hilfe sie sich Gewißheit über die Disposition seiner Schiffe hätte verschaffen können. Proudfoot mußte wie die anderen britischen Escort Commander außer den Geleitfahrzeugen und dem Konvoi auch noch sein eigenes Schiff führen. Bei einem Nachtgefecht hatte das amerikanische System, wonach der Escort Commander auf einem Schiff unter einem anderen Kommandanten fährt, seine augenscheinlichen Vorteile.
Angesichts der sich rasch verschlechternden Lage hätte er wahrscheinlich aber doch noch die Möglichkeit gehabt, die Kontrolle wieder zu gewinnen, wenn er mit der *„Vanessa"* nach achtern gelaufen wäre, um dort besser die Lage zu überblicken. Aber er blieb an der Spitze

— eine gute Position für einen Kavalleristen, aber nicht für einen Escort Commander mit einem langsamen Konvoi, vor allem in der Nacht.
Von Forstner erfaßte schnell die Lage achtern vom Konvoi, setzte sich vor und torpedierte um 03.40 Uhr den großen Tanker *„Daghild"*, den er sinkend zurückließ.
Verwirrt und getroffen durch von Forstners tödliche Angriffe gab Group B 2 jedoch nicht auf, sondern schlug hart zurück. Nachdem durch ihren letzten Wasserbombenangriff U-262 beschädigt abgelaufen war, wurde der kleinen Korvette *„Lobelia"* befohlen, die *„Mignonette"* zu suchen, während diese die Überlebenden der *„Toward"* aufnahm. Auf dem Hinmarsch traf *„Lobelia"* auf die Schiffbrüchigen der *„Harmala"*. Es waren leider nur einige wenige. Das mit Eisenerz beladene Schiff war von zwei Torpedos getroffen worden und ging so rasch unter, daß man nicht einmal mehr Boote zu Wasser lassen konnte. Die das Schiff verließen, sprangen ins Wasser oder kletterten auf Flöße, die man eilig über Bord warf. Als sich nun *„Lobelia"* den Lichtern auf dem Wasser näherte, konnten die erfrorenen und erschöpften Männer sich kaum noch helfen. Die Korvette fischte einen Mann auf und manövrierte an ein Floß. Während sie 12 sm achtern vom Konvoi stoppte und Kletternetze über die Bordwand warf, bekam man in drei sm Entfernung Radarkontakt. Es handelte sich um U-609. Das Boot wollte nachsehen, was hier geschah. Es kam allerdings an den unrichtigen Mann. Lieutenant Pierre Morsier, ein streitlustiger Franzose im wahrsten Sinn des Wortes, drehte mit AK auf die Radarortung zu. Auf dem U-Boot hörte man die Schraubengeräusche der Korvette, als diese mit der Fahrt heraufging. U-609 drehte deshalb sofort ab. Auf 3000 m Entfernung — *„Lobelia"* kam nicht näher heran — schoß die Korvette Leuchtgranaten. Das U-Boot hob sich jetzt klar auf dem Wasser ab. Die Jagd dauerte zwanzig Minuten. *„Lobelia"* feuerte abwechselnd Leuchtgranaten zur Beleuchtung der Szene und Sprenggranaten, um durch Treffer das Boot zu beschädigen, sobald man es jeweils im Schein der Leuchtgranaten ausgemacht hatte. Die Entfernung verringerte sich allmählich, schließlich

nahm die Korvette den Gegner mit den 2-cm-Maschinenwaffen auf eine sm unter Beschuß. Dies war für Kapitänleutnant Rudloff, den Kommandanten von U-609, zu viel, er tauchte. *„Lobelia"* ortete mit Asdic das Boot auf 1000 m und lief zum Angriff an. Das U-Boot drehte nach Steuerbord, aber die Korvette bemerkte die Kursänderung und warf zehn Wasserbomben. Gleich darauf setzte sie nochmals zu einem Angriff an. Als die letzte Wasserbombe detonierte, hörte man nach 30 Sekunden ein langes grollendes Geräusch, das von einer lauten Explosion begleitet wurde. Eine Luftblase zeigte sich an der Stelle, wo man die Wasserbomben geworfen hatte. Das Asdic warf kein Echo mehr zurück. Bald hörte man überhaupt nichts mehr. Der zertrümmerte Bootskörper von U-609 sank langsam auf den Meeresgrund in 3600 m Tiefe. Das war die vierte und letzte Feindfahrt des U-Bootes gewesen.
Die Brückenwache auf der *„Abelia"*, die Backbord voraus vom Konvoi lief, beobachtete den Kampf zwischen der *„Lobelia"* und U-609, als plötzlich ihr Radargerät ebenfalls ein U-Boot in 3150 m erfaßte.
Auf der *„Abelia"* überprüfte man schnell die Peilung und lief mit AK auf die Stelle zu. Das U-Boot stand nur eine halbe Seemeile vor dem Konvoi und mußte innerhalb von wenigen Minuten in den Konvoi einbrechen. Auf 350 m Entfernung sichtete man das U-Boot an Backbord voraus, und *„Abelia"* drehte nach Backbord zum Rammstoß. Das überraschte U-Boot tauchte und rauschte nach unten, als die Korvette nur noch drei Schiffslängen entfernt war. Die Entfernung war zu gering, um das Boot mit Asdic orten zu können. Noch war dies erforderlich. An der Tauchstelle sah man deutlich den Wasserstrudel. *„Abelia"* warf zehn Wasserbomben. Einen Kontakt erhielt man anschließend nicht mehr. Wiederum hatte man ein U-Boot, vermutlich schwer beschädigt, außer Gefecht gesetzt.
Group B 2 besaß von neuem die Initiative. Nur die kühneren der U-Boot-Kommandanten versuchten, die Sicherung zu durchbrechen, wurden dabei aber unter schweren Verlusten zurückgeschlagen.
Aber die fatale Lücke achtern vom Konvoi hatte man bis jetzt immer noch nicht schließen können. SC-118 war hier äußerst verwundbar,

sobald ein U-Boot-Kommandant diese Chance ausnutzte. Besonders ein Schiff war viel mehr als alle anderen der Gefahr ausgesetzt. In der kalten Dunkelheit lief vor Tagesanbruch der amerikanische Transporter *„Henry R. Mallory"*, vollgepackt mit Truppen, einige 1000 m achtern vom Konvoi, als ihn ein Torpedo traf.

Bei der *„Henry R. Mallory"* handelte es sich um einen 6000 BRT großen Fracht- und Passagierdampfer der Clyde Mallory Linie, den die US-Marine als Truppentransporter übernommen hatte. Die Besatzung bestand aus 76 Amerikanern, einem Kanadier, zwei Puertorikanern, einem Russen und einem Filipino. Viele von ihnen waren unerfahren, eine nicht ungewöhnliche Tatsache in einer Zeit, als es Schwierigkeiten bereitete, Mannschaften für die sich rasch vergrößernde Handelsflotte zu finden. Zusätzlich hatte das Schiff noch 34 Mann der Navy Armed Guard, denn die *„Henry R. Mallory"* war gut bewaffnet. An Truppen waren eingeschifft: 136 Heeresoffiziere und Mannschaften, 72 Mann der Marineinfanterie, 173 Mann Marinepersonal und zwei Zivilisten, die alle nach Island sollten. Der Kapitän machte seine erste Fahrt in dieser Eigenschaft. Auf den vorherigen Fahrten diente er auf dem Schiff als Erster Offizier.

Obwohl der Transporter 14 kn laufen konnte, also ungewöhnlich schnell im Vergleich zu den anderen Nordatlantik-Frachtern, wurde die *„Henry R. Mallory"* einem langsamen Konvoi mit sieben kn Durchschnittsgeschwindigkeit zugeteilt.

Als der Escort Commander diesen Dampfer im Konvoi bemerkte, drückte er seine Überraschung über dessen Anwesenheit aus. Warum lief die *„Henry R. Mallory"* nicht mit einem der schnellen HX-Geleitzüge oder als Einzelfahrer, wo ihre Geschwindigkeit eine größere Sicherheitsgarantie bot als in einem langsamen SC-Konvoi?

Es ist anzunehmen, daß die Convoy and Routing Section des COMINCH die Geschwindigkeit des Schiffes, obgleich ausreichend als Einzelfahrer mit normaler Ladung, nicht für hoch genug hielt, um mit Truppen an Bord dieses Risiko einzugehen. Die Entscheidung, den Transporter einem langsameren Konvoi als dem früher auslaufenden HX-224 zuzuteilen, ist ohne Zweifel darauf zurückzuführen, daß

mit dem schnellen Geleitzug keine für Island bestimmten Schiffe mitliefen. Rückschauend kann gesagt werden, daß es sicherer gewesen wäre, die *„Henry R. Mallory"* mit dem schnelleren Konvoi marschieren zu lassen, dann sie allein nach Island zu entlassen, sobald der Konvoi die Insel südlich passierte.
Selbst die Position der *„Henry R. Mallory"* innerhalb des Konvois war schlecht gewählt. Es handelte sich um das wertvollste Schiff, daher hätte es mitten im Geleitzug stehen sollen. Statt dessen lief der Transporter Backbord achteraus, wo es Angriffen sowohl von dieser Seite als auch von achtern ausgesetzt war.
Die Frage der Position der *„Henry R. Mallory"* im Konvoi ist aber insofern schwierig, als sie während der Überfahrt des öfteren achtern als Nachzügler zurückblieb, einfach unentschuldbar für ein Schiff mit einer derartig hohen Geschwindigkeit. Die Versuchung für einen unerfahrenen Kapitän, den Konvoi während eines Angriffs zu verlassen und sich einen besseren Platz auszusuchen, ist verständlich, obwohl sich dies oft als falsch, ja verhängnisvoll herausstellt. Unabhängig von den U-Boot-Angriffen ist der sicherste Platz immer innerhalb der Sicherung. Die *„Henry R. Mallory"* lief jedoch am 4. und 5. Januar 1943 allein. An diesen Tagen wurde der Konvoi nicht angegriffen, und die Geleitfahrzeuge hatten die U-Boote unter Kontrolle. Außerdem tritt noch hinzu, daß die *„Henry R. Mallory"* als Nachzügler keine Zickzackkurse steuerte. Bei ihrer hohen Geschwindigkeit hätte sie dann noch immer mit dem Konvoi mithalten können. In diesem Fall hätte sie ein schwer zu treffendes Ziel abgegeben.
Einige Überlebende führten das Unglück der *„Henry R. Mallory"* auf die Dampfer voraus und achtern von ihr zurück. Das voraus laufende Schiff, die *„Daylight"*, marschierte ständig hin und zurück und zwang den Transporter, des öftern den Kurs zu ändern. Dies war für die Brückenwache der *„Henry R. Mallory"* sowohl irritierend als auch ermüdend und vergrößerte nur die Versuchung, achtern zurückzubleiben, wo man besser manövrieren konnte. Der achteraus marschierende Dampfer lief ständig voraus, so daß *„Henry R. Mallory"* gezwungen wurde, nach achtern auszuweichen. In der Angriffsnacht, als sich die

Konferenz in Halifax vor Einsatz des Konvois. Der Eskortenkommandeur (stehend Mitte) gibt Instruktionen. Der Konvoi-Kommodore sitzt zu seiner Linken.

Verabschiedung eines Toten. Commander Berdine liest die Gebete. Captain Heineman steht rechts neben der angetretenen Ehrenwache.

Deutsches U-Boot wird von einem Geleitsicherungsflugzeug angegriffen. Während knapp neben dem Boot eine Wasserbombe detoniert, beschießt der Heckschütze des Bombers das U-Boot.

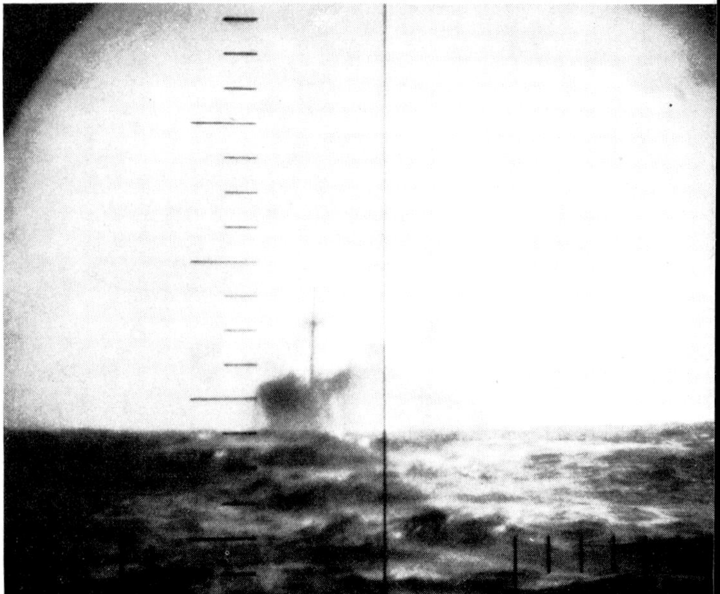

Der Frachter *„Mathew Luckenbach"* im Fadenkreuz des Periskops von U-527.

ch einem Treffer eines akustischen Torpedos
rd das beschädigte Zerstörerbegleitschiff abgeschleppt.

Abschlagen des Eises von einem Fla-Geschütz.

achteraus stehenden Geleitfahrzeuge in zahlreichen Gefechten mit den U-Booten befanden, wollte die *„Daylight"* so weit wie möglich vom Schauplatz entfernt sein. Längs der *„Henry R. Mallory"* und dann langsam voraus war größere Sicherheit für sie. Soll man da von einer gewissen Feigheit sprechen? Jedenfalls muß man diese Taktik einem sehr entwickelten Selbsterhaltungstrieb zuschreiben, und zwar einem weiter gesteckten, als der Kapitän des Truppentransporters ihn besaß.

Was immer der Grund gewesen sein mag, der Kapitän der *„Henry R. Mallory"* ging während der frühen Morgenstunden, nachdem die Angriffe auf den Konvoi begonnen hatten, mit der Fahrt herunter und blieb langsam achtern zurück. Der Transporter lief nun sieben kn, ein nicht zu verfehlendes Ziel für jedes lauernde U-Boot.

Auf dem Schiff befanden sich, seitdem die *„R. E. Hopkins"* einen Torpedotreffer erhalten hatte, die Besatzung und die Armed Guard auf den Gefechtsstationen. Alle Geschütze waren besetzt. 16 Ausgucks suchten jeden Sektor ab. Die Truppen durften jedoch unter Deck bleiben, viele schliefen. Einige hatten sich sogar ausgezogen. Andere blieben allerdings auf und waren ziemlich aufgeregt. Ein junger Heeresoffizier verbrachte die frühen Morgenstunden mit dem Schreiben eines Briefes an seine Braut, der mit der Feststellung endete: „In dieser Nacht gab es eine Reihe von Explosionen und ein Feuerwerk, aber wir wissen nicht, was vor sich geht. Wir alle haben große Angst." Der Brief war weder fertiggeschrieben noch unterzeichnet, als man ihn dem Toten zwölf Stunden später abnahm.

Die Offiziere der *„Henry R. Mallory"* hatten einige Maßnahmen für den Notfall getroffen. Zweimal am Tage wurden Bootsmanöver durchgeführt, aber nur insgesamt zwei in der Nacht, allerdings sehr oberflächlich. Bei Probealarm begaben sich alle zu den Booten, dann fand die Rollenmusterung statt, und schon war die Übung beendet. Man schwenkte die Boote nie aus, außerdem machte man die Mannschaften nicht mit dem Inhalt vertraut. Man nahm an, daß sie so etwas nicht zu wissen brauchten, denn die Schiffsbesatzung wäre ja mit ihnen, um die Boote zu fieren. Leider wußte die Besatzung selbst nicht viel, nur wenige Leute besaßen eine Qualifikation über die Führung von

Rettungsbooten. Als das Schiff torpediert wurde, begaben sich die meisten nicht auf ihre Stationen, mehrere Boote mußten sogar von den Soldaten selbst zu Wasser gelassen werden.
Gegen 06.00 Uhr löste man die Ausgucks ab, und einige Geschützbedienungen erhielten wachfrei. Der Himmel war wolkig mit Schneeböen, der Wind verstärkte sich, die See war rauh. Die ablösende Wache und die Posten hatten sich noch nicht an die Dunkelheit gewöhnt. Es würde noch eine Weile dauern, bevor die meisten von ihnen in der Dunkelheit gut sehen konnten. Selbst jene, die aus Vorsicht eine rote Brille trugen und vorher helles Licht vermieden, brauchten doch Zeit, ehe ihre Augen sich anpaßten.
Andere waren jedoch gut darauf vorbereitet. Weniger als eine Seemeile entfernt richteten sich vier ausgezeichnete Zeißgläser auf den dunklen Schatten der *„Henry R. Mallory"*. Der Kommandant des U-Bootes rief durch die Luke nach unten: „Es ist ein sehr großer Frachter, ungefähr 9000 BRT mit fünf Ladeluken und einem hohen Schornstein. Sieht wie ein Schiff der ‚Mathura'-Klasse aus. Entfernung 1000 m, Winkel 100, Geschwindigkeit acht kn. Achtung. Rohre fertig."
Es handelte sich um U-402 unter von Forstner und seiner erprobten Besatzung. Vier Schiffe hatte er bereits in dieser Nacht versenkt, aber mit noch vier Torpedos in den Rohren befand er sich erneut auf der Jagd. Nach der Torpedierung der *„Daghild"* hatte er zunächst die Fühlung mit dem Konvoi verloren. Während der Suche beobachtete er, wie die *„Lobelia"* in mehreren Seemeilen Entfernung U-609 angriff und hörte die dumpfen Explosionen der Wasserbomben, als die Korvette das U-Boot vernichtete. Von Forstner konnte nicht helfen, verfolgte aber weiterhin den Geleitzug. Gegen 05.36 Uhr setzte er sich vor den Frachter *„Afrika"* und torpedierte ihn. Er ließ von diesem Schiff erst wieder ab, als es bis zur Reling gesunken war. Anschließend steuerte er wieder auf den Konvoi zu.
Während von Forstner noch weit achtern vom Geleitzug stand, sichtete man auf dem Boot an Backbord einen Schatten. Er verschwendete keine Zeit und marschierte sofort darauf zu. Das Schiff steuerte keine

Zickzackkurse, auch befand sich kein Bewacher in der Nähe. Es war ein perfektes Ziel, das selbst ein unerfahrener Leutnant z. S. nicht hätte verfehlen können. Vielleicht sollte der I. WO den Angriff fahren. Aber schnell verwarf von Forstner die Idee. Die Entfernung verringerte sich auf 800 m, es war keine Zeit mehr zu verlieren. Alles war bereit. In diesem Idealfall genügte ein Torpedo [6]. Zum letztenmal schaute er durch sein Glas:
„Feuer!"
An Bord der *„Henry R. Mallory"* gab es keine Warnung, man sah kein U-Boot und auch keine Torpedolaufbahn. Der Torpedo explodierte unter der Steuerbord-Ladeluke Nr. 3, zertrümmerte das Schiffslazarett und ein Rettungsboot, die Ladeluke Nr. 4 sprang auf. In der Abteilung der Marine-Infanteristen war der Schaden beträchtlich. Die Erschütterung riß die Kojen aus ihren Halterungen, die auf die unteren fielen. Viele Marine-Infanteristen wurden verletzt und lagen bewußtlos in dem Trümmerhaufen. Die Kühlanlage erlitt Beschädigungen, und der widerliche Gestank des Ammoniak vermischte sich mit dem Rauch der Explosion, der sich in viele Abteilungen verbreitete.
Alarm wurde nicht gegeben. Die meisten Soldaten und Besatzungsmitglieder rüttelte die Explosion wach, sie eilten an Deck, viele nur unvollständig bekleidet. In einigen Abteilungen schliefen die Männer weiter, da sie die Erschütterung in der schweren See nicht von dem Stampfen des Schiffes unterscheiden konnten.
Das wirkliche Ausmaß der Panik wird vermutlich nie bekannt werden. Die Aussagen der Überlebenden widersprechen sich. Daß Verwirrung und Angst herrschten, ist sicher und auch verständlich. Unter solchen Umständen kann so etwas auf dem diszipliniertesten Kriegsschiff geschehen. In den Minuten nach der Explosion wurden die Männer in einer Abteilung durch ein sich klemmendes Schott eingesperrt. In einer andern war die nach oben führende Leiter weggerissen.

[6] Glücklicherweise wußte von Forstner nicht, daß es sich um einen Truppentransporter handelte, denn sonst hätte er mehrere Torpedos gefeuert. In diesem Fall wären die Verluste noch größer gewesen.

Wenn Menschen in der Falle sitzen und die normalen Ausgänge blockiert sind, so ist die geradezu klassische Voraussetzung für eine Panik hergestellt, und es ist ganz augenscheinlich, daß sie zeitweilig auf dem Transporter geherrscht haben muß. Aber kühlere Köpfe bewahrten Ruhe. Schließlich ließ sich das Schott doch öffnen. In andere Abteilungen wurden Taue herabgelassen, man half sich gegenseitig beim Herauskommen. Nicht alle waren jedoch so standhaft. Ein Überlebender berichtet dazu: „Wir halfen uns alle untereinander, dann sah ich jedoch ein Bajonett. Ich ergriff ein Tau und kletterte auf allen vieren heraus."

Panik wird am besten durch eine Führernatur verhindert, aber niemand von der Besatzung hatte sie. Nach dem Angriff erteilte die Brücke keine Befehle. Auch Leuchtraketen wurden nicht abgefeuert. Man setzte kein Notsignal ab. Da das Schiff langsam unterging, ließ man einzelne Boote und Flöße zu Wasser, augenscheinlich auf Initiative der um die Boote versammelten Männer.

Obgleich die See rauh war, hätten die Boote und Flöße ablegen können, denn man verfügte über genügend Zeit, zumal das Schiff auf ebenem Kiel absackte. Aber die Besatzung war ihrer Aufgabe nicht gewachsen. Nur fünf von den neun unbeschädigten Booten legten vom Transporter ab. Eines von ihnen war teilweise voll Wasser gelaufen, ein anderes überladen. In einem dritten Boot befanden sich nur wenige Männer, es kenterte bald. Ein viertes hatte die Seeventile geöffnet und Wasser strömte ein. Die Pumpen arbeiteten nicht, die verzweifelten Soldaten schöpften das Wasser mit Händen und Mützen aus dem Boot bei dem — vergeblichen — Versuch, die einströmende See aufzuhalten. Drei Boote kenterten beim Fieren, in einem saßen Verletzte. Boot Nr. 4 blieb hängen, die Taue wurden gekappt, es fiel ins Wasser, wo Dutzende von Schwimmern trieben.

Das Fehlen jeglicher Aufsicht verwandelte das torpedierte Schiff in Aufruhr, man überließ die Soldaten aller Waffengattungen einfach ihrem Schicksal.

Aber wie bei jeder derartigen Katastrophe, so behielten einige Männer einen klaren Kopf. Dazu gehörte der Filipino Steward, der von Abteilung zu Abteilung ging und sich vergewisserte, daß sich dort niemand mehr aufhielt. In einer Abteilung weckte er mehrere noch schlafende Heeresoffiziere. Man hat nie wieder etwas von ihm gehört, wahrscheinlich ging er mit dem Schiff unter. Eine Reihe von Heeresoffizieren kümmerte sich bis zum Ende um ihre Leute und bemühte sich, daß die Leute auf die Flöße kamen.

Nur 175 Mann verließen in Booten das Schiff, während einige weitere auf Flößen ablegten. In dem eisigen Wasser überlebten keine Schwimmer. Selbst für unerfahrene Leute waren die Rettungsflöße relativ leicht zu Wasser zu lassen, aber es stand mit ihnen auch nicht besser als mit den Rettungsbooten.

Eine Stunde nach dem Torpedotreffer hatte die *„Henry R. Mallory"* schwere Schlagseite nach Backbord und ging steil mit dem Heck in die Tiefe. Viele Überlebende standen auf dem Bug, und als dieser immer mehr in die Luft ragte, sprangen sie ins Wasser.

Nachdem der Transporter untergegangen war, bedeckten Wrackteile, Boote, Flöße, Schwimmwesten und Tote die See. Die meisten starben in wenigen Minuten. Die dicker angezogen waren, lebten etwas länger. Viele hatten kaum ausreichenden Schutz und litten furchtbar vor dem Tod. Innerhalb einer halben Stunde verstummten aber alle Hilferufe, auch jene der mit Rettungswesten ausgerüsteten Schwimmer. Über die grauenvolle Szene legte sich Schweigen.

Hegten die am längsten Überlebenden noch Hoffnung auf Rettung, so war es gut, daß sie die tatsächliche Lage nicht kannten. Niemand im Konvoi SC-118 oder sogar in der Group B 2 hatte gehört, daß die *„Henry R. Mallory"* getroffen worden war. Das war oftmals so. In einem Konvoi gingen Schiffe unter, ohne daß jemand davon etwas erfuhr. Ein Nachzügler aber besaß noch weniger Chancen, allen übrigen Schiffen seine mißliche Lage mitzuteilen. Der Geleitzug stand zu diesem Zeitpunkt in 15 sm Entfernung von dem Schauplatz der Tragödie und lief immer weiter nach Osten. Der Escort Commander hielt seine Geleitfahrzeuge in der Nähe der im Konvoi fahrenden Dampfer.

Heute weiß man, daß die meisten Leute der *„Henry R. Mallory"* hätten gerettet werden können. Zwanzig Minuten nach dem Torpedotreffer sichtete man auf dem Transporter ein Geleitfahrzeug in weniger als zwei sm Entfernung. Wahrscheinlich handelte es sich um den Zerstörer *„Schenck"*.

Ungefähr zehn Minuten nach der Torpedierung erhielt die *„Schenck"* den Befehl, achtern vom Konvoi die U-Boote abzudrängen und nach Überlebenden der *„Toward"* zu suchen. Der Zerstörer hatte noch nicht einmal seine Geschwindigkeit erhöhen können, als *„Vanessa"* den Befehl widerrief. Da der amerikanische Zerstörer abdrehte, um wieder zum Konvoi zurückzukehren, sah man auf der *„Schenck"* zahlreiche Lichter. Der Kommandant dachte, es wären Überlebende, und lief auf sie zu. Gleichzeitig bat er *„Vanessa"* um Erlaubnis, sie an Bord zu nehmen. Der Escort Commander war damit nicht einverstanden und fügte erklärend hinzu, daß *„Lobelia"* sie aufnehmen würde.

Der Escort Commander wußte jedoch nicht, daß *„Henry R. Mallory"* getroffen worden war und daß *„Lobelia"* 30 sm achtern vom Geleitzug stand. 20 Stunden mußten vergehen, ehe dieses Geleitfahrzeug nach Erfüllung seiner Aufgaben wieder den Konvoi erreichte. Als *„Schenck"* nur widerwillig auf Gegenkurs steuerte und nichts von der Identität der Überlebenden ahnte, war die letzte Chance für Hunderte vorüber. Die Lichter zeigten bestimmt den Untergang der *„Henry R. Mallory"* an.

So tragisch die Folgen waren, so ist die Entscheidung von Proudfoot angesichts der ihm zur Verfügung stehenden Informationen verständlich. Der Verlust des Rettungsschiffes *„Toward"* galt als ein schwerer Schlag, denn ohne das Fahrzeug mußten die kaum entbehrlichen Sicherungsstreitkräfte die Schiffbrüchigen retten. Sechs Schiffe waren versenkt worden, und Hunderte von Überlebenden, Sterbenden und Toten trieben über eine Fläche von 30 sm verteilt im Atlantik.

Gewiß hat ein Escort Commander die Pflicht, Schiffbrüchige zu retten, doch ist es seine oberste Aufgabe, die zu schützen, die noch im Konvoi fahren. Falls eine Wahl getroffen werden mußte, so spricht die kalte Logik für einen Schutz der unbeschädigten Dampfer. *„Vanessa"* beabsichtigte erst am frühen Morgen weitere Geleitfahrzeuge für Rettungsaufgaben zu detachieren. Man wußte nicht, daß während der Nacht einige Sicherungsfahrzeuge Überlebende an Bord genommen hatten, aber niemand außer *„Schenck"* hielt sich in der Nähe der *„Henry R. Mallory"* und deren Überlebenden auf. Am Tage würde es für die meisten von ihnen zu spät sein.

Nach dem Untergang der *„Toward"* verfügte nur noch *„Bibb"* über HF/DF. Um 06.45 Uhr peilte sie ein U-Boot ein, das aber tauchte. Gegen 08.54 Uhr steuerte sie nach Südwesten und ging wiederum einer Peilung nach. Eine Stunde darauf detonierte hoch am Himmel an Steuerbord eine rote Rakete. *„Bibb"* gab Alarm und lief auf die Stelle zu. Um 10.00 Uhr wurde ein Boot mit Überlebenden gesichtet. Überall schwammen Lichter im Wasser. In diesen nördlichen Breitengraden dauerte es noch eine Stunde bis zum Morgen. *„Bibb"* fischte die ersten Schiffbrüchigen auf. Sie stammten von der *„Henry R. Mallory"*, und *„Vanessa"* erhielt Nachricht. Mit einer weiteren Meldung bat *„Bibb"* um Unterstützung. Die Überlebenden trieben nicht nur überall um das Schiff, sondern Commander Roy Raney, Kommandant der *„Bibb"*, kannte auch zu gut das Risiko, wenn er während der Nacht in einem von U-Booten verseuchten Gebiet stoppte, um die Leute zu retten. Falls *„Bibb"* hierbei auch noch getroffen werden sollte, würden weitere 240 Mann im Wasser schwimmen. Dennoch begann er schon mit den Rettungsmaßnahmen, während er auf Antwort von der *„Vanessa"* wartete.

Kurze Zeit später erwiderte *„Vanessa"*: „Mit Höchstfahrt zurücklaufen." Als Raney die Meldung las, fluchte er leise und schaute auf die See, wo Hunderte von amerikanischen Soldaten trieben. Er erkannte zwar, daß der Escort Commander ein Schiff mit HF/DF an Bord brauchte, aber er war sich ebenfalls sicher, daß Proudfoot das Ausmaß der Katastrophe nicht erfaßte. Er zerknüllte die Meldung in der Faust, ging auf die Brückennock und sagte zum Ersten Offizier: „Das nächste Boot aufnehmen. Wir retten die Leute."

Obgleich er nur vorübergehend für die Überfahrt des Konvois SC-118 zur Group B 2 abgeteilt war, unterstand Raney — im Rang höher als Proudfoot — genau genommen den Befehlen des Engländers. Der britische Offizier konnte ihn auffordern, allerdings der *„Bibb"* nicht befehlen, Aufgaben durchzuführen. Diese Lage kommt des öftern vor, wenn ein Kriegsschiff unter einem rangälteren Kommandanten als der Escort Commander zeitweilig einer Escort Group detachiert wird. Ist der Escort Commander jedoch diplomatisch, wird er den rangälteren Offizier höflich ansprechen, dies oder jenes zu tun, und dieser kommt der Bitte auch nach. Falls der rangältere Offizier nichts unternimmt, setzt er sich schwerer Kritik von oben aus. Die Rangfrage ist dabei nebensächlich. Raney wußte dies auch, nicht zuletzt angesichts des Risikos, das er mit seinem Schiff einging, wenn er die Rettungsarbeiten fortsetzte. Glücklicherweise gehörte der Verlust eines Truppentransporters zu den seltenen Fällen [7] und erfordert stets ungewöhnliche Maßnahmen. Raney beabsichtigte in kurzer Zeit so viel Überlebende wie möglich zu retten und übernahm die volle Verantwortung für seine Aktion.

Hätten die Überlebenden ihren Retter wählen können, so besteht kein Zweifel, daß ihre Wahl gut getroffen war. Raney hatte in seiner 18jährigen Dienstzeit als Flieger und Seemann schon mehrere Rettungsarbeiten geleitet. Ein sportlicher Typ mit unerschöpflicher Energie, schritt er auf der Brücke ruhelos hin und her und stellte immer wieder seinen bekannten Ruf als Antreiber unter Beweis. Sich selbst gegenüber war er ebenfalls hart. Seine Besatzung schwor auf ihn. Er fuhr als Erster Offizier auf der *„Wakefield"*, als der große Transporter auf See in Brand geriet, und hatte erst vor wenigen Wochen das Kommando auf der *„Bibb"* übernommen. Er kannte die See wie seine Besatzung. *„Bibb"* steuerte zwischen den Flößen und Booten und arbeitete gegen die Zeit. In dem eiskalten Wasser waren inzwischen, vier Stunden nach dem Untergang, alle Schwimmer gestorben, aber auch viele auf den Flößen waren tot oder lagen im

[7] Die erste Februarwoche 1943 gehörte zu den schwärzesten. An dem Tage, als Gruppe „Pfeil" mit dem Konvoi SC-118 in Fühlung stand, torpedierte und versenkte ein anderes U-Boot 300 sm im Nordwesten den Truppentransporter „Dorchester" mit einem Verlust von 605 Mann. Der Untergang von zwei Transportern in einer Woche kostete fast 1000 Menschen das Leben.

Sterben. Die Besatzungsmitglieder des Küstenwachkutters kletterten über die Netze an der Bordwand oder ins Wasser, um den Schwachen zu helfen. Bald war es klar, daß man zu viel Zeit brauchte, um Sterbende oder Schwerverletzte aufzunehmen, und die hierdurch verursachte Verzögerung beraubte die anderen unverletzten Schwimmer ihrer Überlebenschancen. Als Raney hörte, daß zwei Männer gestorben waren, als man sie an Bord brachte, befahl er, die Rettungsmaßnahmen auf Leute zu beschränken, die sich wenigstens noch eine Leine unter den Arm legen konnten. Unter den herrschenden Umständen war dieser harte Befehl gerechtfertigt.

Mit der Zeit fand man nur noch wenige Lebende. Auch waren bei der hohen See die zerstreuten Flöße nur schwer zu sichten. Plötzlich erhielt *„Bibb"* eine Asdic-Ortung und drehte daraufhin sofort ab. Nach einer ergebnislosen halbstündigen Suche kehrte der Küstenwachkutter zurück und suchte unter den Hunderten von Toten weiter nach Überlebenden. Gegen Mittag war *„Bibb"* immer noch allein mit der Rettung beschäftigt.

Inzwischen hatte *„Ingham"*, die fünf sm vom Konvoi voraus an Steuerbord lief, eine verhältnismäßig ruhige Nacht gehabt. Viermal entfernte sie sich auf der Jagd nach U-Booten bis zu 10 sm vom Geleitzug, aber dann erhielt man keine Ortung mehr. Die Gefechte spielten sich achtern und an Backbord voraus ab. Mehrmals wurde „Klarschiff zum Gefecht" befohlen, und während der Nacht beobachtete man achteraus das Feuern und die Leuchtraketen, aber die achtere Sicherung trug die Hauptlast. Niemand auf der *„Ingham"* wußte, welche oder wie viele Schiffe torpediert worden waren.

Kurz nachdem *„Bibb"* die Versenkung der *„Henry R. Mallory"* gemeldet hatte, erhielt *„Ingham"* den Befehl, 50 sm achtern vom Geleitzug die See abzusuchen und alle Wrackteile zu vernichten. Wenige Minuten darauf erhöhte sie die Geschwindigkeit auf 18 kn und dampfte in der hohen Dünung nach Westen. Nach zwei Stunden – und 35 sm Fahrt – fand man die ersten Trümmer. Über eine Seemeile erstreckte sich das Holz, hier und dort trieben Wrackteile, ein leeres Floß oder ein umgeschlagenes Boot auf dem Wasser. Von

Überlebenden keine Spur. Obgleich damals nicht bekannt, handelte es sich bei den Wrackteilen um den griechischen Dampfer *„Kalliopi"*, den von Forstner 35 Minuten nach der *„Henry R. Mallory"* auf den Meeresgrund geschickt hatte.

„Ingham" ließ die Wrackteile der *„Kalliopi"* hinter sich und lief mit Zickzackkursen und 25 kn weiter nach Westen. Nach 25 Minuten kam in zwei sm Entfernung *„Bibb"* in Sicht. Auch waren schon zwei andere Korvetten zur Stelle, eine lag gestoppt im Wasser, während die andere U-Boot-Sicherung fuhr.

Über Sprechfunk rief *„Ingham"* die *„Bibb"* an. „Whitehouse, hier ist Buffalo. Wo sind die Überlebenden [8]?"

„Buffalo, hier ist Whitehouse. Überall. Sie sind im ganzen Umkreis." Während *„Bibb"* antwortete, sichtete man den ersten Mann, einen Soldaten, der in einer Kapok-Schwimmweste trieb. Im selben Augenblick rief der Steuerbord-Ausguck: „Zwei Mann 45 m querab."

Der Kommandant befahl beide Maschinen AK zurück, und als das Schiff unter dem Stoß der Turbinen erzitterte, richteten sich die Gläser auf die Leute im Wasser. Es war nicht notwendig, die Maschinen zu stoppen. Selbst auf 45 m sah man, daß es sich um Tote handelte. Einer starrte mit weit geöffneten Augen auf das Schiff; als er sich leise bewegte, tauchte der Kopf unter und kam langsam wieder nach oben. Ein anderer hatte noch immer seine Wollmütze auf, während der Mund weit offen stand, als ob er schrie. Die Gesichter der Toten hatten die Farbe von weißem Papier. Von dem gestoppten Schiff sah man auch noch andere Tote, wie sie von den Wellen nach oben getragen wurden und dann wieder ins Wellental hinabglitten. Ein im Wasser treibender toter Soldat, so entfernt von seinem Element, ist ein trauriger Anblick, der die Gedanken stets von neuem beschäftigt.

Lange Zeit herrschte Schweigen. Dann sagte der Kommandant: „Wir wollen sie an Bord holen."

[8] Über Sprechfunk benutzte man, um eine Identifizierung durch den Gegner zu erschweren, anstelle der tatsächlichen Namen nur Codenamen.

Die Ereignisse der folgenden Stunden leben nach vielen Jahren immer noch frisch im Gedächtnis des Autors.
Ich stand neben dem Kommandanten, als er befahl, mit den Rettungsmaßnahmen zu beginnen.
„Kann der Kutter gefiert werden, Sir?"
„Jawohl."
Ich ging die Leiter hinunter, der Erste Offizier faßte mich am Arm: „Legen Sie so schnell wie möglich ab, wir stampfen heftig. Sobald Sie vom Schiff weg sind, nehmen Sie die Ruder."
Ich kannte das Bootsmanöver, die Schwierigkeit bestand nur darin, daß ich es nie in schwerer See ausgeführt hatte.
„Sechs Freiwillige", rief ich den am Boot stehenden Männern zu.
Sechs Mann kletterten schnell in das Boot. Das Wetter hatte sich verschlechtert, das Schiff stampfte gewaltig. Der Erste Offizier überwachte von der Brücke das Wegfieren des Bootes. Er verstand seine Arbeit ausgezeichnet. Als sich der Küstenwachkutter am weitesten nach Steuerbord überlegte und eine große Dünung heranrollte, landeten wir von nur noch einem halben Meter Höhe im Wasser. Wenige Sekunden später rollte das Schiff weg. Wir tauchten in ein Wellental, ich schaute zur Seite und sah die rote Farbe des Schiffsbauchs und über mir den Schlingerkiel. Von der Brücke rief uns der Erste Offizier durch das Megaphon zu, wir sollten vom Schiff klarkommen, was uns schließlich auch gelang.
Bald darauf sahen wir voraus den ersten Körper. Als wir ihm näher kamen, stieß ein toter Feldwebel — den Mund geöffnet und die Augen starr — gegen mein Ruder. Vielleicht ein halbes Dutzend Tote war um uns. Wir zogen sie alle ins Boot. Das Rudern ließ sich nun schwierig an, da wir im Platz beengt waren. Voraus trieben immer noch mehr Tote. Wir mußten sie wieder loswerden. Ich blickte in die Augen der Männer. Meine Hände waren zu kalt, um noch ihren Puls fühlen zu können, aber wenn ihre Augen und Gesichter unzweifelhaft die Merkmale des Todes zeigten, nahmen wir ihnen die Erkennungsmarke ab und ließen sie treiben. Dann suchten wir wieder nach Überlebenden.

Während diese schreckliche Arbeit vor sich ging, kenterte in einer halben Seemeile Entfernung das Boot einer britischen Korvette, als man es zu Wasser lassen wollte. Wir konnten aber nicht eingreifen, wir hatten genug mit uns selbst zu tun. Im übrigen geschah dies ja in der Nähe eines Schiffes.

Einer von meinen Leuten schrie mir etwas zu und zeigte zur *„Ingham"*, die eine Seemeile entfernt stand. Sie rief uns durch Flaggensignal zurück, ihre Dampfpfeife heulte. Rauch quoll aus dem Schornstein, als sie Fahrt aufnahm. *„Bibb"* hatte ein Sehrohr gesichtet, und alle Fahrzeuge entfernten sich vom Schauplatz. Wir ruderten, so schnell wir konnten, zur *„Ingham"*, da wir natürlicherweise nicht wünschten, 500 sm südlich von Island in einer Winternacht zurückgelassen zu werden. Bald merkten wir, daß sich der Abstand zur *„Ingham"* kaum verringerte. Daher ruderten wir langsamer, um Kräfte zu sparen.

Wir setzten die Suche fort und sichteten ein vollgelaufenes Boot mit drei Überlebenden. Wir kamen längsseits und übernahmen einen Soldaten, einen Unteroffizier und einen Feldwebel. Das Boot war mit Wasser vollgelaufen. Der Soldat befand sich noch in überraschend guter Verfassung, der Feldwebel aber vermochte kaum zu sprechen, er sabberte mehr und redete Kauderwelsch. Zwei Mann nahmen ihn in ihre Mitte und wärmten ihn.

Als wir nach weiteren Überlebenden ausschauten, sichteten wir nochmals ein Boot. Es wurde jetzt dunkel, das Meer erschien grau und wie gottverlassen. Wir ruderten zum Boot, es kam von der *„Bibb"*. Unsere Schiffe konnten wir nirgendwo sehen. Der Ozean ist ja unheimlich groß. Was sollten wir mit den Sterbenden und den Toten machen? Mit beträchtlichem inneren Widerstreben steuerten wir in die hereinbrechende Dunkelheit. Falls *„Ingham"* nicht zurückkehrte, waren wir in keiner besseren Lage als die Überlebenden. Bis Island aber wäre lange zu rudern.

Doch später kam *„Ingham"* wieder auf und nahm uns an Bord. Oben an Deck stand der Schiffsarzt mit einem Glas und einer Flasche Whisky. Als ich aus dem Boot kletterte, waren meine Hände blutig und erfroren. Der Arzt gab mir ein halbes Glas, ich hielt es unbeholfen und goß den Whisky hinunter. Die feurige Flüssigkeit brannte mir in Kehle und Magen, aber sie tat mir gut. Ich zeigte auf das leere Glas und sagte: „Noch einen."

Das andere Boot der *„Ingham"* war bereits zurückgekehrt. Zwei aufgefischte Männer starben, als man sie an Bord hievte. Einer lebte noch, starb aber trotz langer Wiederbelebungsversuche im Schiffslazarett.

In der Messe zogen mir die Stewards Uniform und Wäsche vom Körper und rieben mich mit Handtüchern ab, mein Blutkreislauf begann wieder zu arbeiten. Nach zwanzig Minuten zeigte sich die Wirkung des Reibens und des Whiskys erst richtig; ich war „aufgetaut".

Ein Sanitäter mit einem Arzneikasten kam in die Messe. Noch eine Gruppe von Überlebenden auf Flößen war ausgemacht worden. Die *„Ingham"* näherte sich ihnen, um sie aufzunehmen. Ich ging in langen Unterhosen nach oben; zusammen mit dem Whisky boten sie genügend Schutz. Ein Floß mit fünf Überlebenden trieb an der Backbordseite, ein Offizier befand sich im Wasser, um ihnen eine Leine zuzuwerfen. Der Küstenwachkutter rollte heftig nach Backbord und drückte den Offizier unter das Schiff. Er kam schreiend und nahezu erstickt wieder nach oben. Halb ertrunken zog man ihn an Deck. Die Schiffbrüchigen lagen hilflos auf dem Floß. Ich befahl dem Bootsmannsmaaten, mehrere Leinen bereitzuhalten und mir eine umzulegen. Dann sprang ich mit den Leinen ins Wasser. Überraschenderweise war der Schock gar nicht so schlimm. Ich tauchte auf und kletterte auf das Floß.

Der erste Überlebende war ein Junge von ungefähr 18 Jahren mit blondem Bartwuchs. Als ich ihm eine Leine umlegte, sagte er: „Beeil dich schon, Mac!" Ich antwortete: „Wir haben Kaffee an Bord." Das war für ihn wohl nicht gerade ermutigend, ich hätte den Whisky erwähnen sollen. Beim nächsten war das Anleinen für mich schon etwas schwieriger; denn meine Hände verweigerten den Dienst im kalten Wasser. Aber auch er wurde an Bord geholt. Der dritte

Mann, ein sehr dicker von etwa 140 kg, trug einen Gummianzug, dessen untere Hälfte aber abgeschnitten war. Es dauerte ziemlich lange, bis der dicke Matrose an Bord gezogen werden konnte. Nachdem der vierte Mann an Deck gebracht war, versagten meine Hände völlig.

In der Messe zog ich trockene Kleider an, wickelte mich in mehrere Decken und schlief auf dem Boden ein. Später weckte mich der Läufer zur Wache und sagte mir, daß auf der Schanze für die Toten ein Gottesdienst abgehalten würde. Nach dem Frühstück ging ich nach oben. Die Toten lagen auf Deck, eingenäht in Kanevas und mit einer 12,7 cm-Granate an jedem Fuß, damit sie auch im Meer versanken. *„Ingham"* stampfte und rollte, als sie in der dunklen Nacht mit hoher Fahrt lief, um sich wieder dem Konvoi anzuschließen. Auf einer mit der amerikanischen Flagge bedeckten Planke sprach der Kommandant ein kurzes Gebet, das mit den Worten endete: „Übergebt ihn der See!" Die Planke wurde hochgehoben, und ein amerikanischer Soldat fiel in das Meer, über 2000 sm von der Heimat entfernt.

Der Vorgang wiederholte sich, und als der letzte Tote in der Dunkelheit verschwand, spürten wir alle wie selten vorher, wie das Leben doch vergänglich war. Wir gingen schweigend auseinander. Einige begaben sich in die Messe, um die persönlichen Gegenstände der Toten zu sortieren. Andere schliefen, um sich auf die kommenden Dinge vorzubereiten. Ich eilte auf die Brücke, um die Vormitternachtswache anzutreten, physisch und geistig erschöpft. Der Krieg hatte plötzlich einen sehr persönlichen Charakter angenommen.

SC-118 marschierte in vollkommener Dunkelheit und schien unbelästigt zu sein, als *„Ingham"* sich ihm wieder näherte. Am frühen Abend sichtete der griechische Frachter *„Adamas"* in der sechsten Kolonne an Steuerbord ein U-Boot. Er drehte von ihm ab und wurde dabei von der *„Huntington"* mittschiffs gerammt, so daß Wasser in den Maschinen- und den Kesselraum eindrang. In der Annahme, einen Torpedotreffer erhalten zu haben, sandte der Frachter ein Notsignal. Der Konvoi drehte nun nach Backbord, und die Sicherungsfahrzeuge feuerten Leuchtgranaten [9].

Auf der *„Adamas"* leerten sich im Nu Brücke und Maschinenräume, die Maschinen liefen jedoch weiter. Über 15 Minuten trieb das Schiff steuerlos durch den achteren Teil des Konvois, ehe die Maschinen schließlich unter Wasser standen und stoppten. Obgleich der Frachter nicht schnell voll Wasser lief, ergriff einige Besatzungsmitglieder Panik. Drei von ihnen kamen um, als sich ein Boot beim Fieren überschlug. Das andere Boot war unklar, und so verließen zwölf Mann auf Flößen die *„Adamas"*. An Bord blieben 16 Matrosen, wo sie die *„Babbitt"* entdeckte, ziemlich achtern vom Konvoi. Nachdem sie die Schiffbrüchigen von den Flößen übernommen hatte, mußte *„Babbitt"* wegen Brennstoffmangel von der kleinen *„Lobelia"* abgelöst werden, die von achtern aufkam.

Nach der Versenkung von U-609 um 05.05 Uhr kehrte die *„Lobelia"* nach der Untergangsstelle der *„Harmala"* zurück, die sie wegen der Jagd auf U-609 verlassen hatte. Aber man sichtete jetzt nur noch treibende Leichen. Unter den vielen Toten im Wasser befanden sich zwei auf einem Floß. Sie kamen von der *„Jeremiah van Rensselaer"*, die in der vorhergehenden Woche aus dem Konvoi HX-224

[9] „Ingham" sichtete die Leuchtgranaten, als sie mehrere sm achtern vom Konvoi lief. Gleichzeitig erfaßte das Radar in der Nähe ein Ziel, das ein verfolgendes U-Boot zu sein schien. Der Küstenwachkutter drehte herum und näherte sich bis auf eine halbe Seemeile. „Ingham" gab ES. Als keine Antwort kam, richtete man einen Scheinwerfer auf das Ziel. Der Kommandant gab Feuererlaubnis, und der Befehl wurde auch sofort vom AO befolgt. Bei der schweren See lag die erste Salve neben dem Ziel, das jetzt alle Lichter setzte. Es handelte sich um eine britische Korvette.

Daraufhin fand auf der Brücke folgende Unterhaltung zwischen den beiden Offizieren statt:

„Mister, Sie waren aber schnell mit dem Schießen!"

„Aber Sir, Sie sagten doch ‚Feuer!'" (Fire)

„Nein, das habe ich nicht gesagt. Ich sprach mit dem Scheinwerfer-Offizier. Ich befahl höher." (higher)

Der AO war jedenfalls froh, daß in dieser Nacht seine Treffsicherheit schlechter als sein Gehör war.

versenkt worden war [10]. Eine ausführliche Suche erbrachte keine Überlebenden mehr, die Korvette marschierte daher zum Konvoi zurück. Bei 60 sm achtern vom Geleitzug machte sie kurz nach Mittag einen Tanker aus, der gestoppt im Wasser lag. *„Lobelia"* näherte sich ihm, als plötzlich eine Wassersäule an dem verlassenen Tanker hochstieg. Es handelte sich um die *„Daghild"*, die dreizehn Stunden nach drei Torpedotreffern immer noch schwamm. Die *„Lobelia"* lief vorbei und entdeckte in der Nähe die Besatzung in den Rettungsbooten.

„Wo ist das U-Boot?" rief der Kommandant, Lieutenant Morsier.

Die Leute zeigten auf eine nahe Regenböe.

„Lobelia" nahm sofort Kurs darauf. Sie sichtete kurz darauf das U-Boot und eröffnete das Feuer, worauf das U-Boot tauchte. Eine Ortung mit Asdic war nicht möglich. Die Korvette kehrte zurück und übernahm alle 39 Mann der Tankerbesatzung.

Ehe die *„Lobelia"* wieder ablief, versenkte sie die *„Daghild"* mit Wasserbomben und durch Geschützfeuer. Danach marschierte sie mit verminderter Fahrt zum Konvoi, denn ihre Maschinen waren in den letzten drei Tagen durch die ständigen Erschütterungen der eigenen Wasserbombenexplosionen und bei dem Geschützfeuer arg mitgenommen.

Für die tapfere Besatzung, aber auch für die fünfzig an Bord befindlichen Überlebenden der *„Lobelia"* gab es noch immer keine Ruhestunden. Beim Näherkommen sichtete man die *„Adamas"* mit der

[10] Auch dieses Schiff war von der Besatzung voreilig verlassen worden. In den frühen Morgenstunden des 2. Februar 1943 hatte der Frachter drei Torpedotreffer erhalten. Ohne Befehl wurde er in großer Panik aufgegeben. Zwei von den Rettungsbooten kenterten beim Fieren. Obgleich die „Jeremiah van Rensselaer" nicht schnell sank, sprangen einige Männer gleich in das eiskalte Wasser. Nach 14 Stunden stieg von einem der Geleitfahrzeuge ein Kommando zur Untersuchung an Bord und entdeckte einen Matrosen, der an Bord geblieben war. Von den anderen 69 Besatzungsmitgliedern fand man nur noch 24, die von den Bewachern nach Schottland gebracht wurden. Das Kommando berichtete, daß das Schiff hätte gerettet und in den Hafen geschleppt werden können, wenn nicht die Feuer unter den Kesseln ausgegangen wären.

„Babbitt" längsseits. *„Babbitt"* bat um Ablösung, also übernahm die französische Korvette auch diese neue Aufgabe. Nachdem sie die Überlebenden in einer gefährlichen nächtlichen Rettungsaktion an Bord übernommen hatte, befahl ihr der Escort Commander, die *„Adamas"* zu versenken. Eine Wasserbombe, die bald darauf dicht am Schiff explodierte, gab aber der Korvette den Rest. Die Maschinenanlage der *„Lobelia"* brach zufolge eines Risses im Drucklager zusammen, so daß die *„Vimy"* sie für die restliche Überfahrt in Schlepp nehmen mußte.

In dicht aufeinanderfolgenden Aktionen innerhalb von drei Tagen hatte die *„Lobelia"* sieben U-Boote angegriffen, eins versenkt, ein weiteres schwer und mehrere andere leicht beschädigt. Über 60 Überlebende wurden von drei Schiffen aufgenommen [11].

„Ingham" erreichte den Konvoi gegen Mitternacht und wollte gerade ihre Position einnehmen, als fünf Raketen und ein rotes Leuchtsignal voraus gesichtet wurden. Von der *„Vanessa"* kam der Befehl, die Überlebenden des britischen Frachters *„Newton Ash"* zu retten, der in der fünften Kolonne torpediert worden war.

Zehn Minuten später befand sich die Besatzung des Küstenwachkutters auf Gefechtsstation. Die *„Ingham"* lief mit 15 kn Geschwindigkeit Zickzackkurse, als ein Ausguck Lichter voraus erblickte. *„Ingham"* passierte dicht ein Boot mit Schiffbrüchigen. Der Kommandant suchte erst mit Asdic das Gebiet in einem Umfang von einer Seemeile nach dem U-Boot ab, das vielleicht das Rettungsboot als Köder benutzte. Gegen 01.00 Uhr ging *„Ingham"* mit der Fahrt herunter und manövrierte auf das Boot zu. Plötzlich erfolgten zwei Explosionen, Steuerbord voraus quoll dicker schwarzer Rauch. Zwei Torpedos waren als Frühdetonierer losgegangen. *„Ingham"* erhöhte die Geschwindigkeit und lief auf die Stelle zu, fand aber nichts und kehrte bald zu dem Boot zurück. Als man es passierte, riefen die

[11] Wie das Kriegsgeschick es nur zu oft will, kam von der Admiralität nach ihrem Einlaufen in den Hafen kein herzliches „Gut gemacht", sondern eine Untersuchungskommission zur Feststellung, warum das Drucklager einen Riß aufwies.

Männer auf der Brücke: „Macht die Lichter aus!" Das geschah sofort.
Captain A. M. Martinson, der seit Januar 1943 die *„Ingham"* befehligte, galt seit über einem Jahr als ein Veteran unter den Kommandanten und Escort Commanders auf den Nordatlantik-Routen. Er hatte keine Illusionen über die Gefahren, die einem gestoppten Kriegsschiff drohten, wenn es ohne Sicherung Überlebende auffischen wollte. In dieser Nacht stand hierfür kein weiteres Geleitfahrzeug zur Verfügung, und das Gebiet wimmelte von U-Booten. Er dachte aber menschlich und war entschlossen, die Leute aus dem Wasser zu holen. Alle an Bord wußten, daß ein U-Boot in einem Radius von drei sm lauerte und bereits bewiesen hatte, daß es Klauen besaß.
In der Dunkelheit sah man auf der *„Ingham"* das weiße Boot in der schweren See näherkommen. Die Besatzung des Küstenwachkutters arbeitete fieberhaft und warf die Netze über die Bordwand, während die Geschütze feuerbereit waren. *„Ingham"* trieb langsam auf das Boot zu. Die Überlebenden bekamen es jedoch mit der Angst zu tun und ruderten auf den Küstenwachkutter zu. Gerade als sie längsseits kamen, erfaßte eine große Welle ihr Boot und warf es um. Sogleich folgte eine neue Welle, schmetterte das Boot gegen das Kriegsschiff und zerquetschte zwischen beiden ein Dutzend der im Wasser treibenden Männer. Auf dem Schiff konnte man ihre Schreie hören. Das Boot und die Schiffbrüchigen trieben nach achtern ab. Die Matrosen des Küstenwachkutters kletterten die Netze herab, um die Schiffbrüchigen herauszufischen, aber die See war schneller. Nun befahl der Kommandant, mit dem Scheinwerfer zu leuchten. Der große Lichtstrahl suchte das Wasser ab. Im Lichtkegel sah man einen Arm mit drei goldenen Ringen aus dem Meer ragen — wahrscheinlich der LI oder IO. Dann versank er langsam. Von nahezu zwei Dutzend Mann rettete man nur noch drei. Während der Scheinwerfer sein Licht auf das Wasser richtete und sich Schwimmer darauf vorbereiteten, über Bord zu springen, kam vom Asdic-Peiler die Meldung:

„Kontakt. Peilung 020. Entfernung 1600 m."
„Beide Maschinen AK voraus."
„Ingham" schüttelte sich unter dem Stampfen der Turbinen, aber es schien eine Ewigkeit zu dauern, ehe sie Fahrt machte. In 1600 m Entfernung lauerte ein U-Boot unter dem Wasser. Endlich schaltete einer den Scheinwerfer aus. Als der Küstenwachkutter mit der Geschwindigkeit heraufging und 15 kn erreicht hatte, atmeten alle erleichtert auf. Während sich die Entfernung zur Ortung verringerte, verschwand diese jedoch. *„Ingham"* suchte eine halbe Stunde, aber das Asdic erfaßte kein Ziel mehr.
Es hatte sich gewiß um keinen U-Boot-Kontakt gehandelt, und daher kehrte der Kommandant zu der Stelle zurück, wo die Schiffbrüchigen sein mußten. Hier entdeckte man ein weiteres Boot mit einem Überlebenden, die *„Ingham"* hielt darauf zu. Die Männer auf dem Achterdeck warfen eine Leine herüber, die sich der Mann umlegen sollte, damit er dann gesichert ins Wasser springen könnte. Als ihn starke Arme an Bord hoben, rief er in schrillem Cockney-Akzent: „Tyke it easy, mytes, tyke it easy." Auf Deck brach er zusammen und schluchzte. Schließlich richtete er sich auf, sah die ihn umstehenden Männer an und sagte: „Thanks Gawd we got a bloody Naivy."
„Newton Ash" war das siebte Opfer von U-402 innerhalb von 24 Stunden. Nach der Versenkung der *„Afrika"*, der *„Henry R. Mallory"* und der *„Kalliopi"* kurz vor Morgenanbruch und nach einem Fehlschuß auf einen weiteren Frachter war von Forstner getaucht, um die Torpedos nachzuladen. Schon kurze Zeit darauf lief er wieder über Wasser und verfolgte den Konvoi. Er schloß aber nicht so schnell heran, denn mehrmals erschienen Flugzeuge und Geleitfahrzeuge. Siebenmal am Tag mußte er daher tauchen, doch stets kam das U-Boot wieder nach oben und blieb zäh am Feind. Seine Besatzung war jetzt nicht nur am Rande der Erschöpfung, sondern es traten auch Motorenstörungen auf. Nachmittags erhielt er den Funkspruch:
„F. T. Forstner gut gemacht. Dranbleiben und Fühlung halten. Alle

Boote müssen noch rankommen. Die Wabos gehen auch aus. Zäh bleiben. Der Geleitzug ist ungeheuer wichtig. Dönitz."

Der Admiral hatte recht. Einige der Geleitfahrzeuge verfügten nicht mehr über genügend Wasserbomben, um einen Teppich zu werfen, während andere unter Brennstoffmangel litten. Von Forstner lief weiter nach Osten, und kurz vor Mitternacht sichtete er *„Babbitt"*, die gestoppt bei der sinkenden *„Adamas"* lag. Der Zerstörer bot ein verlockendes Ziel, aber nur noch ein Torpedo befand sich in den Rohren, und die schwer beladenen Frachter marschierten weiter voraus. Wenig später nach Mitternacht stand von Forstner in Angriffsposition 1300 m Steuerbord voraus von der *„Newton Ash"* und schickte seinen letzten Torpedo auf den Weg.

Da er keine weiteren Angriffe mehr durchführen konnte, übernahm er die Aufgabe des Fühlungshalters und sandte laufend Signale. Dies kostete ihm beinahe das Leben, denn *„Bibb"* an der Steuerbordseite des Konvois ortete mit HF/DF die Funksprüche ein und lief auf U-402 zu. Mit ihrem neuen SG-Radar erhielt sie auch auf 4000 m einen Kontakt. Als der Bewacher in 1500 m Entfernung vom Ziel stand und annahm, daß sich das U-Boot in Angriffsposition befände, feuerte Commander Raney Leuchtgranaten. Sie explodierten über dem überraschten U-Boot, aber durch die Druckwelle der dritten Salve fiel auf der *„Bibb"* das Radar aus, und die Geschützbedienungen wurden von dem Feuerschein geblendet. U-402 drehte ab, als der Küstenwachkutter nur noch eine halbe Seemeile entfernt stand, und entkam ungesehen über Wasser. Hätte *„Bibb"* noch zwei Minuten mit der Feuereröffnung gewartet, so hätte sie U-402 wahrscheinlich über Wasser vernichten können [12].

Gegen Morgen erschienen in Island stationierte Liberators und Sunderland-Flugboote über dem Konvoi, so daß gegen 10.00 Uhr das

[12] Von Forstner hatte tatsächlich Glück. Als „Bibb" das Feuer eröffnete, lief „Ingham" nur zwei sm entfernt, und von Forstner muß sie beim Abdrehen querab passiert haben. Doch war das alte SC-1-Radar der „Ingham" nicht so gut wie das der „Bibb", und so blieb das U-Boot bei der schweren See unentdeckt.

letzte U-Boot die Verfolgung abbrechen mußte. Es handelte sich dabei wieder um U-402. Das Boot marschierte mit nur noch einem Motor und fünf Zylindern sowie einem heißgelaufenen Lager und undichten Kompressoren zum Stützpunkt zurück.

Der Kampf des Konvois SC-118 gegen 21 U-Boote hatte bewiesen, daß starke Sicherungsstreitkräfte und ausreichende Luftsicherung in den meisten Fällen einen Geleitzug selbst gegen massive Angriffe von Wolfsrudeln unter durchschnittlichen U-Boot-Kommandanten verteidigen konnten. In fünf Tagen versenkten Überwasserstreitkräfte und Flugzeuge drei U-Boote, beschädigten vier weitere schwer.

Nur drei Boote drangen in den Sicherungsring ein und feuerten Torpedos. Eines dieser U-Boote war U-402, dessen hervorragender Kommandant sieben Schiffe auf den Meeresgrund sandte. Eine starke Sicherung, eine gute Taktik und verbesserte Geräte konnten eben immer noch nicht einen Kommandanten, wie von Forstner einer war, aufhalten.

Allerdings erkannte man zu dieser Zeit nicht, daß sich die Schlacht im wesentlichen zwischen von Forstner auf U-402 und den elf Geleitfahrzeugen der Group B 2 abspielte. Mit der Torpedierung der *„Newton Ash"* hatte der Deutsche mehr als 100 000 BRT versenkt, eine Tatsache, die ihm entging, aber nicht seiner Besatzung, denn mit dieser Erfolgszahl war unweigerlich die Verleihung des Ritterkreuzes verbunden. Während von Forstner nach einem fast vierzigstündigen, ununterbrochenen Kampf erschöpft schlief, befahl der I. WO dem Funker, besonders auf die Funkwelle des BdU zu achten. Während der Nacht kam der erwartete Funkspruch auch an.

Von Forstner wurde vom I. WO geweckt und gebeten, in die Zentrale zu kommen. Noch etwas benommen und im Halbschlaf schob er den Ledervorhang vor seiner kleinen Kajüte beiseite und betrat die Zentrale, wo ihn die gesamte wachfreie Besatzung begrüßte. Auf einem roten Kissen lag ein übergroßes Ritterkreuz, das das technische Personal soeben fertiggebastelt hatte, während der Funker den Funkspruch vom Oberbefehlshaber der Kriegsmarine mit der An-

kündigung der Verleihung des Ordens überreichte. Hinter ihnen stand der Smutje mit einem frisch gebackenen Kuchen. Angesichts der Feierstunde befahl von Forstner, daß nach dem Tauchen alle Besatzungsmitglieder Eierpunsch mit Kognac erhalten sollten. Die Feier begann, als U-402 langsam auf La Pallice marschierte, ohne allerdings die Funkstille zu unterbrechen, und bevor man die Biskaya passierte, die ständig von alliierten Flugzeugen überwacht wurde. Als das mitgenommene U-Boot mit einer Woche Verspätung schließlich in den minenfreien Weg zum Stützpunkt einsteuerte, flatterten vom Sehrohr kleine Siegeswimpel, die die Versenkung anzeigten, während Backbord am Turm in Zahlen die gesamte vernichtete Tonnage stand — 103 000 BRT.
Nachdem von Forstner die Verfolgung abgebrochen hatte, führte sein Boot keine weiteren Angriffe mehr. Gruppe „Pfeil" zog sich schwer angeschlagen zurück. Auch Escort Group B 2 fuhr erschöpft und ermattet in den Hafen ein, zusammen mit der von *„Vimy"* geschleppten *„Lobelia"*, diesem ehrfurchtgebietenden, großen kleinen Fahrzeug. Zwölf Schiffe des Konvois waren aber auf den Grund des Meeres geschickt worden. Weder die Deutschen noch die Alliierten hatten diese Schlacht gewonnen.
Admiral Dönitz war über die seinen U-Booten zugefügte Schlappe ernstlich besorgt, er schreibt in seinem Buch auch hierüber: „Es war die vielleicht härteste Geleitzugschlacht dieses Krieges [13]."
An dem Tag, da das Wolfsrudel den Angriff abgebrochen hatte, trennten sich *„Ingham"*, *„Bibb"* und *„Schenck"* vom Geleitzug SC-118 zusammen mit sieben Handelsschiffen und nahmen Kurs auf Island. Nach der Geleitzugschlacht waren die nächsten vier Tage vergleichsweise ereignislos, obgleich der kleine Konvoi in einen schweren Sturm geriet, der am 11. Februar 1943 Orkanstärke erreichte. Die Schiffe zerstreuten sich, und die erschöpften Geleitfahrzeuge mußten ununterbrochen darauf achten, daß die Formation wenigstens einigermaßen eingehalten wurde.

[13] Siehe Dönitz a. a. O., Seite 315.

Am 15. Februar 1943 warf der Verband in „Valley Forge" die Anker. Auch hier tobte über fünf Tage ein Sturm. Kein Boot fuhr an Land, und die Kessel blieben unter Dampf. In der ersten Nacht brach die Ankerkette, so daß *„Ingham"* sofort Fahrt aufnehmen mußte. Doch trotz des fürchterlichen Wetters war den Leuten die Zeit im Hafen willkommen. Die ermüdeten Männer versuchten, den wochenlang unterbrochenen Schlaf nachzuholen.

Kapitel 7

NOCH MEHR ABNUTZUNG

16. Februar bis 28. Februar 1943

Die amerikanische Escort Group A 3 befand sich 500 sm südlich von Island in schwerer Bedrängnis und kam nicht zur Ruhe. Nach einer stürmischen Überfahrt im Januar mit dem Geleitzug HX-228 und einigen Tagen Hafenaufenthalt in Londonderry wurde sie vor Irland dem nach Westen laufenden Konvoi ON-166 zugeteilt. Hier geriet sie sogleich wiederum in einen Sturm, der drei Tage lang tobte. Sobald das Wetter besser wurde und der Konvoi sich erneut sammelte, peilten die Küstenwachkutter *„Campbell"* und *„Spencer"* mit HF/DF sofort mehrere U-Boote ein [1]. Am 21. Februar 1943 war der Konvoi trotz aller Bemühungen, die U-Boote unter Wasser zu drücken, von ihnen umgeben.

Die Geleitfahrzeuge und Liberator-Langstreckenflugzeuge kämpften verzweifelt, die U-Boote in Schach zu halten. Gegen 20.14 Uhr marschierte das Flaggschiff der Geleitstreitkräfte, der Küstenwachkutter *„Spencer"* unter Commander H. S. Berdine, USCG, und mit dem Escort Commander Captain Paul Heineman, USN [2], voraus vom Konvoi, als man auf 7800 m eine Radarortung erhielt. *„Spencer"* lief mit AK darauf zu. Auf 4500 m sichtete man einen U-Boot-Turm,

[1] ON-166 war gleichfalls von den Funkstationen der deutschen Luftwaffe erfaßt worden, die eine Ortung von der Luftsicherung des Geleitzuges erhielten. Daraufhin schickte man die U-Boote in das betreffende Gebiet, sie bekamen schließlich Fühlung und setzten zu einer Verfolgung von über 1000 sm an.

[2] Es wäre schwer gewesen, eine bessere Kombination zu finden. Captain Paul Heineman, ein harter und wagemutiger Offizier, galt wahrscheinlich als der beste amerikanische Escort Commander. Das Flaggschiff der Group A 3, die „Spencer" unter Berdine, nahm an mehr Gefechten als jedes andere amerikanische Kriegsschiff während der Winterkrise 1942/43 teil. Sie versenkte zwei U-Boote und beschädigte mehrere andere.

und *„Spencer“* eröffnete das Feuer. Das U-Boot tauchte, so daß auf 1600 m der Radarkontakt verlorenging. Nach weniger als einer Minute ortete *„Spencer“* mit Asdic erneut das Boot und warf neun Wasserbomben. Danach hatte man keinen Kontakt mehr. Das Ziel, U-225, wurde bei diesem Angriff schwer beschädigt und ging mit der gesamten Besatzung unter.

Bis jetzt überblickte Group A 3 noch die Lage. Obwohl sie seit einiger Zeit als Team zusammenarbeitete, gehörte sie zu den am buntest zusammengewürfelten alliierten Escort Groups. Außer den US-Küstenwachkuttern *„Spencer“* und *„Campbell“* bestand sie aus einem britischen Fahrzeug und vier kanadischen Schiffen, und auch der polnische Zerstörer *„Burza“* war ihr zugeteilt. Befehligt wurde sie von einem Offizier des 5. Heeresteils (US-Coast Guard). Ihr Teamwork war hervorragend.

Heineman glaubte fest daran, daß die beste Verteidigung im Angriff läge. Während des ganzen Tages ließ er die Geleitfahrzeuge HF/DF-Peilungen nachgehen [3]. Diese Taktik erwies sich als erfolgreich. Sechs U-Boote wurden eingepeilt und während der Nacht abgedrängt. Aber die Geleitstreitkräfte waren nicht stark genug, um alle U-Boote vertreiben zu können. Das siebte Boot durchbrach die Sicherung und torpedierte die *„Empire Trader“*, als nur noch vier Bewacher am Konvoi standen, während die anderen drei weit draußen die See absuchten. Sechs Stunden darauf erhielt die *„Nielson Alonso“* ebenfalls einen Torpedotreffer. Das Rettungsschiff *„Stockport“* lief zu einem der beschädigten Dampfer, während sich *„Campbell“* um das andere kümmerte.

Als der Küstenwachkutter gegen 04.05 Uhr die Versenkungsstelle erreichte, übernahm er 50 Mann aus vier Booten; drei Mann im Maschinenraum waren durch die Torpedoexplosion getötet worden. Nachdem *„Campbell“* zum Konvoi zurücklief, kam der Kapitän des

[3] Heineman befürwortete stark die Ausrüstung der Kriegsschiffe mit HF/DF-Einrichtungen, und aufgrund seiner Bemühungen waren „Spencer“ und „Campbell“ die ersten Fahrzeuge der US-Marine mit diesem Gerät.

torpedierten Schiffes auf die Brücke, und unter Befragung gab er zu, die geheimen Unterlagen nicht vernichtet zu haben. *„Campbell"* drehte daraufhin erneut zum treibenden Tanker, um ein Kommando hinüberzuschicken. Als man diesen sichtete, stieg unterhalb der Brücke eine hohe Wassersäule in die Luft. Das U-Boot hatte also noch in der Nähe gelauert, um dem Tanker den Fangschuß zu geben. Auf dem Küstenwachkutter hatte man nur wenig Zeit, sich um den Tanker Sorgen zu machen; denn wenige Sekunden später explodierte im Kielwasser der *„Campbell"* ein zweiter Torpedo.

In zwei sm Entfernung sah man weißen Rauch, und *„Campbell"* setzte zur Verfolgung an. Auf 1300 m konnte man erkennen, daß es sich um Dieselabgase eines U-Bootes handelte. Darauf setzte der Küstenwachkutter zum Rammstoß an. Der Scheinwerfer wurde auf das tauchende U-Boot gerichtet und ein Wasserbombenteppich geworfen.

Durch den Angriff wurde U-753 schwer beschädigt; ein Motor fiel aus, auch das Sehrohr und ein Hecktorpedorohr. Das U-Boot, das wegen dieser Beschädigungen zum Stützpunkt zurücklaufen mußte, feuerte gerade in dem Augenblick auf die *„Nielson Alonso"* einen Torpedo, als sich *„Campbell"* nochmals näherte.

Sobald man den Kontakt verloren hatte, gab *„Campbell"* die Suche auf und nahm die *„Nielson Alonso"* unter Artilleriefeuer. Dann eilte der Küstenwachkutter wieder zum Konvoi zurück. Der norwegische Dampfer brannte lichterloh in der Nacht, während *„Campbell"* unter dem Horizont verschwand.

Um 11.07 Uhr steuerte *„Campbell"* 50 sm achtern vom Geleitzug und ortete wiederum ein U-Boot. Die Entfernung verringerte sich zusehends. Während der Küstenwachkutter mit Hart Steuerbord herumdrehte, sichtete man dicht an Backbord ein Periskop. *„Campbell"* warf sofort einen Wasserbombenteppich, der das U-Boot auch erfaßte. Zwischen zwei Anläufen sah man deutlich das von den Schrauben hochgewirbelte Wasser. Es wurden nochmals zwei Angriffe durchgeführt, ehe man den Kontakt verlor und die *„Campbell"* zum Konvoi zurücklief. Captain Heineman benötigte jetzt dringend alle Geleitfahrzeuge zur Abwehr der U-Boote.

Nach kaum zwei Stunden machte man wieder ein aufgetauchtes U-Boot aus, das aber tauchte, ehe *„Campbell"* näher herankam. Der Küstenwachkutter setzte daher die Fahrt zum Geleitzug fort. Im Hinblick auf die vielen lauernden U-Boote glaubte Cdr. James Hirshfield, Kommandant der *„Campbell"*, daß ihm, wenn er direkt auf den Konvoi zusteuerte, ein U-Boot folgen werde, um auf diese Weise die Handelsschiffe zu finden. Er änderte aus diesem Grunde seinen Kurs, um weit an Backbord querab den Geleitzug zu passieren und von dort seine Position von neuem einnehmen zu können.
Dieser Gedanke war ausgezeichnet. Heute weiß man ja, daß die deutschen U-Boote oft die Sicherungsfahrzeuge verfolgten, um so zu den Frachtern geführt zu werden.
Das Radar der *„Campbell"* war ausgefallen, aber nach der Dunkelheit am 22. Februar 1943 sah man am Himmel Raketen und Leuchtgranaten. Innerhalb von 48 Stunden mußte die erschöpfte Besatzung zwölfmal auf Gefechtsstation eilen. Dann drehte das Schiff auf den Konvoi zu.
Die U-Boote befanden sich bereits innerhalb des Geleitzuges. Auch in dem Abschnitt zwischen der *„Campbell"* und dem Konvoi wimmelte es nur so von ihnen. Mehrere Geleitfahrzeuge entdeckten über Wasser laufende U-Boote. Man konnte deutlich das Mündungsfeuer der Geschütze und die explodierenden Leuchtgranaten der Bewacher sehen. In den weit unter Deck befindlichen Munitionsmagazinen spürten die Männer die Detonationen der Wasserbomben. Wiederum sollte es eine lange Nacht ohne Schlaf werden. Schon die vergangene Nacht hatte kein Ende genommen. U-606, das mit dem Angriff begann, verfolgte während des ganzen Tages die Frachter und setzte sich kurz vor Anbruch der Dunkelheit in Angriffsposition. Es torpedierte anschließend drei Schiffe an Backbord. *„Chilliwack"* ortete beim Abdrehen das U-Boot und warf Wasserbomben, verlor aber wieder den Kontakt. Der polnische Zerstörer *„Burza"* erfaßte es erneut und griff an. U-606 ging auf 180 m Tiefe, so daß der Bootskörper dem Wasserdruck nachgab.

„Burza" lief wie ein rächender Engel an und warf nochmals einen Wasserbombenteppich. Eine der Bomben explodierte genau über der Brücke des U-Bootes und beschädigte die Reling, den Turm und die 2 cm-Flak. Andere Wasserbomben trafen das U-Boot derart, daß eine Ölleitung platzte. Das Boot befand sich unterhalb der erlaubten Tauchtiefe und ächzte unter dem Wasserdruck. Der LI überprüfte schnell die Lage und entdeckte einen Riß im Bootskörper in Nähe des achteren Tauchtanks. In Panik rannte er zum Kommandanten, um ihm zu berichten, daß es mit dem Boot zu Ende wäre. Obgleich es erst weniger als eine Stunde getaucht war, wurde die Luft immer schlechter; es bildete sich Chlorgas, da Salzwasser die Batterien erreicht hatte.

Während man im U-Boot verzweifelt versuchte, die Lage wieder unter Kontrolle zu bekommen, verlor *„Burza"* den Kontakt und stellte die Wasserbombenangriffe ein.

In ähnlichen Fällen hätten sich die meisten U-Boote mit Schleichfahrt entfernt. Aber U-606 gehörte nicht dazu. „Die Moral auf diesem U-Boot", berichteten die alliierten Vernehmungsoffiziere, die später die Besatzung verhörten, „war die schlechteste, die wir bis heute auf einem deutschen U-Boot angetroffen haben." U-606 schien von Anfang an ein unglückliches Boot zu sein. Auf der ersten Unternehmung, gerade ausgelaufen, wurde der Kommandant von schweren Magenschmerzen befallen und kehrte um. Nach einer Woche Krankenhausaufenthalt stellte sich heraus, daß er das Boot nicht so schnell wieder übernehmen könne. Währenddessen hatten einige der Offiziere den Alkoholvorrat des Kommandanten ausgetrunken. Ein anderer Kommandant lief zur nächsten Feindfahrt aus. Mit einem Murmansk-Geleitzug bekam das Boot Fühlung, aber kein Schiff fiel ihm zum Opfer. Dafür hatte aber U-435 Erfolg und versenkte vier Frachter und die Zerstörer *„Somali"* und *„Leader"*. Die Geleitfahrzeuge schlugen hart zurück, doch anstatt U-435 zu vernichten, das den Schaden angerichtet hatte, fielen sie über das unglückliche U-606 her. Im Oktober lief das Boot zur dritten Operation aus, und zwar unter dem neuen Kommandanten, Oberleutnant z. S. Hans

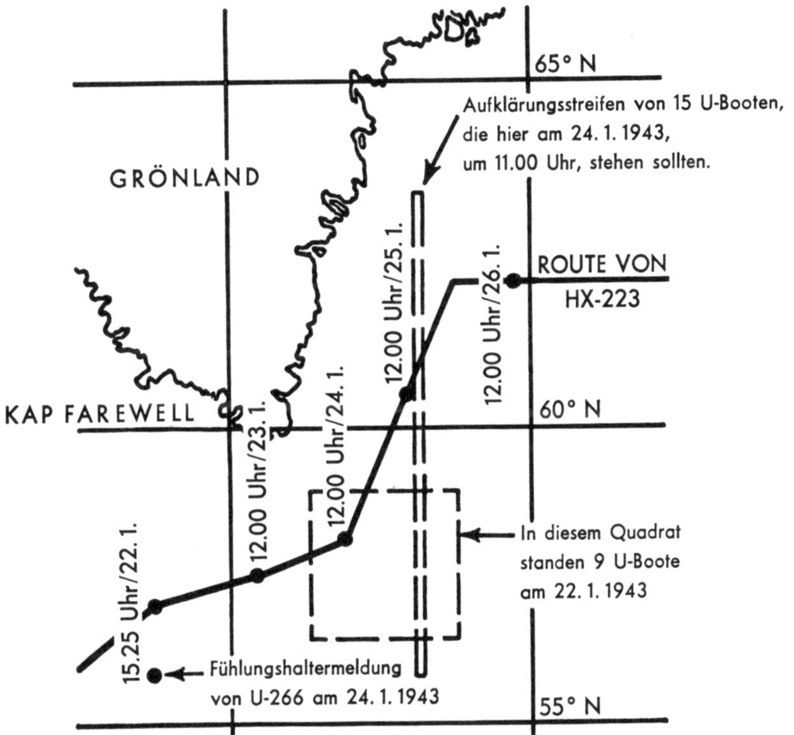

KONVOIROUTE HX-223
IM JANUAR 1943

Döhler, der mit 25 Jahren verhältnismäßig jung, zu jung für seine neue Stellung war. Döhler war nie als I.WO gefahren, wurde aber vom II.WO auf einem anderen Boot kurz vor dem Auslaufen von U-606 zu dessen Kommandanten ernannt. Ihm gelang es, aus dem Konvoi HX-212 [4] die große norwegische Walkocherei *„Kosmos II"* zu versenken. Nachdem man erst zwei Wochen unter dem neuen Kommandanten auf See war, hätte dieser Erfolg die Moral auf dem Boot eigentlich wieder aufrichten sollen. Sie blieb aber auch jetzt unter dem Tiefpunkt. Kurz nach der Vernichtung der *„Kosmos II"* stand man in günstiger Angriffsposition zu einem Frachter. Allerdings wurde die Chance verpaßt, weil der I.WO der Zentrale falsche Schußunterlagen übermittelte. Man feuerte zwar drei Torpedos, jedoch liefen alle daneben. Ein anderes U-Boot jagte nun den fliehenden Frachter und schoß acht Torpedos. Alle acht verfehlten ihr Ziel. Nach dem Einlaufen im Stützpunkt erhielten beide U-Boot-Kommandanten eine strenge Verwarnung wegen der Verschwendung so vieler Torpedos.

Auf U-606 herrschte bei der Untersuchung der Fehlerquellen großer Streit zwischen Offizieren und Mannschaft. Die Moral sank noch tiefer, und die Leistung litt immer mehr darunter. Als das U-Boot mehrere Tage später von einem Zerstörer überrascht wurde, gab der Wachoffizier Alarm, befahl aber nicht, die Tanks zu fluten und zu tauchen. Der Zerstörer lief auf das U-Boot zu, doch blieb das Boot ruhig über Wasser. Der WO schrie: „Tiefer, Tiefer."

Nur die Geistesgegenwart eines Maates rettete das U-Boot, der auf eigene Initiative hin die Zellen flutete.

Nach einem weiteren Aufenthalt im Stützpunkt verschlechterten sich die Beziehungen zwischen den Offizieren und der Besatzung immer stärker. U-606 lief schließlich zur vierten Feindfahrt aus. Die Besatzung war in gespannter, ja feindlicher Stimmung. Die ersten fünf Wochen auf See vergingen ereignislos, das schreckliche Nordatlantik-Wetter ausgenommen. Am 14. Februar 1943 traf sich U-606 mit

[4] Durch einen seltsamen Zufall gehörte „Campbell" zur Geleitzug-Sicherung.

einem Versorgungs-U-Boot und übernahm Brennstoff, Brot, Kartoffeln und anderen Proviant [5]. Dönitz rief kein U-Boot zurück, wenn es noch alle Torpedos an Bord hatte. Am 22. Februar 1943 sichtete U-606 den Geleitzug ON-166, näherte sich ihm während der Nacht und torpedierte drei Schiffe. Der Angriff wurde gut durchgeführt, doch verließ das Glück bald darauf das U-Boot von neuem. Nun befand es sich in großer Tiefe, gejagt von der entschlossenen und hartnäckigen *„Burza"*. Als der LI in die Zentrale stürmte und die Schäden meldete, zögerte Döhler nicht. Alle Tauchtanks wurden mit der gesamten Preßluft leergeblasen, und U-606 stieg in steilem Winkel nach oben. Währenddessen versuchte ein Offizier, wie einige Überlebende aussagten, durch eine Luke auszusteigen, woran ihn aber der Kommandant mit Gewalt hinderte. Als man oben ankam, stellte man fest, daß die Dieselmotoren noch intakt waren. Im Bootsinnern brannten die Lichter. Der LI war etwas ruhiger geworden, überdachte die Lage nochmals und kam zum Entschluß, daß sich das Boot weitere zwei Stunden halten könnte. Sein Optimismus war zu früh. Denn bald entdeckte man, daß das Horchgerät nicht mehr funktionierte und daß durch den gewaltigen Wasserdruck in 180 m Tiefe das Turmluk klemmte. U-606 lief sowohl blind als auch taub über Wasser, und überall standen alliierte Geleitfahrzeuge.

Das nächste war die *„Campbell"* in nur zwei sm Entfernung. Als U-606 auftauchte, erhielt sie sogleich Radarkontakt. Auf welche Art die *„Campbell"* das U-Boot erfaßte, ist ein weiteres Zeichen für die ununterbrochene Pechsträhne des Bootes. Das Radar der *„Campbell"* war während des ganzen Tages ausgefallen. Fieberhaft arbeitete man an der Wiederherstellung, denn es häuften sich in diesem Seegebiet die U-Boote. Gegen 19.55 Uhr schaltete man das Gerät wieder ein, und schon wenige Minuten später erfaßte man den Konvoi in 11 500 m Entfernung. Noch funktionierte das Radar aber nicht ein-

[5] Zu dieser Zeit operierten zwei Versorgungs-U-Boote, sogenannte „Milchkühe", und zwar U-460 und U-462, 500 sm nördlich der Azoren und versorgten 27 U-Boote mit Brennstoff und Proviant, so daß diese länger auf See bleiben und die Konvois ON-165, ON-166 und ON-167 im Nordatlantik angreifen konnten.

wandfrei, doch um 20.10 Uhr ortete man ein kleines Objekt in 4150 m. *„Campbell"* nahm sofort Kurs darauf und erhöhte ihre Geschwindigkeit auf 18 kn. Dies war der fünfte Angriff an diesem Tag. Die Entfernung verringerte sich schnell, doch auf 700 m verlor man den Radarkontakt. Der Küstenwachkutter lief mit AK nach Steuerbord, als Commander Hirshfield in 350 m Entfernung das U-Boot voraus sah und befahl, noch mehr mit der Geschwindigkeit heraufzugehen. Geschütz Nr. 3 eröffnete das Feuer, und das Steuerbord-Maschinengewehr fiel in das Gefecht ein. Das U-Boot steuerte querab vom Küstenwachkutter. Hirshfield befahl, vom Heck zwei Wasserbomben zu werfen. Ehe man sie über Bord rollte, rammte das U-Boot die *„Campbell"* unterhalb der Brücke, kam dann längsseits, wobei die Tiefenruder den Maschinenraum des Küstenwachkutters unterhalb der Wasserlinie in einer Länge von über vier Meter aufrissen. Jetzt explodierten die zwei Wasserbomben und hoben das U-Boot über einen Meter aus dem Wasser [6]. *„Campbell"* drehte weiter nach Steuerbord, und das Boot trieb dabei ab. Geschütz Nr. 5 feuerte zwei Runden, ehe man durch das Mündungsfeuer geblendet wurde. Auf 180 m Entfernung machte man U-606 von neuem aus; es wurde nun mit einem großen Signalscheinwerfer angeleuchtet. Auf kürzeste Entfernung schoß die *„Campbell"* mit den 12,7 cm-, 10,5 cm- und 20-mm-Geschützen. Die Besatzung holte sich sogar Maschinenpistolen und schoß auf das U-Boot. Die Leuchtspurgeschosse der Maschinenwaffen durchsiebten den Turm und leuchteten hell auf, wenn sie auf die leichte Stahlplatte schlugen. Gelegentlich bäumte sich U-606 auf, wenn es einen Granattreffer erhielt. Innerhalb weniger Minuten hatte man 32 Runden 10,5 cm-Granaten und zehn Magazine der 2 cm-Maschinenwaffen verfeuert. Die Bereitschaftsmunition war nahezu verbraucht. Dann ging durch Stromausfall der Scheinwerfer aus.

[6] Das U-Boot war von der „Burza" so schwer angeschlagen worden, daß einige der Besatzungsmitglieder nicht einmal die Rammung oder die explodierenden zwei Wasserbomben bemerkten.

Im Maschinenraum stieg nach der Kollision das Wasser ständig und überspülte bald die Flurplatten, brachte die Turbinen zum Stoppen und unterbrach die Stromzufuhr. Man gab daher den Maschinenraum auf und schaltete unter Deck das Notlicht ein, damit die Männer im Munitionsmagazin die Granaten befördern konnten, während auf Deck die Geschützbedienung in der Dunkelheit nach dem U-Boot Ausschau hielt.

Während um und auf U-606 die Breitseite des Küstenwachkutters explodierte, hatte Oberleutnant z. S. Döhler durch die vordere Torpedoluke die Brücke erreicht. Es gelang ihm mit Hilfe der im Innern befindlichen Männer das Turmluk zu öffnen. Als sich die Besatzung auf das Deck flüchtete, ermahnte der Kommandant sie mehrmals zur Ruhe. Schließlich stellte *„Campbell"* das Feuer ein, und auf dem U-Boot machte man die Schlauchboote fertig. Aber der Kommandant war jetzt nirgends mehr zu sehen. Auf der *„Campbell"* hatten einige beobachtet, daß kurz vor der Feuereinstellung eine 10,5 cm-Granate den Turm traf und ein Mann über Bord flog. Ohne Zweifel war es Döhler. Trotz seiner Jugend und Unerfahrenheit als Kommandant hatte er auf dieser Fahrt drei Schiffe versenkt und fiel kämpfend in der Schlußphase.

Den Überlebenden bereitete es aufgrund der Schlagseite des U-Bootes einige Schwierigkeiten, die Schlauchboote freizubekommen, sie leuchteten daher mit Taschenlampen. Auf der *„Campbell"* befürchtete man, daß hierdurch ein anderes U-Boot herbeigelockt werden könnte. Daher erging der Befehl die Lampen auszuschalten; sonst würde das Feuer wieder eröffnet. Mit Ausnahme eines SOS-Signals kam die U-Boot-Besatzung dieser Anordnung unverzüglich nach.

Die Offiziere auf U-606 waren unter Deck geblieben, der Obersteuermann mußte sich daher um die Männer kümmern. Er hatte aber Angst und erteilte den Befehl zum Verlassen des Bootes. Fast ein Dutzend der Männer sprang über Bord. *„Campbell"* trieb ohne Strom hilflos zwischen dem U-Boot und den Schwimmern und versuchte, ihnen Leinen zuzuwerfen. Sie befanden sich noch zu weit entfernt und verschwanden in der Nacht. Einer rief mehrmals: „He, boys", wahrscheinlich die einzigen englischen Vokabeln, die er wußte; aber seine Rufe wurden in der Nacht immer schwächer. Von allen diesen Leuten sah man nie wieder etwas.

Den auf dem U-Boot zurückgebliebenen Offizieren und Mannschaften erging es besser. Nachdem einige Zeit ohne Geschützfeuer verstrichen war, erschienen sie an Deck. Ein Offizier glaubte wahrscheinlich, daß Klugheit der bessere Teil der Tapferkeit wäre, und beschloß, die Sprengladung nicht zu zünden. Er behauptete, die Ventile zu den Ballasttanks geöffnet zu haben, ehe er den anderen gefolgt war. Einen Matrosen habe er zurückgelassen, der das Hauptflutventil öffnen und die Photographie seiner Freundin holen sollte [7]. Die auf Deck befindlichen Leute stärkten sich inzwischen gegen die Kälte mit Wurst, Rum und Sekt und warteten in verhältnismäßiger Behaglichkeit auf ihre Retter. Hier fand sie auch ein Rettungsboot der *„Campbell"*. Die reguläre Kutterbesatzung stand nicht zur Verfügung, weil viele Männer in der Leckwehrkontrolle arbeiteten oder an den Geschützen Wache standen, während die *„Campbell"* hilflos und angreifbar auf dem Wasser trieb. Offiziere und Mannschaften meldeten sich freiwillig für diese Aufgabe. Um 21.30 Uhr hatte man das Boot gefiert und in der Dunkelheit zu der Stelle gerudert, wo man das U-Boot zuletzt gesehen hatte. Eine halbe Stunde später machte man den hellgrauen Turm eines U-Bootes aus, das langsam in der Dünung rollte. Das U-Boot lag tief mit dem Heck in der See, schien sich aber noch gut über Wasser zu halten. Die Männer in dem Kutter näherten sich bis auf 30 m und schauten durch ihre Gläser. Auf dem Wintergarten sah man deutlich die Flak, aber die U-Boot-Fahrer dachten nicht mehr an Kampf. Da das U-Boot zu stark rollte, konnte man nicht längsseits gehen, man rief die Deutschen an, daß sie herüberschwimmen sollten. Die auf dem Turm versammelten Männer gaben vor, nichts zu verstehen, und riefen immer wieder zurück: „Wir verstehen nicht, kommt bitte näher." Schließlich schwammen doch zwei Mann zum Rettungsboot hinüber, und als

[7] Das U-Boot schwamm noch, als die „Burza" nach Stunden die restlichen Deutschen rettete.

man sie hochzog, folgten noch drei. Ein Matrose wandte sich, bevor er von Bord sprang, einem Offizier zu; er sagte: „Darauf habe ich schon lange gewartet", und schlug ihm ins Gesicht. Weil niemand mehr das beschädigte U-Boot verlassen wollte, kehrte der Kutter zur *„Campbell"* zurück. Als sie wegruderten, konnte man am Turm deutlich das Wappen sehen. Es handelte sich um eine Karte von England, und oben steckte ein Beil. Darunter stand das Wort „Hackfleisch".

Auf der *„Campbell"* arbeitete die Leckwehr verzweifelt unter dem LI. Ballast wurde über Bord geworfen und Hunderte von Litern Brennstoff ins Meer gepumpt, um das Schiff zu leichtern und zu krängen, damit man an das Loch herankam. Unter großen Schwierigkeiten gelang es, ein Lecksegel anzubringen, aber das Wasser strömte schneller ein, als es die Pumpen wieder hinausbefördern konnten. Andere Gruppen schnitten mit Schweißbrennern die Plattformen für die 2 cm-Geschütze durch, und von den Magazinen warf man die Munition ins Meer. Es bestand der Plan, das Schiff soweit wie möglich zu leichtern, um ein weiteres Einströmen des Wassers zu verhüten, während Elektroschweißer eine Eisenplatte anbrachten.

Zwei Stunden nach der Kollision kam die *„Burza"* und fuhr U-Boot-Sicherung für den Küstenwachkutter. Die Besatzung der *„Campbell"* atmete daraufhin erleichtert auf. Kurz darauf erschien das Rettungsboot des Kutters mit den fünf Gefangenen, die an Bord übernommen wurden. Anschließend gab man ihnen trockene Sachen, worauf sie in Gewahrsam gebracht wurden.

Nachdem sich der Kampfeseifer etwas abgekühlt hatte, machte man sich auf der *„Campbell"* wieder Gedanken über die auf dem langsam sinkenden U-Boot verbliebenen Deutschen. Wenig später nach Mitternacht fierte man nochmals ein Boot zu deren Rettung, aber das Manöver gelang nicht, das Boot ging verloren. Die Kutterbesatzung wurde von dem anderen noch längsseits liegenden Boot gerettet. *„Burza"* übernahm später sieben der acht auf dem U-Boot befindlichen Männer. Einer ertrank, als er zum Zerstörer schwamm.

In den frühen Morgenstunden durften einige der Besatzungsmitglieder der *„Campbell"* auf Deck schlafen, und mehrere fatalistische Offiziere gingen sogar in ihre Kajüten.

Der Morgen brachte ein Gefühl erhöhter Sicherheit, doch sollte es nicht lange dauern. *„Burza"* hatte kaum noch Brennstoff und ihr Kommandant meldete, daß sie an diesem Tag zurücklaufen müsse. Er schlug vor, *„Campbell"* bis Neufundland in Schlepp zu nehmen. Commander Hirshfield stimmte ihm jedoch nicht bei. Nach seiner Meinung würden dann zwei Kriegsschiffe ein besonders gutes Ziel für die U-Boote abgeben. Über *„Burza"* forderte er daher einen Schlepper und die entsprechende Sicherung an. CINCWA funkte später am Morgen, daß der Schlepper erst in drei Tagen eintreffen könnte. Er gab den Rat, daß die *„Burza"* ablaufen, der Küstenwachkutter jedoch bis zur Ankunft des Schleppers und der Sicherungsstreitkräfte aus St. John's allein bleiben sollte. *„Burza"* legte nun nahe, *„Campbell"* aufzugeben. Hirshfield konterte aber mit der Anregung, *„Burza"* könnte ja von der *„Campbell"* Öl übernehmen. Dies wies der polnische Kommandant unter den gegebenen Umständen als undurchführbar zurück. Man schloß zuletzt einen Kompromiß, *„Burza"* nahm 112 Besatzungsmitglieder des Küstenwachkutters sowie die 50 Überlebenden der *„Nielson Alonso"* auf, die die *„Campbell"* vorher von dem polnischen Zerstörer an Bord genommen hatte.

Die *„Burza"* blieb zur Sicherung bei der *„Campbell"*, bis am zweiten Morgen eine Korvette erschien, die sie nach der Ölübernahme aus dem Küstenwachkutter ablöste. Sie lief nach Neufundland zurück. Ihr Brennstoffvorrat war so gering, daß sie nicht einmal 20 sm vom Kurs nach St. John's abweichen konnte, um zwei Boote mit Überlebenden aufzunehmen, die ein Flugzeug gesichtet und gemeldet hatte. Über 500 Mann befanden sich an Bord des Zerstörers, die Verpflegung reichte nur knapp, und Salzwasser verunreinigte das Frischwasser. Dennoch verwendete man es noch für Kaffee, Tee und Suppe, und niemand litt unter Durst. Als die *„Burza"* mit einem Teil der Besatzung der *„Campbell"*, die später von dem polnischen Zerstörer als von dem härtesten sprach, den sie jemals angetroffen hätte, schließlich in St. John's einlief, hatte sie nur noch sieben Tonnen Brennstoff [8]. Am vierten Tag nahm *„Tenacity"* die *„Campbell"* in Schlepp und wurde dabei von zwei Korvetten gesichert. Am folgenden Tag sichtete man ein U-Boot, das sich vor den beschädigten Küstenwachkutter setzte. Eine Korvette drückte es jedoch unter Wasser und verhinderte einen Angriff. Neun Tage nach der Versenkung von U-606 kam *„Campbell"* ins Dock. Es wurde sofort mit der Notreparatur begonnen, damit der Kutter anschließend in die Werft gehen konnte. Bald sollte er auch wieder draußen in See stehen.

Nachdem Heineman die *„Burza"* zur Sicherung der *„Campbell"* detachiert hatte, verfügte ON-166 nur noch über sechs Geleitfahrzeuge. Mehrere Angriffe wurden zurückgeschlagen, aber am 23. Februar 1943, kurz vor Mitternacht, mußte die *„Dianthus"* wegen Brennstoffmangel zurücklaufen. Die See war einfach zu rauh, als daß sie aus dem Flottentanker Öl hätte übernehmen können. *„Dianthus"* verließ den Konvoi nicht zu früh. Zwei Tage darauf war die Brennstofflage so kritisch, daß die Besatzung eine halbe Tonne Öl aus allen möglichen brennbaren Bestandteilen zusammenmischte. Nur mit diesem zusätzlichem Brennstoff erreichte sie mit letzter Kraft den Hafen von St. John's.

Jetzt sicherten nur noch fünf Kriegsschiffe den Geleitzug, so daß das Wolfsrudel weitere acht Schiffe versenken konnte. Man erhält von dieser Schlacht eine Vorstellung, wenn man einmal den norwegischen Tanker *„Glittre"* als Beispiel nimmt. Er wurde innerhalb einer Stunde von drei Torpedos getroffen, erst dann verließ die Besatzung ihr Schiff in zwei Booten. Ein weiterer Tanker, die *„Winkler"*, erhielt zur gleichen Zeit einen Treffer und blieb zurück, aber die Besatzung war ebenfalls ausdauernd. Als das U-Boot auftauchte,

[8] Die Polen waren harte Soldaten. Nach dem Überfall auf ihr Land hatten sie auch allen Grund dazu. Auf den Geleitfahrzeugen erzählte man sich die Geschichte von einem polnischen Zerstörer, der mehrere Überlebende eines deutschen U-Bootes aufgefischt hatte. Als er im Hafen einlief, befand sich kein Deutscher mehr an Bord des Schiffes. Der Autor hörte die Geschichte damals von drei verschiedenen Quellen. Falls es darüber einen Bericht gibt, so wird er wohl nicht veröffentlicht werden.

eröffnete der Tanker das Feuer und traf auch den Turm. Dann versuchte er zu rammen und verfehlte das tauchende U-Boot nur um 20 Meter. *„Winkler"* wollte anschließend die Schiffbrüchigen der *„Glittre"* aufnehmen. Diese weigerten sich jedoch, an Bord zu kommen, denn sie nahmen an, daß sie in ihren Booten sicherer seien als auf dem anderen Tanker. Sie handelten unbewußt richtig, denn als *„Winkler"* zum Konvoi zurücklief, wurde sie nochmals von zwei Torpedos getroffen. Sie sank sofort. Nur 19 Mann retteten sich auf ein Floß. Die Korvette *„Dianthus"* übernahm sie später und fischte auch die so tapfere wie widerspenstige Besatzung der *„Glittre"* auf.

Ein besonderer tragischer Verlust war der Untergang der *„Stockport"*, die sich vor drei Monaten beim Konvoi SC-107 so hervorragend eingesetzt hatte. Als die *„Empire Trader"* torpediert wurde und während des ersten Angriffs auf ON-166 achteraus zurückblieb, stoppte *„Stockport"* zur Rettung der Überlebenden. Der beschädigte Frachter sank jedoch nicht sofort, sondern lief noch unter Sicherung der Korvette *„Dauphin"* zum Geleitzug zurück. Auch *„Stockport"* nahm erneut Kurs auf den Konvoi. Jedoch feuerte U-604 in den frühen Morgenstunden des 23. Februar 1943 auf kürzeste Entfernung einen Viererfächer. Zwei Aale trafen. Die *„Stockport"*, die in drei Minuten mit der gesamten Besatzung unterging, konnte kein Notsignal mehr abgeben. Es war eine tapfere Besatzung, die oft in gefährlichen Gewässern fuhr, und ihr Tod war nicht umsonst. Das Gedenken an das kleine Schiff und seine Männer bleibt in Hunderten von ihr geretteten Seeleuten und deren Familien wach.

Im schweren Wetter und zahlenmäßig unterlegen verlor Group A 3 insgesamt fünfzehn von ihren Schützlingen, während sie zwei U-Boote versenkte und mehrere beschädigte. Obgleich die sich über eine Woche hinziehende Schlacht verlustreich war, so verhinderten die Aggressivität ihrer Männer und die HF/DF-Einpeilungen noch weitere Versenkungen. Als Summe der Erfahrungen aus diesem Kampfe rüstete man die anderen US-Geleitfahrzeuge mit HF/DF aus. Mit Ausnahme des Radars erwies sich keine andere Einrichtung so wirkungsvoll zur endgültigen Niederlage der U-Boote.

„Spencer" stand ebenso wie *„Campbell"* ständig im Einsatz. Während der Konvoi-Schlacht führte sie neun Wasserbomben- und Artillerieangriffe durch; dabei hätte man sie bei drei Gelegenheiten beinahe torpediert. Am 23. Februar 1943 beschädigte *„Spencer"* gegen 06.52 Uhr ein U-Boot schwer, es entkam nur mit großer Mühe. Sie ging einer Asdic-Ortung nach, und ihre Wasserbomben bedeuteten fast das Ende von U-454. Der Steuerbord-Schnelltauchtank leckte, Wasser strömte durch die Steuerbord-Schraubenwelle, außerdem fiel das Angriffsrohr aus. Das U-Boot versuchte gegen 09.36 Uhr aufzutauchen, aber *„Spencer"* wartete über Wasser. Schließlich wurde um 11.00 Uhr die Situation so bedenklich, daß das U-Boot ohne Rundblick auftauchte. *„Spencer"* verschwand gerade in diesem Augenblick über dem Horizont, da sie dem nur schwach verteidigten Konvoi zu Hilfe kommen mußte.

Der Küstenwachkutter lief am 27. Februar 1943 in St. John's ein. Er übernahm sofort Brennstoff, Munition und Wasserbomben. Nach vier Tagen ging es wieder in See, um die Sicherungsstreitkräfte für den Geleitzug SC-121 zu führen. Es war für die Krisis zu diesem Zeitpunkt bezeichnend, daß nach einem dreiwöchigen ununterbrochenen Kampf die Geleitfahrzeuge keine Ruhe fanden, aber auch nicht überholt werden konnten.

Überholung und Reparaturen bildeten auch für die *„Ingham"* ein Problem. Während sich ON-166 durchkämpfte, lag sie von ständigen Stürmen umtobt im Hvalfjordur und wartete nur auf ein Abflauen, um in das Schwimm-Trockendock zu gehen, wo sie repariert werden sollte. In den letzten sechs Wochen mußte sie aber zwei Geleitzüge sichern. Die Lage für die Geleitfahrzeuge blieb so angespannt, daß man sie nicht zur Überholung schicken konnte. Selbst ein nur teilweise einsatzbereites Sicherungsfahrzeug war besser als gar keins.

Endlich änderte sich das Wetter, *„Ingham"* kam nun ins Trockendock, nachdem sie Öl und Munition von Bord gegeben hatte.

Als Strom und Dampf zu schwach waren, entdeckte die Besatzung, daß man mehrere Tage nicht schweißen könnte. Am zweiten Tag im Trockendock beendete man die Reparaturen, Schlepper zogen

„Ingham" heraus und bugsierten sie zum Zerstörer-Begleitschiff *„Vulcan"*. Hier hieß es, daß man sofort seeklar zu sein hätte. Munition und Wasserbomben wurden wieder übernommen, ein Tanker kam längsseits und pumpte Brennstoff in die Bunker des Küstenwachkutters. Während dieser Vorbereitungen kam der Befehl zum Auslaufen, um Schiffbrüchige eines Frachters zu retten, der als Einzelfahrer 400 sm südlich von Island torpediert worden war. Gegen Mitternacht wurden die Leinen losgemacht, und bald darauf steuerte das Schiff durch die U-Boot-Netze auf das offene Meer.
Zur Zeit der Morgenwache passierte *„Ingham"* die USS-*„Kewaydin"*, einen alten Marineschlepper, der mit Südkurs ebenfalls zur Unglücksstelle lief. Da der Schlepper unbewaffnet war und ein gutes Ziel für U-Boote abgab, befahl ihm *„Ingham"*, nach Island zurückzukehren. Erst daraufhin meldete der Kommandant des kleinen Fahrzeuges, daß der Kettenkasten unter Wasser stehe und der Schlepper nur mit Mühe gegen die schwere See ankomme. Der Küstenwachkutter begleitete ihn noch mehrere Stunden, bis man auf dem Schlepper wieder alles unter Kontrolle hatte. Dann wendete *„Ingham"* und marschierte auf die angegebene Position des gesunkenen Frachters.
Gegen Mittag des folgenden Tages stand der Küstenwachkutter in dem betreffenden Gebiet und kreuzte zwei Stunden nur durch Trümmer. Man entdeckte aber keine Überlebenden. Am andern Ende des Trümmerfeldes sichtete man ein großes Schott und mehrere Lastwagenreifen. *„Ingham"* drehte daraufhin zurück und suchte nochmals — jedoch wiederum ohne Erfolg — die Wrackfelder ab. Diese Beweise besagten zwar nichts Bestimmtes, waren aber offensichtlich [9].
In weniger als vier Wochen sanken 36 Schiffe mit über einer Viertel Million BRT alliierten Schiffsraums auf den Meeresgrund des Nordatlantiks. Die Geleitzüge kamen immer noch durch, aber die Aussichten für die Zukunft waren dennoch düster. Mit Beginn des Monats März 1943 stand die Krise bevor.

[9] Versenkungen galten zu dieser Zeit als so selbstverständlich, daß der Name dieses unglücklichen Schiffes weder im Logbuch noch im KTB der „Ingham" zu finden ist.

Kapitel 8

DIE KRISE

1. März bis 19. März 1943

Am 3. März 1943, nur vier Tage nach dem Einlaufen in St. John's nach der fürchterlichen Schlacht um den Konvoi ON-166, nahm Heineman Kurs auf den nach Osten marschierenden Geleitzug SC-121, um dessen Sicherung zu übernehmen. Im Nordatlantik standen derart wenige Geleitfahrzeuge, daß in dieser kritischen Situation bei vielen Schiffen nicht einmal mehr die notwendigsten Reparaturen durchgeführt werden konnten. Aber auch die erschöpften Besatzungen bekamen keine Ruhe. Group A 3 war nur noch ein verminderter Schatten jener kampferprobten Einheiten, die den Konvoi ON-166 durchgebracht hatten. *„Campbell"* lag an der Pier in St. John's, ihr Maschinenraum stand unter Wasser, so daß sie für die Escort Group ausfiel. *„Dauphin"* konnte im Augenblick auch nicht auslaufen, sondern erst später. *„Burza"* hatte man einer anderen Gruppe zugeteilt. Der einzige Ersatz war die USS-*„Greer"*, ein alter, aber erprobter Flushdeck-Zerstörer. *„Mansfield"* gehörte zeitweilig zu den Geleitfahrzeugen, bis sie von der *„Dauphin"* wieder abgelöst wurde. Auf vielen Schiffen waren entweder Radar und Asdic ausgefallen oder sie arbeiteten nicht einwandfrei. Die rostbedeckten und mitgenommenen Schiffe standen zu lange in hartem Einsatz, unter normalen Umständen hätten sie nicht mehr auslaufen dürfen. Aber der schreckliche Winter und die andauernden Kämpfe hatten ihre Opfer gefordert; Dutzende von Geleitfahrzeugen waren beschädigt und lagen in Reparatur. Jedes Fahrzeug, das noch einigermaßen laufen konnte, mußte sich selbst unter verminderter Einsatzbereitschaft auf die hohe See hinauswagen.

Sobald die Einheiten der Group A 3 die Küstengewässer verlassen hatten, begrüßten sie grobe See und stürmische Westwinde, die sie anfänglich allerdings nicht in ihrer Geschwindigkeit behinderten. Am folgenden Tag nahm der Sturm an Stärke zu. *„Witherington“* mit dem Escort Commander der Western Local Escort an Bord, die den Geleitzug sicherte, hatte bei dem herrschenden Orkan zehn sm achtern vom Konvoi beigedreht. Das britische Kriegsschiff signalisierte nur die Position und die Entfernung des Konvois. Dann hörte und sah Group A 3 nie mehr etwas von dem Schiff. Als die Mid-Ocean Escort den Geleitzug erreichte, vermochte sie keine Fahrzeuge der Western Local Escort auszumachen. Der Geleitzug lief völlig ohne Schutz, seine Schiffe begannen sich in dem Sturm zu zerstreuen. Da niemand abzulösen war, übernahm Heineman einfach den Befehl über den Konvoi und überprüfte die Lage. Man zählte 56 Schiffe in 14 Kolonnen. Der neue Escort Commander bat sofort den Kommodore, den Geleitzug auf elf Kolonnen neu zu formieren, denn mit nur sechs Sicherungsfahrzeugen fühlte er sich nicht imstande, einen Konvoi mit einer Front von sieben sm Breite zu schützen. Kommodore H. C. Birnie, RNR, auf dem Dampfer *„Bonneville“* nahm den Vorschlag zwar an, aber er glaubte nicht, mit den schwer beladenen Handelsschiffen das Manöver ausführen zu können, ehe sich nicht das Wetter besserte. Während der wenigen ihm noch verbleibenden Tage änderte sich das Wetter jedoch nicht. Der Konvoi setzte in dieser weit auseinandergezogenen Formation seinen Kurs fort. Nach Birnies Tod führte der Vizekommodore den Befehl. Trotz des schlechten Wetters verringerte er wie gewünscht die Anzahl der Dampferkolonnen.

Am 5. März 1943 war Group A 3 um den gesamten Geleitzug verteilt; an der Spitze überwachte das Flaggschiff, die *„Spencer“*, einen sieben sm breiten Sektor. Mit dem Asdic konnte man bei der groben See nicht weiter als eine halbe Seemeile ein U-Boot orten; auch das Radar arbeitete unter diesen Verhältnissen nicht einwandfrei. So bedenklich die Lage war, so wurde sie doch noch unangenehmer, als *„Mansfield“* spät am Tag Kesselschaden meldete und nach Neufundland zurücklaufen mußte.

Mit Tagesanbruch am 6. März 1943 stieg die See immer höher. Der

Himmel war mit Wolken bedeckt, und ein Schneesturm tobte. Die Sicht blieb auf weniger als zwei sm beschränkt, so daß sich die Geleitfahrzeuge im Sturm gegenseitig nicht ausmachen konnten. Gegen Mittag peilte man mit HF/DF laute Funksprüche von U-Booten an Backbord voraus und an Steuerbord achtern ein. Selbst bei dem schlechten Wetter hatten die U-Boote Fühlung gewonnen, und nachmittags warnte CINCWA, daß nach den HF/DF-Küstenstationen ein Angriff der U-Boote zu erwarten sei. Die Boote sammelten sich bereits.

Captain Heineman wollte es nicht auf das Unvermeidliche ankommen lassen, wenngleich nicht genügend Geleitfahrzeuge zur gleichmäßigen Verteidigung des Konvois zur Verfügung standen. Er ließ daher die drei langsamen Korvetten bei den bedrohten Handelsschiffen zurück und detachierte *„Spencer"* und *„Greer"* nach Steuerbord achtern und Backbord querab, um dort die U-Boote abzudrängen und zu jagen. Nach der Dunkelheit wich er um 40 Grad nach Backbord aus. Es war bezeichnend für das verzweifelte Bemühen des Konvois, daß ein Escort Commander sogar versuchte, dieses Manöver mit den schwerfälligen Frachtern in der Dunkelheit auszuführen; aber die drohende Gefahr erforderte schnelle Maßnahmen.

Die Kursänderung war allerdings vergeblich. Gegen 01.10 Uhr stand U-230 innerhalb des Konvois und torpedierte den Frachter *„Egyptian"*. Hierüber kam keine Meldung, aber die *„Trillium"* sah zwei weiße Raketen, und um den Konvoi wurde das Mündungsfeuer von Geschützen beobachtet. Mehrere Handelsschiffe machten zwei aufgetauchte U-Boote aus. Daraufhin setzten die Handelsschiffe Positionslichter.

Fast eine Stunde nach dem Torpedotreffer entdeckte die Korvette *„Rosthern"* Lichter drei sm achteraus vom Geleitzug und funkte kurz darauf, daß ein Handelsschiff Überlebende aufnähme. Während der Verwirrung in der stürmischen Nacht wußte der Escort Commander nicht, daß ein Schiff torpediert worden war, bis es ihm *„Rosthern"* meldete. Außerdem hatte keine Stelle das Rettungsschiff *„Melrose Abbey"* alarmiert. Der gute Samariter war der britische Frachter *„Em-*

pire Impala", dessen Decks für die Überlebenden der *„Egyptian"* nur eine zeitweilige Zuflucht sein sollten.
Der Morgen brach grau und bewölkt an. Ein schwerer Sturm trieb Schnee- und Hagelschauer vor sich her. Das Tageslicht brachte auch keine Ruhe vor dem Feind. U-591 schloß heran und stieß auf einen Nachzügler, der nicht zu identifizieren war. Nach seiner Explosion brach achtern vom Konvoi erneut Geschützfeuer aus. *„Spencer"* sichtete fünf sm voraus ein U-Boot und drückte es unter Wasser. Während der einstündigen Suche gab es einmal Asdic-Kontakt. Der Küstenwachkutter warf sofort Wasserbomben. *„Spencer"* entdeckte dann noch ein U-Boot, das aber trotz der Wasserbomben entkam.
Die U-Boote griffen in den restlichen Stunden und in der folgenden Nacht noch mehrmals an, doch liefen bei der schweren See und in dem Sturm alle Torpedos vorbei. Verstärkungen waren immerhin unterwegs. Als CINCWA von der Torpedierung der *„Egyptian"* erfuhr, befahl er sofort *„Ingham"* und *„Bibb"*, der Group A 3 zu Hilfe zu eilen. *„Babbitt"* und *„Mallow"* wurden von einem anderen Konvoi detachiert, sie hatten sich dann gleichfalls mit A 3 zu vereinigen. Innerhalb von wenigen Stunden verließen die beiden Küstenwachkutter Island, die Zerstörer ihre Geleitzüge. Alle vier Kriegsschiffe steuerten in der schweren See nach Süden. *„Bibb"* lief so überstürzt aus, daß 22 Mann der Besatzung an Land zurückblieben.
Einige Stunden darauf empfing *„Ingham"* mit Asdic plötzlich ein überlautes Echo. Die Asdic-Kuppel, vor zehn Tagen notdürftig repariert, erlitt bei dem heftigen Stampfen des Schiffes in der See neue Beschädigungen. Dadurch fiel das Gerät bei Geschwindigkeiten von über sechs kn aus. *„Ingham"* war also keine große Hilfe mehr bei der Ortung getauchter U-Boote.
Die Geleitfahrzeuge um den Konvoi SC-121 mußten gerade jetzt gegen unter Wasser angreifende U-Boote kämpfen. Anfang März 1943 hatte Dönitz, da er sich große Sorgen über die Möglichkeiten der allliierten Geleitfahrzeuge machte, U-Boote über Wasser durch Radar zu entdecken, seinen U-Boot-Kommandanten eine neue Taktik angeraten. Sobald Radarausstrahlungen in ihrer Nähe festgestellt würden, soll-

ten sie dreißig Minuten lang tauchen. Das war eine bloße Behelfsmaßnahme, der kurz darauf der strenge Befehl folgte, die Geleitzüge auf größtmögliche Entfernung zu beschatten; die Maste und der Rauch der Schiffe mußten aber noch ausgemacht werden können. Von dieser Position aus hatten sie sich, wiederum in großer Sichtweite, vor den Konvoi zu setzen und anschließend getaucht zum Angriff anzusetzen. Dies bedeutete eine radikale Änderung der Überwasserangriffe der vergangenen zwei Jahre.

SC-121 gehörte zu den ersten Konvois, bei denen die Deutschen diese neue Taktik anwendeten. Durch Zufall fiel auf drei Geleitfahrzeugen das Radar aus; auf vier Schiffen arbeitete es nicht mehr einwandfrei. Ob die U-Boote nun über oder unter Wasser angriffen: Die Geleitfahrzeuge konnten nur noch schlecht zurückschlagen. Die Lage noch verschlimmernd, waren mehrere Dutzende von Frachtern bei dem fürchterlichen Wetter hinter dem Konvoi zurückgeblieben. Es handelte sich aber nicht nur um Handelsschiffe, sondern auch die Korvette *„Trillium"* stand irgendwo achtern vom Geleitzug.

Die Folgen konnten nicht lange ausbleiben. Der jugoslawische Frachter *„Vojvoda Putnik"* fiel achteraus einem U-Boot zum Opfer. Zu einem späteren Zeitpunkt an diesem Montagmorgen wurde der Brite *„Guido"* acht sm voraus vom Geleitzug im Blickfeld der *„Spencer"* torpediert, die als Vorhut lief. Der Küstenwachkutter steuerte auf den Frachter zu, erhielt Asdic-Kontakt und warf zwei Wasserbombenteppiche. Als die Ortung verlorenging, stoppte *„Spencer"* und nahm 35 Überlebende auf. Zehn gingen unter. Während der Rettungsaktion geriet eine Leine in einen Kondensator, so daß eine Maschine ausfiel. Es dauerte zwei ungemütliche Stunden, ehe man den Schaden behoben hatte.

Gegen Mittag bestand der Konvoi aus nur noch 33 Schiffen und zwei Geleitfahrzeugen. Der Rest hatte sich meilenweit über den Atlantik zerstreut. Der Sturm ließ nicht nach. Ein Nachzügler wurde am Nachmittag torpediert, aber *„Bibb"*, *„Dauphin"* und *„Ingham"* erschienen kurze Zeit später und verstärkten beträchtlich die Sicherung. Auch den U-Booten bereitete der Sturm wiederum große Schwierigkeiten. Zwei Angriffe in den frühen Abendstunden schlugen wegen der hohen See fehl. *„Spencer"* jagte ein aufgetauchtes U-Boot und belegte es mit Wasserbomben. Eine Stunde später griff der Kutter nochmals ein U-Boot an.

Den U-Booten gelang es nicht, in den Konvoi einzudringen, aber achtern, wo sie in der Dunkelheit lauerten, torpedierten sie wiederum zwei Nachzügler, einen davon zum zweitenmal. Kurz nach 21.00 Uhr befand sich ein U-Boot inmitten des Konvois. Ein Frachter versuchte es zu rammen, verfehlte es aber nur um wenige Meter. Das U-Boot verschwand querab vom Bug. Die Matrosen hörten noch die deutschen Stimmen, als der Kommandant in letzter Minute abdrehte.

Die Geleitfahrzeuge waren in der Nacht besonders wachsam. *„Spencer"*, *„Bibb"* und *„Babbitt"* fuhren Wasserbombenangriffe. Am Dienstagmorgen erhielt auch *„Rosthern"* Steuerbord voraus einen Kontakt. Sie warf siebenmal Wasserbomben, insgesamt 44, bevor die Ortung verlorenging. Infolgedessen hatten die Alliierten in 24 Stunden nur einen Verlust zu beklagen, und zwar einen Ausguck auf der *„Ingham"*, der von einer schweren See auf dem Deck weggerissen wurde und sich ein Bein brach.

Das Glück dauerte auch am Nachmittag des 9. März 1943 an. U-229 griff unter Wasser an und feuerte einen Viererfächer, der sein Ziel verfehlte. *„Bibb"* und *„Ingham"* liefen daraufhin nach achtern, um das U-Boot zu jagen.

Nach Einbruch der Dunkelheit brach aber die Hölle los. *„Malantic"* und *„Rosewood"* wurden torpediert. Über die Hälfte der Besatzung der *„Malantic"* ging mit dem Schiff unter [1]. Der Tanker *„Rosewood"*, der die Geleitstreitkräfte mit Brennstoff versorgte, marschierte trotz eines großen Lecks in der Bordwand im Konvoi weiter. Überall standen jetzt die U-Boote. *„Bibb"* sichtete eines achteraus und drückte es unter Wasser, während *„Dauphin"* ein weiteres an Backbord ach-

[1] In dem wütenden Sturm reagierte die Besatzung der „Malantic" mit größter Ruhe und führte die Befehle genau aus, als sie das Schiff verließ. Der zweite Smutje verlor sein Leben, nachdem er das Boot am Rettungsschiff so lange festgehalten hatte, bis alle gerettet waren. Er war anschließend zu erschöpft, um das Netz hinaufklettern zu können, und fiel in die See, wo er ertrank.

tern jagte, auf das ein Handelsschiff das Feuer eröffnete. „*Rosthern*" wich mit knapper Not einem Torpedo aus, den sie nicht nur gehorcht, sondern auch auf sie zulaufen gesehen hatte.

Der Escort Commander gab den Befehl „Zombie Crack", und jedes Geleitfahrzeug begann eine genau vorher festgelegte Suchaktion. Auf den Befehl „Leuchtgranaten" feuerten alle Fahrzeuge Geschoße in den Himmel rund um den Konvoi, um aufgetauchte U-Boote zu entdekken. Es wurde jedoch nichts gesichtet. In der schweren See hätte es auch schon ein Zufall sein müssen, ein U-Boot auszumachen. Dann fielen zwei der drei HF/DF-Geräte in der Gruppe aus. Das war nach den Radar- und Asdicausfällen mehr als genug. Die Schuld lag in der monatelangen Einsatzphase der Schiffe ohne jegliche Grundüberholung.

Auf der an Backbord querab laufenden „*Ingham*" gab es in dieser Nacht gleichfalls wenig Ruhe. Nach der Rückkehr von der U-Boot-Jagd achtern vom Konvoi steuerte sie zweimal zehn sm voraus vom Geleitzug erneut auf Suche und feuerte auf Befehl Leuchtgranaten. Kurz vor Mitternacht begab sich die Besatzung von den Gefechtsstationen, aber alle, die Wachdienst hatten, konnten nur schnell einige Tassen aufgebrühten schwarzen Kaffee trinken, der ununterbrochen kochte, während sich die Männer auf den Gefechtsstationen befanden. Das dicke schwarze Gebräu hielt sicher wach, aber beim ersten Schluck schüttelte man sich und spürte im Magen ein bitteres Brennen.

Während der Wachablösung erfolgte eine dumpfe Explosion. Der Wachoffizier las noch die Befehle des Kommandanten für die Nacht und blieb ruhig. Der Steuermann hingegen hielt schon eine rote Lampe in der Hand, um zur Brückennock zu rennen und zu sehen, was passiert war.

„Regen Sie sich nicht so auf", sagte der WO zum Steuermann. „Wir sind noch nicht an der Reihe. Sollen sich erst einmal die anderen damit beschäftigen!"

Wenige Sekunden später hatte er die Befehle zu Ende gelesen, zeichnete sie ab und ging schnell auf die Brücke. Gerade schrillten die Alarmglocken.

Der Artillerieoffizier erhielt den Befehl: „Operation Raspberry. Peilung 225 bis 360. Feuern, sobald alles klar."
Sechzehn Leuchtgranaten wurden gefeuert, und überall um den Konvoi herum sah man Leuchtgranaten von den anderen Geleitfahrzeugen, deren Licht sich mit dem Mündungsfeuer vermischte. Es wurden keine U-Boote gesichtet, aber im Konvoi zeigten sich rote Lichter, und zwei Schiffe, die *„Nailsea Court"* und die *„Bonneville"*, erhielten Torpedotreffer. Auf der *„Bonneville"* fuhr der Kommodore.
Unglücklicherweise befand sich das Rettungsschiff *„Melrose Abbey"* achteraus vom Konvoi und fischte Überlebende der *„Malantic"* auf, die *„Bibb"* gegen U-Boote sicherte. *„Dauphin"* mußte daher die restlichen Schiffbrüchigen retten, während *„Greer"* wiederum zu ihrem Schutz detachiert wurde. Als *„Greer"* dort ankam, machte man mehrere Boote und Flöße aus, und in der Nähe sah man ein sinkendes Schiff, dessen Deck bereits das Wasser überspülte. Da *„Greer"* die *„Dauphin"* nicht ausfindig machen konnte, bat sie um Erlaubnis, die Überlebenden an Bord zu nehmen. Aber Heineman befahl ihr, *„Dauphin"* zu suchen und den ursprünglichen Befehl auszuführen. Zehn Minuten nach Sichtung der ersten Überlebenden entdeckte *„Greer"* noch ein verlassenes Schiff mit längsseits liegenden Booten und Flößen, das aber noch nicht unmittelbar sank. *„Greer"* nahm an, daß die Besatzung ihr Schiff unnötigerweise verlassen hatte. Später stellte sich heraus, daß es sich um den Dampfer *„Coulmore"* handelte. Die Deutschen hatten ihn zur gleichen Zeit wie die *„Nailsea Court"* und die *„Bonneville"* torpediert. Heineman wußte nichts davon. Zu diesem kritischen Zeitpunkt arbeitete die Funkanlage der *„Spencer"* nicht mehr, so daß der Escort Commander ohne Verbindung mit den anderen Schiffen war.
Endlich sah der Zerstörer die *„Dauphin"*, ihre Ruderanlage war aber ausgefallen, so daß sie keine Überlebenden retten konnte. Schließlich kehrte *„Greer"* um 03.00 Uhr, zweieinhalb Stunden nach der Sichtung, zurück und begann mit der Rettungsaktion der *„Nailsea Court"*. Ein Boot mit Schiffbrüchigen kam längsseits, aber es herrschte eine grobe See; der stampfende Zerstörer konnte nicht manövrieren, um

In der Messe von U-402 in 30 Meter Tiefe feiert von Forstner die Nachricht über die Verleihung des Ritterkreuzes. Das große Kreuz wurde von seiner Besatzung gemacht, als er schlief. Das Photo entstand zwei Tage nach dem Abbruch der Verfolgung von SC-118.

U-402 läuft in La Pallice, Frankreich, nach der Schlacht um den Konvoi SC-118 ein. Die Wimpel zeigen die Anzahl der versenkten Schiffe an.

Commander James A. Hirshfield (links) auf der Brücke der *„Campbell"*.

Ein Besatzungsmitglied der *„Campbell"* steigt in das eisige Wasser, um das Leck unterhalb der Wasserlinie zu untersuchen.

Der polnische Zerstörer *„Burza"* umkreist die beschädigte *„Campbell"* und fährt U-Boot-Sicherung.

Konvoi SC-121 im Atlantiksturm. Durch die Stürme zerstreut, fielen die Schiffe des Geleitzuges den verfolgenden U-Booten zum Opfer. In der schweren See konnte man nur wenige Leute retten.

Captain Paul Heineman, USN (links), Escort Commander der Group A 3 (Heineman's Harriers) auf der Brücke des US-Küstenwachkutters *„Spencer"*, mit Commander Harold S. Berdine, USCG, Kommandant des Flaggschiffes. Während der Krise in der Schlacht im Atlantik stand kein amerikanischer Commander so oft im Gefecht wie diese beiden Offiziere. Der Küstenwachkutter führte Dutzende von Angriffen durch und versenkte im Winter zwei U-Boote.

Während ein 7,5-cm-Geschütz Leuchtgranaten feuert, suchen die Ausgucks die See nach aufgetauchten U-Booten ab.

Eine vom Heck geworfene Wasserbombe explodiert, als *„Spencer"* U-175 angreift.

Während die Wasserbomben um das U-Boot explodieren, versuchen die U-Boot-Fahrer ein Leck zu finden und zu reparieren.

Nachdem sie U-175 durch den Konvoi hindurch verfolgten, suchen *„Spencer“* (im Vordergrund) und *„Duane“* achtern die See ab.

„Spencer“ und *„Duane“* nehmen das aufgetauchte U-175 unter Feuer.

„Spencer" setzt zum Rammstoß an. In diesem Augenblick sieht man, wie die U-Boot-Besatzung ihr Schiff verläßt (einige Männer schwimmen im Kielwasser des U-Bootes), und Commander Berdine drehte deshalb mit Hart Backbord ab. Er sagte: „Ich brauche dieses verdammte Ding nicht zu rammen."

Durch das Geschützfeuer zerstört, macht U-175 nur noch langsame Fahrt voraus. Besatzungsmitglieder stehen an Deck.

Ein Boot von der *„Spencer"* legt ab, um das U-Boot zu entern.

Das Boot nähert sich dem sinkenden U-175, während Lieutenant Bullard in den Turm klettert.

Ein deutscher Matrose ruft längsseits der *„Spencer"* um Hilfe.

Ein verwundeter U-Boot-Offizier wird von Besatzungsmitgliedern der *„Spencer"* gestützt.

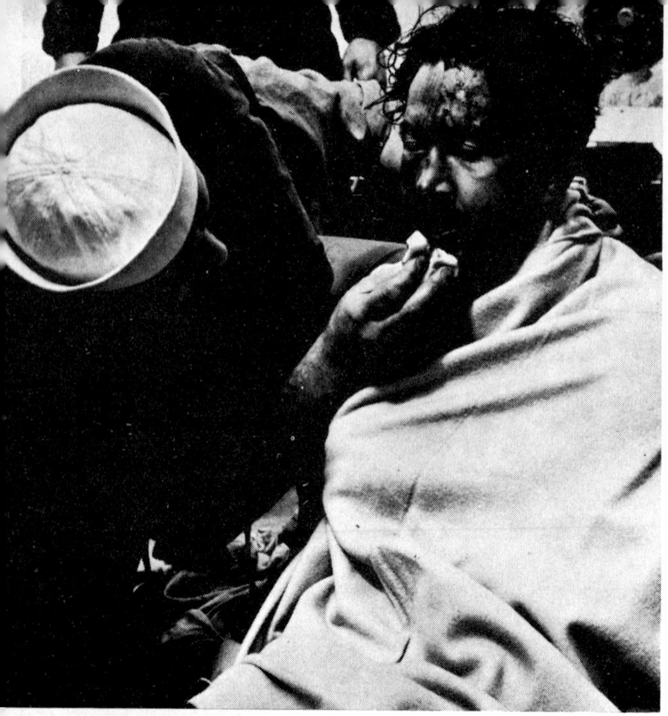

Ein Matrose kümmert sich um einen U-Boot-Offizier.

Nach dem Gefecht erhalten die U-Boot-Fahrer von den Siegern Kaffee und Zigaretten.

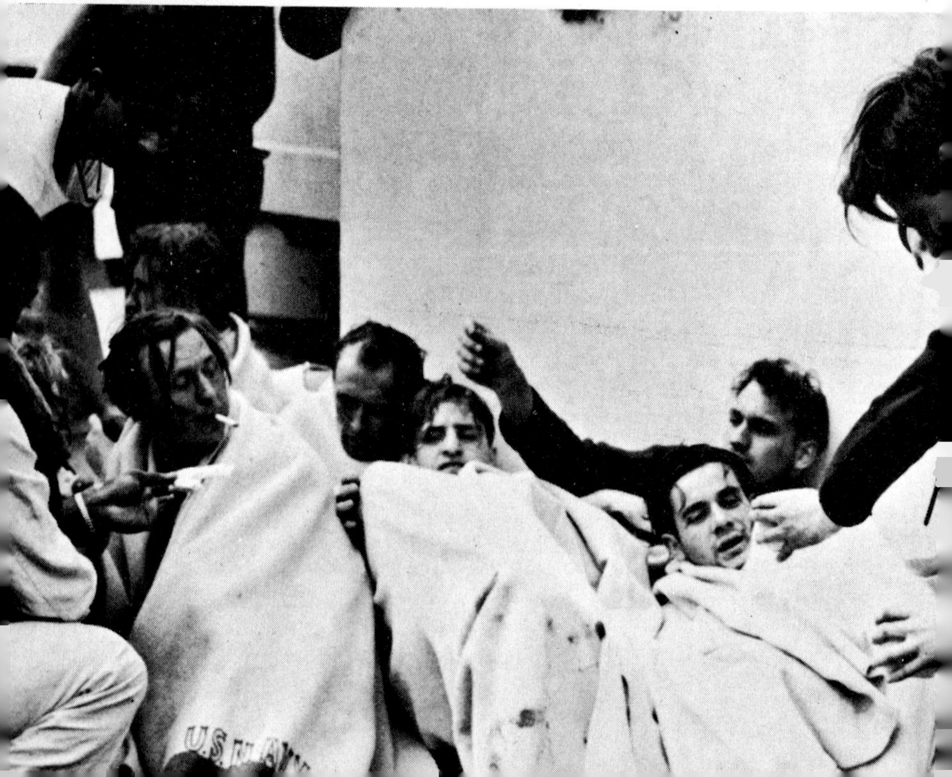

Eine Wasserbombe explodiert.

Ein Hedgehog (Wasserbombenwerfer) wird geladen. Auf dem Bild handelt es sich um Übungswasserbomben.

Trotz vermehrter Flak-Bewaffnung versenken die alliierten Flugzeuge immer mehr U-Boote. Eine Bombe schlägt neben dem U-Boot ein, ehe sie detoniert.

.e 24 Wasserbomben des Hedge-
g explodieren in einem Kreis
raus vom Schiff, das bereits nach
.ckbord abdreht, um Wasserstö-
ngen in Nähe des Kontakts zu
rmeiden.

In einer verzweifelten Anstrengung, um den ständig steigenden Angriffen der alliierten Flugzeuge zu begegnen, werden die U-Boote zurückgerufen und mit starker Flakbewaffnung versehen sowie angewiesen, die Flugzeuge über Wasser fahrend zu bekämpfen. Das hier abgebildete U-Boot weist ebenfalls eine außergewöhnlich starke Flak auf. Der Turm des Bootes ist von den Granaten eines Geleitfahrzeuges durchlöchert. Langsam geht das U-Boot unter, während die Besatzung das Schiff verläßt.

Auf U-402, das aufgetaucht v einem Flugzeug des US-Geleitträge *„Card"* überrascht wurde, räu man die Brücke, ehe man zu letztenmal taucht. Nach 25 Sekund wurde das U-Boot von einem Zi suchtorpedo getroffen und gi mit der gesamten Besatzung unt

Freiherr von Forstner schreitet eine Ehrenkompanie in La Pallice ab, nachdem er das Ritterkreuz erhalten hat. Trotz seiner Fronterfahrung waren seine Tage gezählt.

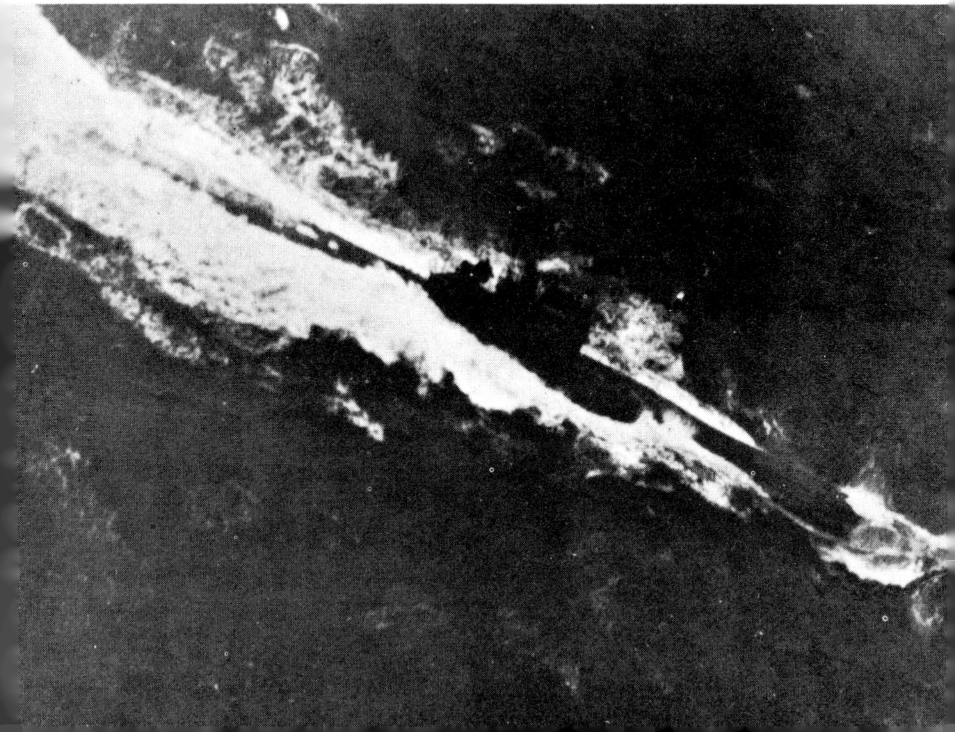

Selbst nach dem Sieg in der Schlacht im Atlantik waren die U-Boote noch immer eine ständige Bedrohung. Hier brennt ein Tanker in einem schwergesicherten Konvoi, während im Vordergrund ein Zerstörer versucht, das getauchte U-Boot zu orten.

sie aufzunehmen. Auch waren die Bemühungen vergeblich, die Männer von den Flößen herunterzuholen. Es vergingen zwei Stunden, bevor *„Bibb"* und *„Melrose Abbey"*, die nach der Rettung von 21 Überlebenden der *„Malantic"* zum Konvoi steuerten, in Sicht kamen und mit der Rettung begannen.

Mehrere Stunden suchten die beiden Schiffe, unterstützt von der *„Dauphin"*, in dieser stürmischen Nacht nach Schiffbrüchigen, aber es waren nur noch ihrer wenige. Von der *„Nailsea Court"* konnte man von 48 Mann nur drei und von der *„Bonneville"* von 43 nur sieben auffischen. Unter den Toten befanden sich auch Kommodore Birnie und der Kapitän der *„Bonneville"*, die das sinkende Schiff verlassen hatten und als letzte versuchten, ein Floß zu erreichen.

Kurz nach dem Morgengrauen am Mittwoch, dem 10. März 1943, stieß *„Bibb"* auf *„Coulmore"*, die immer noch mit einem großen Leck im Bug auf dem Wasser schwamm. Der Schaden war nicht ernsthaft, nur das Vorschiff stand unter Wasser. In der Nähe rettete man die Überlebenden, die eine sonderbare, doch nicht minder schaurig-groteske Geschichte erzählten. Nachdem das Schiff gegen Mitternacht torpediert worden war, verließ die Besatzung schnell den Dampfer. Ein Rettungsboot trieb leer ab, ein anderes mit 14 Mann kenterte. Von 43 Mann rettete man nur sieben, die auf Flößen trieben. Viele starben in der Nacht, und in zwei sm Entfernung schwamm die *„Coulmore"* sicher und trocken auf dem Atlantik.

„Bibb" entfernte sich von dem beschädigten Dampfer und lief nach Westen auf Suche nach der *„Rosewood"*, die am frühen Morgen achtern vom Konvoi zurückgeblieben war; aufgrund ihres Torpedotreffers konnte sie die Geschwindigkeit nicht halten. Für den Rest des Tages und der Nacht suchte *„Bibb"* das gesamte Gebiet um die zuletzt gemeldete Position des beschädigten Tankers ab. Endlich sichtete am Morgen des 11. März 1943 der Küstenwachkutter am Horizont ein Schiff. Es war das Heck der *„Rosewood"*, aber ohne Lebenszeichen, obwohl sich noch ein Boot und ein Rettungsfloß an Bord befanden. Trümmer trieben überall herum, ein leckes Boot schwamm auf der Dünung. *„Bibb"* feuerte Salven auf das Wrack und ließ es sinkend

zurück. Über 24 Stunden später sichtete man auch den Bug des Tankers, und da sich niemand mehr an Bord aufhielt, wurde auch dieser versenkt.

Spät am Nachmittag entdeckte *„Bibb"* drei Tage nach dem Torpedotreffer die langsam treibende *„Coulmore"*. Der Küstenwachkutter meldete sogleich deren Position. Die unglückliche *„Coulmore"* nahm später ein Schlepper auf den Haken und erreichte auch sicher den Hafen — ein Geisterschiff ohne Besatzung [2].

Nahezu 80 Mann hatten ihr Leben durch Verlassen ihrer Schiffe verloren.

Nach dem Angriff um Mitternacht verhinderten die verstärkten Geleitstreitkräfte in Verbindung mit der Luftsicherung weitere Verluste. Außerdem griffen sie selber mehrere sich sammelnde U-Boote an.

Als der Konvoi vor Island der britischen Local Escort übergeben wurde, zählte man nur noch 36 von 59 Schiffen. Sechs waren im Konvoi torpediert worden.

Ebenfalls waren einige Nachzügler torpediert worden. Im Laufe der nächsten Tage liefen aber immer mehr Nachzügler in den Hafen ein. Doch viele Schiffe tauchten nie mehr auf und wurden deshalb als „vermißt, wahrscheinlich verloren" gemeldet. *„Fort Lamy"*, *„Empire Lakeland"*, *„Leadgate"*, *„Milos"*, *„Vojvoda Putnik"* und *„Empire Impala"* waren den U-Booten und dem Sturm zum Opfer gefallen. Der Untergang der *„Empire Impala"*, des tapferen Schiffes, das die Überlebenden der *„Egyptian"* gerettet hatte, galt als besonders tragisch. Als sie sank, fanden die Besatzungen beider Frachter den Tod.

Der Verlust von 13 Schiffen war um so schlimmer, als im Gegensatz zu SC-118 trotz aller Anstrengungen der kampferprobten Ocean Escort Group kein U-Boot versenkt wurde. Dies war größtenteils dem Mangel an Überholungsmöglichkeiten und dem Ausfall von Radar, Asdic und HF/DF zuzuschreiben; aber ehe die Kriegsschiffe im

[2] „Coulmore" scheint unzerstörbar zu sein. Nach dem Krieg wurde sie an eine andere Gesellschaft verkauft und in „Avisford" umbenannt. Im Jahre 1950 hieß sie „Stripper" und fuhr unter schwedischer Flagge. Später kaufte sie eine panamanesische Linie, unter dessen Flagge sie heute noch als „Nautic" fährt.

Stützpunkt nicht genügend Zeit zur Ausbesserung und Ruhe fanden, würde sich eine ähnliche Situation wahrscheinlich immer wieder ergeben. Die Rettung von Menschenleben war in der stürmischen See besonders schwierig, und abgesehen von allen menschlichen Erwägungen wog der Abgang von ausgebildetem Personal noch schwerer als der Verlust der Schiffe.

Zwei Tage nach dem Verlassen von SC-121 erreichte die *„Ingham"* Island, wo sie sogleich Brennstoff, Munition und Wasserbomben übernahm. Ihre Ruhepause in dem winddurchbrausten Fjord sollte nur kurz sein. Der langerwartete Generalangriff der U-Boote war in vollem Gang, und die Konvoi-Routen von Neufundland nach Irland bildeten ein großes Schlachtfeld, auf dem — ohne Pardon von beiden Seiten und von den Elementen — ein erbitterter Kampf ausgefochten wurde. Die Schlacht um den Konvoi HX-228 war ein typisches Beispiel dieses gnadenlosen Ringens.

Während gegen SC-121 heftige Angriffe erfolgten, entdeckte die U-Boot-Gruppe „Neuland" den Geleitzug HX-228, aber in der schweren See und den Stürmen konnten nur wenige U-Boote heranschließen. Hierzu gehörte U-221 unter dem Kommandanten Trojer. In seinem KTB heißt es:

„... 10. März 1943 ... 30 Grad West; 51 Grad Nord. In Schneeböe senkrecht auf Gegenkurs zugelaufen, aufgetaucht, als dieser aus der Böe heraustritt ... Nach Erreichen einer ausgezeichneten Position innerhalb des Konvois ein Fehlschuß, ein weiterer nach Entfernung 3100 m. Treffer auf Dampfer.

21.31 Uhr. Zweierfächer auf zwei überlappende große Dampfer; erster Treffer mit völliger Auflösung des Dampfers, riesiges Feuerwerk und Wolken, Eisenplatten fliegen zu Hunderten wie Papier durch die Gegend, Munition fliegt durch die Luft.

Kurz darauf Treffer auf anderem Frachter, ebenfalls Explosion, Vorschiff bis Brücke unter Wasser. Schwere Trümmer fliegen gegen das Sehrohr, das sich nunmehr schwer drehen läßt, im ganzen Boot kracht und donnert es. Im Losmachen kurz untergeschnitten. Beim Höherkommen gerade die Treffer gesehen.

Das beabsichtigte Ziel für Rohr 3, ein moderner 5000er mit mehreren Doppelmasten, geht mit äußerster Kraft zurück, um nicht in das explodierende Schiff hineinzufahren. Der Schuß ist mir zu unsicher. Das Sehrohr ist plötzlich ganz schwarz beschlagen, kaum etwas zu sehen, dazu poltern immer noch schwere Brocken herunter. Der Lärm im Boot ist ungeheuerlich, als würde das Boot dauernd von Schüssen getroffen. Nach starken Sinkgeräuschen ist es plötzlich still. Ich versuche das Sehrohr einzufahren, um dadurch die Optik abzuwaschen. Es geht nur anderthalb Meter, ist also verbogen. In diesem Augenblick meldet der Horchraum schnelle Zerstörerschrauben. Ich fahre das Sehrohr aus, kann jedoch infolge Dünung und Beschlagenheit des Sehrohrs nichts Genaues feststellen. Im selben Augenblick höre ich die Zerstörerschrauben im Turm, Befehl: Runter und beide AK voraus. Die Bomben, zweimal vier, fallen jedoch bereits, und zwar ganz nahe. Das Turmluk atmet und läßt eine Menge Wasser eindringen. Das Boot bockt und hüpft, gewinnt aber Tiefe [3]."

In einem verzweifelten Kampf hatten die wenigen U-Boote Fühlung gewonnen. Die Sicherung aus britischen, polnischen und frei-französischen Fahrzeugen unter dem Befehl von Commander A. A. Tait, Royal Navy, auf der *„Harvester"* wehrte sich verbissen in dem stürmischen Wetter.

„Harvester" ging am folgenden Morgen einem Radarkontakt nach, sichtete U-444 über Wasser und rammte es. Das U-Boot geriet in die Schrauben des Zerstörers, die beiden Schiffe lagen ineinander verkeilt.

Als *„Harvester"* schließlich in der schweren See freikam, waren ihre Schrauben und Schraubenwellen so stark beschädigt, daß sie nur mit Mühe mit einer Maschine und langsamer Fahrt weiterlaufen konnte. Die frei-französische Korvette *„Aconit"* erschien auf dem Schauplatz und fand U-444 noch schwimmend vor. Durch Rammstoß versenkte sie schließlich das U-Boot.

Tait rettete inzwischen trotz seines beschädigten Schiffes 50 Über-

[3] Siehe Dönitz a. a. O., Seite 319–320.

lebende von einem Frachter und marschierte mit einer Maschine ohne Sicherung weiter.

Auf Befehl von Tait sollte *„Aconit"* an den Konvoi heranschließen, der sich nach seiner Auffassung in größerer Gefahr als sein Flaggschiff befand.

Bei Morgengrauen brach auch die Welle der *„Harvester"* zusammen, und hilflos trieb das Schiff jetzt auf See. *„Aconit"* eilte zu Hilfe. Aber während die Korvette noch einige Seemeilen entfernt kreuzte, sah sie am Horizont eine Rauchwolke und fing einen Funkspruch von der *„Harvester"* auf, daß sie torpediert worden wäre. Mit Höchstgeschwindigkeit steuerte sie auf die Sinkstelle zu, erhielt Asdic-Kontakt und warf sofort Wasserbomben. U-432 kam nach oben, und Lieutenant Levasseur, Kommandant der Korvette, rammte zum zweitenmal an diesem Tag mit einem ebenfalls beschädigten Fahrzeug ein U-Boot.

Der Verlust von U-432 war verglichen mit dem Untergang der *„Harvester"* aber nicht so schwer; denn mit dem Flaggschiff gingen viele Besatzungsmitglieder und Überlebende der Handelsschiffe unter. Auch Tait fand hierbei den Tod [4].

In der kurzen, aber erbitterten Schlacht um den Konvoi HX-228 wurden vier Frachter und ein Zerstörer versenkt, während das Wolfsrudel zwei U-Boote verlor und ein drittes schwere Beschädigungen erlitt.

Dönitz zog die U-Boote zurück und stellte am 14. März 1943 einen neuen Aufklärungsstreifen südlich von Island mit dem Befehl auf, nach Westen zu marschieren. Die Umgruppierung erfolgte nicht aus

[4] Viele tapfere Matrosen fanden ihr Ende mit der Vernichtung der „Harvester". Besonders zeichnete sich J. C. Ellis, Kapitän der „William C. Gorgas", aus. Als sein Schiff torpediert wurde, blieb er so lange am Scheinwerfer, bis alle den Dampfer verlassen hatten, erst dann sprang er über Bord. „Harvester" rettete ihn, und nachdem sie selbst einen Torpedotreffer erhalten hatte, schwamm der Kapitän wiederum im eiskalten Wasser und klammerte sich an einen Rettungsring. Als ihn ein Matrose bat, seinen Platz auf einem Floß einzunehmen, antwortete er: „Nein, mein Sohn, behalte deinen Platz". Kurz darauf ließ Ellis den Rettungsring los und versank in den Fluten.

Unwissenheit, denn der B-Dienst hatte einen Funkspruch aufgefangen, aus dem hervorging, daß der Geleitzug HX-229 im Südosten von Kap Race Kurs 67 Grad steuerte. Am folgenden Morgen enthüllte ein weiterer entzifferter alliierter Funkspruch den Deutschen die genauen Anweisungen für einen weiteren Geleitzug — SC-122. Alle verfügbaren U-Boote wurden nun zum Angriff angesetzt. Gruppe „Stürmer" (18 U-Boote) und Gruppe „Dränger" (11 U-Boote), die eine Reihe neuer Boote aus französischen und deutschen Stützpunkten verstärkte, liefen mit Höchstfahrt nach Westen, um die Konvois abzufangen, als diese im sogenannten „Luftloch" standen. „Dränger" sollte gegen HX-229 operieren, eine dritte Gruppe — „Raubgraf" — gegen SC-122.

Bei dem herrschenden schlechten Wetter mußten die U-Boote jedoch mit ihrer Geschwindigkeit heruntergehen, und der erste Konvoi, SC-122, passierte den geplanten Aufklärungsstreifen, bevor die U-Boote noch Aufstellung genommen hatten. Konvoi HX-229, der hinter dem langsamen SC-Geleitzug und etwas südlicher marschierte, durchlief in der Nacht zum 15. März 1943 ebenfalls ungesichtet den Vorpostenstreifen. Es ist wahrscheinlich, daß beide Konvois völlig unentdeckt geblieben wären, hätte nicht durch Zufall U-653, das von einer langen Feindfahrt nach Frankreich zurückkehrte, den Konvoi HX-229 ausgemacht.

Dönitz reagierte sofort auf die Sichtmeldung und befahl den 21 U-Booten der Gruppe „Raubgraf" und „Stürmer", auf die Fühlungshalter-Meldungen von U-653 zu laufen, das eine Position achtern von den Dampferkolonnen einnahm. 17 weitere Boote sollten einen Aufklärungsstreifen voraus vom Konvoi bilden.

Gegen Abend des 16. März 1943 standen acht Boote in Fühlung mit dem HX-Geleitzug.

Die Schlacht begann in einem heulenden Sturm. Der Konvoi hatte sich zerstreut, und die U-Boote griffen sogleich die Nachzügler an. Die unterlegenen Sicherungsstreitkräfte, die aus einer zusammengewürfelten Gruppe bestanden, konnten die Handelsschiffe über ein so großes Gebiet nicht ausreichend schützen. In dieser Nacht meldeten die

U-Boote insgesamt 18 Treffer; sechs Schiffe gingen unter, vier erlitten Beschädigungen. Am anderen Tag versenkte U-91 im Unterwasserangriff alle beschädigten Dampfer. Der Geleitzug verfügte über kein Rettungsschiff, und so standen die Geleitfahrzeuge vor der bitteren Wahl, entweder die torpedierten Schiffe ihrem Schicksal zu überlassen oder ihnen zu helfen, dadurch aber den Sicherungsring um den belagerten Konvoi weiterhin zu schwächen.
In den ersten drei Tagen sanken 13 Schiffe auf den Meeresgrund. Die Menschenverluste waren in dem schweren Sturm ohne Rettungsschiffe sehr hoch.
Am gleichen Tag bekamen mehrere U-Boote 150 sm südlich vom Konvoi HX-229 Fühlung mit SC-122. Zum ersten Mal erkannte der BdU, daß die U-Boote jetzt an zwei Konvois standen.
Die Sicherung von SC-122 war stärker als die von HX-229, und die Angriffe wurden daher zunächst zurückgeschlagen. Am frühen Morgen des 17. März 1943 gewannen die U-Boote allerdings erneut Fühlung. Vier Schiffe im SC-Geleitzug erhielten Torpedotreffer. Zur Zeit des Angriffs bekam *„Campobello"* Schlagseite. Sie sank daraufhin. Ein anderes Sicherungsfahrzeug, die *„Godetia"*, übernahm die Schiffbrüchigen, hatte aber noch nicht an den Konvoi herangeschlossen. Auch während der Tagesstunden führten viele U-Boote eine Reihe von Unterwasserangriffen durch, denen einige Dampfer aus beiden Konvois zum Opfer fielen.
Der schnelle Konvoi HX-229 überholte während der Nacht vom 18. zum 19. März 1943 den Geleitzug SC-122, so daß auf einem kleinen Seeraum eine große Anzahl von Schiffen versammelt war. Auf einer Fläche von ungefähr 50 sm steuerten 80 Frachter, 18 Geleitfahrzeuge und 38 U-Boote, während über den Konvois Liberator- und Fortress-Maschinen, aber auch Sunderland-Flugboote von Island und Irland die schwer zu entdeckenden U-Boote in den Tausenden von gewaltigen Wogen und weißen Wellenkämmen suchten.
Die Sicherung aus britischen, kanadischen und amerikanischen Zerstörern, britischen Fregatten und Sloops und kanadischen Korvetten sowie US-Küstenwachkuttern wurde am 18. März 1943 durch weitere

Kriegsschiffe verstärkt, die mit hoher Fahrt von Island gerade während des Höhepunktes der Krise herankamen.

„Ingham" gehörte auch zu den Neuankömmlingen. Nachdem sie in Island im Anschluß an die Schlacht um den Konvoi SC-121 eingetroffen war, untersuchten Taucher sogleich die beschädigte Asdic-Kuppel. Das Gerät funktionierte so wenig wie in der Schlacht. Der Küstenwachkutter wurde ins Trockendock geschickt. Endlich sollte nach zwei langen Monaten der Schaden behoben werden. Aber auch jetzt hatte der Ruf nach dringend benötigten Geleitfahrzeugen Vorrang. Am 15. 3. 1943 lag *„Ingham"* mit ihrer beschädigten Asdic-Kuppel auf der Reede von Reykjavik, als anderntags die U-Boote in Fühlung zu den Konvois standen und der Kutter nun zusammen mit der *„Babbitt"* einen neuerlichen Auslaufbefehl zur Verstärkung der Sicherung von SC-122 erhielt.

Nach dem Passieren von Skagi Point drehten beide Schiffe nach Süden und erhöhten in der groben See ihre Fahrt. *„Bibb"* war erst am Tage zuvor nach mehrtägigen heftigen Kämpfen achtern vom Geleitzug SC-121 in Hvalfjordur eingelaufen und sollte nach einer kurzen Überholung und Übernahme von Brennstoff und Munition folgen.

Während der Nacht erreichte der Wind eine Stärke von 70 kn. *„Babbitt"*, die schwer gegen die See ankämpfte, signalisierte um Verminderung der Geschwindigkeit. Die größere *„Ingham"* ging sofort darauf ein.

Am folgenden Morgen herrschte ein Orkan, und in den haushohen Wogen mußte man die Fahrt nochmals herabsetzen. Im Funkraum kamen Meldungen über Meldungen über die Angriffe auf die Konvois. CINCWA drängte auf beschleunigte Vereinigung mit den Sicherungsstreitkräften. Am frühen Nachmittag ließ der Sturm etwas nach. Daraufhin wurde die Geschwindigkeit auf 13 kn, schließlich auf 15 kn erhöht. Während der Nacht setzten die beiden Fahrzeuge ihren Marsch fort, erlitten aber auf Deck beträchtliche Seeschäden.

Am Donnerstagmorgen wehte der Wind nur noch in einer Stärke von 20 kn, und nun konnte die Gelegenheit zu Übungen und Probeschießen wahrgenommen werden. Ein großes leeres Floß wurde dicht am

Schiff gesichtet, doch hatte man zur näheren Untersuchung keine Zeit. Auf dem Nordatlantik trieben zu viele Trümmer, als daß man sich wegen eines weiteren Rettungsfloßes Sorgen gemacht hätte. Am Morgen änderte *„Babbitt"* ihren Kurs, da sie jetzt befehlsmäßig zum Konvoi HX-229 stoßen sollte. *„Ingham"* lief weiter auf SC-122 zu.

Angesichts der sich bessernden Wetterlage erhielten die beiden hartbedrängten Geleitzüge endlich Luftsicherung. Auch eilten einige Geleitfahrzeuge von den nicht angegriffenen Konvois zur Unterstützung herbei. Noch immer lauerten 38 U-Boote in der Nähe, aber nur neun gelang es am Tage, Fühlung zu bekommen. Trojer auf U-221 befand sich immer noch auf See trotz seiner fast tödlichen Begegnung mit der *„Aconit"* vor einer Woche. Sein Boot allein griff am Tag über Wasser zwei Schiffe aus dem Konvoi HX-229 an [5].

Als sich *„Ingham"* dem Konvoi näherte, befahl ihr das Schiff des Escort Commander, die *„Havelock"*, eine Position 40 sm vom Konvoi SC-122 entfernt einzunehmen. Nach Einbruch der Dunkelheit sollte dann der Küstenwachkutter durch Feuern von Leuchtgranaten und Raketen sowie durch Werfen von Wasserbomben versuchen, einige der verfolgenden U-Boote wegzulocken. Diese Taktik war in diesem Winter schon oft angewandt worden, aber niemand konnte sagen, mit welchem Erfolg. Vielleicht ließen sich doch mehrere U-Boote hierdurch ablenken. Um die Täuschung noch wirkungsvoller zu machen, wurde dem Konvoi und den übrigen Sicherungsfahrzeugen der Befehl erteilt, daß während der Nacht keine Leuchtgranaten und Raketen gefeuert werden durften, ausgenommen zur Beleuchtung eines entdeckten U-Bootes.

Um 05.50 Uhr erhielt die *„Carras"* einen Torpedotreffer. Die Kriegsschiffe schossen Leuchtgranaten, das Rettungsschiff *„Zamalek"*, gesichert von der Korvette *„Buttercup"*, eilte sogleich zu Hilfe. Bei ihrer Ankunft meldete *„Zamalek"*, daß die *„Carras"* noch schwamm und

[5] Er war ein ausgezeichneter U-Boot-Kommandant, und sein Kampf mit der „Aconit" gehörte nicht zu den einzigen abenteuerlichen Erlebnissen von U-221. Im Dezember kollidierte sein Boot mit U-254, das fast mit der gesamten Besatzung unterging.

zu retten wäre, aber der Kapitän und die Besatzung hätten das Schiff bereits verlassen. Sie vergaßen in ihrer Eile sogar, die Geheimpapiere und Kodebücher zu vernichten. Das Rettungsschiff lief wieder ab, während der ärgerliche Kommandant der Korvette ein Kommando zur *„Carras“* hinüberschickte, um die geheimen Unterlagen sicherzustellen.

Der Rest der Nacht verging ruhig.

Klar und hell brach der Freitagmorgen an. Sogar der Wind und die See blieben still. Als ob der Tag noch nicht schön genug wäre, erschien am fernen Horizont eine Liberator. Bei der ausgezeichneten Sicht, der mäßig bewegten See und der Luftsicherung bestand für einen U-Boot-Angriff am hellichten Tag keine Chance. Der Konvoi steuerte jetzt in nur noch 450 sm Entfernung von der irischen Küste, und nach den bisherigen Erfahrungen wußte man, daß Dönitz gewöhnlich seinen U-Booten befahl, den Kampf abzubrechen, sobald die Konvois von landgestützten Flugzeugen gesichert wurden. Nach drei schwarzen Tagen ein freundlicher Aspekt.

„Ingham“ nahm das gute Wetter zum Anlaß, gegen 09.00 Uhr Geschützexerzieren durchzuführen, und steuerte um 09.25 Uhr zwischen den Kolonnen des Konvois, um ihre Position achtern vom Geleitzug einzunehmen. Zehn Minuten darauf wendete der Küstenwachkutter, verringerte die Geschwindigkeit auf 12 kn und suchte den achteren Sektor nach U-Booten ab. Nach dem fortwährenden fürchterlichen Wetter in den vergangenen vier Monaten war dieser Tag eine rechte Freude.

Um 10.54 Uhr befahl der Wachoffizier eine Routine-Kursänderung und ging zur Brückennock an Backbord, um die See rundherum abzusuchen.

Plötzlich stieg am Horizont eine weiße Wassersäule hoch.

Die Gläser richteten sich auf die Stelle, aber man entdeckte nichts. Es war anzunehmen, daß ein Flugzeug eine Bombe geworfen hatte, aber am Himmel sah man ebenfalls nichts. Sekunden später schoß eine weiße Rakete hoch. Also mußte doch etwas auf dem Wasser geschehen sein.

„Ingham“ wendete, erhöhte ihre Geschwindigkeit auf 18 kn und lief

auf die Position zu, nachdem die Sichtung dem Escort Commander gemeldet worden war. Bald machte man dünnen Rauch aus, kurz darauf zwei Maste. Es schien sich um ein torpediertes Schiff zu handeln. Die Geschütze und Wasserbomben waren gefechtsklar. Gegen 11.30 Uhr stand *„Ingham“* nahe genug an dem beschädigten Frachter, der als der Amerikaner *„Mathew Luckenbach“* identifiziert wurde. Drei Boote und zwei Rettungsflöße mit Überlebenden waren zu sehen, ein Mann schwamm im Wasser, aber kein Boot machte Anstalten, ihn zu retten.

Das U-Boot kreuzte in der Nähe. *„Ingham“* verringerte die Geschwindigkeit, um das beschädigte Asdic besser einsetzen zu können. Währenddessen umkreiste der Küstenwachkutter das Wrack; er wollte auf den Zerstörer *„Upshur“* warten, der die *„Ingham“* bei der Übernahme der Schiffbrüchigen sichern sollte. Der US-Zerstörer lief noch in vier sm Entfernung, kam aber mit hoher Bugwelle auf den Schauplatz zugelaufen.

Bei der *„Mathew Luckenbach“* handelte es sich um einen sogenannten Ausbrecher vom Konvoi HX-229. Trotz der schlechten Lage war ihre Besatzung vom Glück begünstigt. Sie befand sich im Konvoi während der Angriffe am 16. März 1943. Nachdem die Deutschen fünf Schiffe torpediert hatten, hielten die Offiziere und die Mannschaften des US-Frachters, die enttäuscht waren, weil der Escort Commander keine Ausweichmanöver befahl, eine Besprechung ab und beschlossen, den Konvoi zu verlassen, um als Einzelfahrer den Bestimmungshafen zu erreichen. Zwei Tage und zwei Nächte marschierte der Frachter allein durch die bisher stärkste U-Boot-Ansammlung auf dem Atlantik, und dies gelang ihm auch trotz aller Gefahren, die überall auf ihn lauerten.

Doch U-527 sollte der *„Mathew Luckenbach“* zum Schicksal werden. Das U-Boot tauchte in der Morgendämmerung auf, eine Liberator drückte es aber sogleich wieder unter Wasser. Siebzehn Minuten nach dem Tauchen hörte man in großer Entfernung vier Fliegerbomben detonieren. U-527 steuerte auf Sehrohrtiefe, nahm einen Rundblick und setzte die Suche unter Wasser fort. Später am Morgen entdeckten

die Deutschen durch das Periskop die Maste der *„Mathew Luckenbach"*, worauf sich U-527 in Angriffsposition setzte. Der Frachter lief ohne Zickzackkurse eine Geschwindigkeit von 10 kn. Das U-Boot mußte getaucht mit AK heranschließen, um zum Schuß zu kommen. Zwanzig Minuten nach der Sichtung vergrößerte sich die Entfernung jedoch immer mehr. Kapitänleutnant Uhlig sah durch das Angriffsperiskop, er erkannte, daß der Frachter nach wenigen Minuten schon ein schwieriges Ziel bieten würde, und so nahm er die Gelegenheit wahr, ihn sofort zu torpedieren. Er gab daher die Schußunterlagen durch: „Entfernung 1600 m, Steuerbordwinkel 100, Geschwindigkeit 10, Dreierfächer, Rohre I, II und IV klar."
Als die Rechenanlage die Angaben verarbeitet hatte, nahm Uhlig einen letzten Rundblick.
„Feuer."
In Zwischenständen von drei Sekunden verließen die Torpedos ihre Rohre. Mit der Stoppuhr in der Hand wartete man auf das Ergebnis. 234 Sekunden nach dem Feuern explodierte ein Torpedo in der Nähe des vorderen Mastes. Eine gewaltige Wassersäule schoß in den Himmel. Dann traf ein zweiter Torpedo mittschiffs und zertrümmerte die Brücke.
„Treffer", sagte Uhlig, trat vom Sehrohr zurück und ließ den I.WO ebenfalls einen Rundblick nehmen.
„Horchpeiler an Kommandanten. Schraubengeräusche haben aufgehört."
„Dampfer stoppt und läßt Dampf ab", meldete der I.WO und übergab das Sehrohr wieder an den Kommandanten.
In der Eile, den Dreierfächer loszumachen, hatte Uhlig jedoch die Entfernung gewaltig unterschätzt. Die tatsächliche Entfernung betrug 3600 m. Er beschloß daher, dem Dampfer einen Fangschuß zu geben.
„Kurs 322. Langsame voraus."
Das U-Boot schlich sich auf das beschädigte Schiff zu.
„Horchpeiler an Kommandanten. Schnelle Schraubengeräusche in 145 Grad."

„Wollen wir uns doch einmal ansehen!"
Uhlig preßte seine Augen gegen das Okular und folgte dem ausfahrenden Periskop.
„Ah, gut. Aha, ein Zerstörer kommt auf, ist aber noch ziemlich weit weg."
Er drehte das Sehrohr um den Horizont, dann schaute er in östliche Richtung
„Ein Flugzeug. Sehrohr ein. Auf 45 m. Backbord 15. Beide Halbe voraus."
Er wandte sich an den I.WO und den Obersteuermann, der eifrig alle Angaben ins Logbuch eintrug, und sagte: „Wir drehen ab und warten die Lage ab. Wenn wieder alles ruhig ist, setzen wir nochmals zum Unterwasserangriff an und erledigen den Burschen."
Es handelte sich um die *„Ingham"*, die er gehört und gesehen hatte. Als sie den Schauplatz erreichte, stand das U-Boot drei sm entfernt. Die Entfernung vergrößerte sich aber zusehends. Nachdem auch die *„Upshur"* eintraf und den Küstenwachkutter sicherte, begann dieser mit der Übernahme der Überlebenden. Die Matrosen des Frachters waren nicht besonders hilfsbereit und machten keinen Versuch, zum Rettungsschiff zu rudern, so daß die *„Ingham"* jeweils an ein Boot oder Floß manövrieren mußte, um sie an Bord zu bekommen; da man nicht wußte, wo das U-Boot stand, arbeitete die Besatzung des Küstenwachkutters wie besessen, und dreißig Minuten später befanden sich alle Männer, einschließlich des im Wasser Schwimmenden, auf Deck der *„Ingham"*. Diesen Matrosen hatte man einfach auf dem Frachter zurückgelassen, als man das Schiff in großer Eile verließ, so daß er gezwungen war, ins Wasser zu springen und nach den Booten zu schwimmen. Einer der Überlebenden nahm eine Flasche mit ins Boot, und während er auf Rettung wartete, ließ er sich anständig vollaufen. Er mußte leicht angetrunken an Bord gezogen werden.
Der Kapitän des torpedierten Schiffes und einige Schiffbrüchige wurden von Lieutenant Al Martin auf die Brücke gebracht. Sie bestätigten, daß die Maschinen oder Kesselräume nicht beschädigt waren. Der Frachter zeigte auch keine Schlagseite, und aus dem Schornstein quoll

noch Rauch. Der einzige sichtbare Schaden war an der Steuerbordseite der Brücke wahrzunehmen. Das Schiff lag sehr tief. Auf dem Deck standen Heereslastkraftwagen und andere wertvolle Güter.
Der Vorschlag des Kommandanten der *„Ingham"*, die Besatzung solle an Bord zurückgehen, wieder Fahrt aufnehmen und zum Konvoi laufen, fand keine Zustimmung. Sie hatte genug. Es reichte den Leuten, daß sie zufällig von einem Geleitfahrzeug eines anderen Konvois gesichtet worden waren, ohne daß überhaupt jemand etwas von ihrem Torpedotreffer wußte. Nach ihrer Meinung war ihnen das Glück nicht hold.
Jetzt wandte sich Lieutenant Al Martin an seinen Kommandanten. „Herr Kapitän, wenn sie mir zwei Offiziere und 20 Mann geben, dann bringe ich das Schiff nach Island. Das Wetter ist gut, und ich denke, wir werden es schon schaffen."
„Gut", sagte Kapitän z. S. Martinson, „Sie wissen, daß wir Ihnen kein Geleitfahrzeug zur Verfügung stellen können, außerdem sind auf dem Schiff keine Rettungsboote mehr."
„Jawohl, Sir. Vielleicht kann man mehrere Flöße herüberschaffen."
Zwei junge Offiziere, auf die Martin zuerst hingewiesen hatte, als er die Rettungsmannschaft zusammenstellte, unterhielten sich in der äußersten Ecke der Brücke.
„Große Sache", flüsterte einer. „Ein Frachter mit zwei Löchern wie ein Scheunentor, das Meer voll von deutschen U-Booten und ein Wetter, das bestimmt nicht so bleiben wird. Was ist denn eigentlich los?"
„Ich bin ganz deiner Meinung", sagte der andere. „Wenn die Besatzung des Frachters nicht zurückgehen will, warum sollen wir dann unsere Nase da hineinstecken. Falls etwas passiert, überleben wir keine zwei Stunden auf diesen Flößen."
Martin erläuterte weiterhin seinen Plan, während ihm der Kommandant zuhörte. Einer der jungen Offiziere stellte sich hinter den Kommandanten, so daß er Martin unbemerkt anblicken konnte und schüttelte heftig den Kopf. Der Kommandant drehte sich plötzlich um und sah, wie der Offizier in seinen Bewegungen erstarrte, während er gerade noch ein Zeichen gab. Vielleicht wollte der Kommandant die

Idee des Leutnants verwirklichen, aber der augenscheinliche Widerwillen des jungen Offiziers übte plötzlich eine dämpfende Wirkung auf ihn aus. Er kehrte sich Martin zu und sagte: „Nein, die Angelegenheit ist reine Glückssache. Wir werden einen Schlepper anfordern. Es sieht aus, als ob der Frachter gar nicht untergehen will."

Als *„Ingham"* wieder mit der Fahrt heraufging und zum Konvoi zurücklief, sagte einer der beiden Offiziere: „Das ging um Haaresbreite noch einmal an uns vorüber."

„Ja, Al Martin ist wohl hungrig nach einem Orden."

„Oder nach Prisengeld."

„Was meinst du mit Prisengeld? Das gilt doch nur für feindliche Schiffe. Aber auch das hat man jetzt abgeschafft. Prisengeld erhält ausschließlich die Handelsmarine, und auch nur, wenn man ein anderes Schiff rettet. Die Marine zahlt uns 200 Dollar im Monat und verschafft uns Ruhm. Aber nach meinem Tod brauche ich keinen Ruhm."

Der für die *„Mathew Luckenbach"* detachierte Schlepper konnte den Frachter dann allerdings nicht finden. Nach dem Kriege wurde der Grund hierfür bekannt. U-527 lauerte den ganzen Tag in der Nähe und schloß in der Dunkelheit zum Fangschuß heran. Zwei Stunden nach Sonnenuntergang tauchte es auf und machte den Frachter in sechs sm Entfernung aus. Uhlig gehörte zu den konservativen und vorsichtigen U-Boot-Kommandanten, daher tauchte er zum Unterwasserangriff auf das beschädigte Schiff. Er wollte sich nicht einer Falle aussetzen.

Ein anderer Kommandant, Pietzsch auf U-523, sichtete die Maste des treibenden Frachters um 16.25 Uhr und lief unverzüglich zurück. Kurz darauf tauchte er und begann sich vorsichtig zu nähern. Er nahm an, daß es sich um ein bereits torpediertes Schiff handelte, und gegen 20.00 Uhr war er noch 1300 m entfernt. Acht Minuten darauf feuerte er zur großen Überraschung von U-527 einen Torpedo. U-527 hatte in diesem Augenblick gerade den Fangschuß losmachen wollen. Elf Minuten nach dem Treffer legte sich der Frachter über und versank.

„Mathew Luckenbach" war das letzte vernichtete Schiff aus beiden

Konvois. Am folgenden Morgen rief Dönitz die Wölfe wegen der ständig steigenden Luftsicherung und der starken Überwasserstreitkräfte zurück. Während des Tages versenkte eine Liberator ein U-Boot, und die Geleitfahrzeuge beschädigten mehrere andere. Dennoch war der BdU mit den Erfolgen seiner U-Boote sehr zufrieden. „Es war der bis dahin größte Erfolg einer Geleitzugschlacht [6]." Für Dönitz war besonders der Umstand glücklich, daß er von 44 U-Booten fast drei Viertel auf die Konvois konzentrieren konnte, und zwar bei schlechtem Wetter und ungünstigen Angriffsverhältnissen. Einer überraschend großen Zahl von U-Booten gelang es, sich trotz der starken Luft- und Überwassersicherung sogar am Tag getaucht zum Angriff vorzusetzen.

Während der BdU in vollster Zufriedenheit die Versenkungsmeldungen summierte, beurteilten die Alliierten die Lage natürlich etwas anders. In den letzten zehn Februartagen gingen 21 Schiffe mit 183 650 BRT verloren. In den ersten zehn Märztagen schon 41 Schiffe mit 229 949 BRT, und in den weiteren folgenden zehn Tagen 44 Schiffe mit insgesamt 282 000 BRT. Aber noch viel alarmierender war, daß von den bisher 85 im März versenkten Schiffen allein 67 aus den geschützten Konvois verlorengingen; hingegen waren nur vier U-Boote vernichtet und vier schwer beschädigt worden. Das Konvoisystem stand kurz vor dem Zusammenbruch.

Captain Roskill, der britische Marinehistoriker, schreibt hierüber: „Man kann auf diesen Monat nicht zurückblicken, ohne etwas wie Entsetzen zu empfinden über die Verluste, die wir erlitten."

Einige Offiziere des Marinestabes folgerten, nachdem sie die Konvoischlachten analysiert hatten, aus diesen Fakten: „daß es denkbar erschien, daß wir das Geleitzugsystem nicht mehr als wirksamen Schutz würden ansehen können".

„Dabei war das Konvoisystem", fährt Roskill fort, „während der dreieinhalb Jahre allmählich der Angelpunkt unserer Seestrategie geworden. Was sollte die Admiralität tun, wenn das Konvoisystem sei-

[6] Siehe Dönitz, a. a. O., Seite 322.

ne Wirkung verloren hatte? Sie wußte es nicht, aber man fühlte, obgleich es auch niemand zugab, daß ihr die Niederlage ins Gesicht starrte [7]."

Winston Churchill, der nicht leicht zu erschüttern war, telegrafierte an Präsident Roosevelt: „Unsere Sicherungsstreitkräfte sind überall zu schwach und der Druck auf unsere Marine wird unerträglich." Der Premierminister erklärte, daß keine weiteren Konvois mehr nach der Sowjetunion geschickt werden könnten, bevor die Lage im Atlantik nicht zugunsten der Alliierten wiederhergestellt sei. Weder Stalin noch Roosevelt vermochten seine einmal getroffene Entscheidung zu ändern.

Aber in dieser schwarzen Stunde, als die Admiralität glaubte, daß die U-Boote „sehr nahe daran gewesen wären, die Verbindungen zwischen der Neuen und Alten Welt zu zerreißen", begann das Pendel zurückzuschlagen. Obgleich es damals niemand erkannte, hatte die U-Boot-Offensive am 19. März 1943, 10.42 Uhr, ihren Höhepunkt erreicht, nämlich zu dem Zeitpunkt, als Torpedos die *„Mathew Lukkenbach"*, das 21. und zuletzt getroffene Schiff aus den Konvois SC-122 und HX-229, zerrissen. Nach diesem klaren Märzmorgen ging das Glück der U-Boote zurück, und innerhalb der erstaunlich kurzen Zeit von zehn Wochen endete die Schlacht im Atlantik mit dem Sieg der Alliierten. Auch Dönitz konnte über die Konvoischlachten im März 1943 der Wahrheit entsprechend nur das eine schreiben: „Der Erfolg dieses Monats sollte aber auch der letzte entschiedene deutsche Sieg in einem Geleitzugkampf gewesen sein [8]."

[7] S. W. Roskill: The War at Sea. Band II, Seite 368–369.
[8] Siehe Dönitz a. a. O., Seite 322.

Kapitel 9

DIE WENDE

20. März bis 22. März 1943

Nach dem Morgen des 19. März 1943 gewannen die Sicherungsstreitkräfte der Konvois SC-122 und HX-229 tatsächlich die Oberhand. Am selben Abend, um 22.48 Uhr, ergab noch eine HF/DF-Peilung, daß ein U-Boot in 20 sm Entfernung vom Konvoi stand. *„Ingham"* lief auf die Position zu und erhielt in weniger als einer Stunde Radarkontakt. Beim Näherkommen verschwand das Ziel vom Radarschirm, und als man auch keinen Asdic-Kontakt bekam, wurden Wasserbomben nach einer Schätzung von Zeit und Entfernung geworfen, allerdings ohne Ergebnis. Später schickte man die Liberator, die Nachtsicherung flog, zu der angenommenen Position, die das U-Boot auch fand und in neun sm Entfernung vom Konvoi unter Wasser drückte. In der folgenden Nacht überprüfte wiederum die Nachtsicherung eine HF/DF-Peilung an Steuerbord voraus vom Geleitzug und jagte ein über Wasser laufendes U-Boot, das sogleich wegtauchte.

Anschließend belästigten die Deutschen den Konvoi nicht mehr. Mit 42 Überlebenden und 25 Mann der Armed Guard von der *„Mathew Luckenbach"* an Bord war die *„Ingham"* so überladen, daß sie auf Befehl nach Londonderry lief, um dort die Schiffbrüchigen an Land zu setzen. Die Überlebenden schliefen in den Kojen der jeweils auf Wache befindlichen Besatzungsmitglieder. Der Obersteuermann des gesunkenen Frachters, Willy Heyne, entpuppte sich während der wenigen Tage an Bord des Küstenwachkutters als interessante Persönlichkeit. Im ersten Weltkrieg hatte er als Offizier in der Kaiserlichen Deutschen Marine gedient und war zunächst auf Torpedobooten gefahren. 1916 nahm er an der Skagerrak-Schlacht teil. Als die Kaiserliche Marine anschließend praktisch untätig in den Häfen lag, meldete er sich zur U-Boot-Waffe und kämpfte als U-Boot-Offizier bis zum Kriegsende. Nach dem ersten Weltkrieg wanderte er nach den USA aus, wo er naturalisiert und Handelsschiffsoffizier wurde. Seine Geschichten über das Leben auf U-Booten fanden eine aufmerksame Hörerschaft. Als er eine kürzliche Begegnung mit seinen früheren Landsleuten kommentierte, meinte er trocken, daß sie „eine sehr wirksame Masse wären".

Die ersten drei Wochen des Monats März 1943 ließen darüber keine Zweifel entstehen. Jeder nach Osten laufende Konvoi wurde angegriffen, die deutschen U-Boote erzielten große Erfolge. Bei so vielen U-Booten in See schien es nicht möglich zu sein, ihnen durch Verlegung der Routen zu entgehen. Konvois, die einem Wolfsrudel auswichen, marschierten unweigerlich wieder in eine andere U-Boot-Konzentration.

In der letzten Märzwoche lief die *„Ingham"* in Liverpool ein und kam ins Trockendock. Endlich konnte sie ihre Asdic-Kuppel reparieren lassen. In den vergangenen acht langen Wochen andauernder Konvoischlachten war sie ein Kämpfer mit einer gebundenen Hand. Ihre Tage im Nordatlantik waren jedoch gezählt. Nach dem Verlassen von Liverpool sollte sie zur Task Force 63 kommen, die Geleitzüge von den USA nach dem Mittelmeer sicherte. Die amerikanischen Escort Groups wurden aus dem Nordatlantik zurückgezogen. In Zukunft sollten auf dieser Route nur noch britische und kanadische Geleitfahrzeuge die Konvois sichern, allerdings unterstützt von amerikanischen „Hunter-Killer-Groups" mit jeweils einem Geleitträger. Als *„Ingham"* in das Herculaneum-Dock in Liverpool kam, stand der erste amerikanische Geleitträger bereits im Kampf.

Aus aufgefangenen Funksprüchen wußte Dönitz, daß die nächsten nach Osten marschierenden Konvois, SC-123 und HX-230, ungefähr am 25. März 1943 in das „Luftloch" laufen würden. Eine Gruppe „Seeteufel" wurde in Erwartung der Konvois zusammengestellt. Der SC-Geleitzug lief am 26. März 1943 in den U-Boot-Aufklärungsstreifen, zwei Boote funkten Fühlungshaltersignale. Eines von ihnen meldete die Anwesenheit des Trägers *„Illustrious"* beim Konvoi. Tatsächlich war es der Geleitträger *„Bogue"* [1]. Außer diesem Geleitträger verstärkte auch die neu aufgestellte 3. Support Group mit fünf Zerstörern der Home Fleet unter Captain J. W. McCoy die Sicherungsstreitkräfte des Konvois SC-123. Die Zerstörer der britischen Support Group gingen aufgrund ihrer HF/DF-Peilungen jeder Ortung nach, zwangen die U-Boote zu tauchen und hielten sie ununterbrochen mit Wasserbomben unter Wasser. Die Zerstörer reagierten so schnell, daß die Fühlung haltenden U-Boote nicht einmal den Kurs und die Geschwindigkeit des Geleitzuges durchgeben konnten. Zum erstenmal innerhalb eines Monats kam ein nach Osten laufender Konvoi ohne Angriff und Identifizierung durch. Als der Konvoi außerhalb des U-Boot-Aufklärungsstreifens steuerte, lief die Support Group mit Höchstfahrt zurück und vereinigte sich mit HX-230, um jetzt diesen Konvoi durch die Gefahrenzone zu bringen. Das am nördlichsten stehende U-Boot des Aufklärungsstreifens sichtete HX-230. Gruppe „Seewolf" mit 28 U-Booten erhielt sogleich den Angriffsbefehl. Aber auch hier peilten die Zerstörer der Support Group die U-Boote mit HF/DF ein und drückten drei von ihnen in der Nacht unter Wasser.

Am Morgen des 28. endete der Monat März des Jahres 1943 im Gegensatz zur „Tradition" mit einem Orkan, der den Konvoi vollkommen überraschte. Die U-Boote konnten sich bei diesem Wetter jedoch nicht in Schußposition setzen. Dennoch weigerte sich Dönitz, die Schlacht abzubrechen, in der Hoffnung, der Sturm werde die Schiffe des Konvois zerstreuen. Dann sollten die verfolgenden U-Boote die Nachzügler mit um so größerer Aussicht auf Erfolg angreifen können.

Das KTB von U-260 (Kapitänleutnant Purkhold) beschreibt diese erste Sturmnacht wie folgt:

„28. März 1943, SW 11, See 9, Orkan aus SW. 20.30 h. Dampfer, geschätzt 8000 BRT, in Sicht, läuft vor der See, Entfernung 4000 m.

[1] „Bogue" lief nicht zum ersten Mal mit einem Konvoi. Vor zwei Wochen hatte sie den Geleitzug HX-228 gesichert, als die „Harvester" verlorenging, konnte aber bei dem schweren Sturm ihre Flugzeuge zur Unterstützung in dem Kampf nicht aufsteigen lassen.

Stehe an seiner Steuerbordseite und entschließe mich, vor Dunkelwerden über Wasser anzugreifen. Bei der sehr schweren See ist die Möglichkeit der Sichtung gering, durch Wasserdampf Sicht zwischen 1 und 2 sm. Um 21.05 Uhr schräg vor der See angegriffen. Angriff fällt aus, da Fahrt und Lage des Gegners unterschätzt. Nicht erkannt, daß Lage bereits stumpf, da der Dampfer eine zeitlang wegen schwerer überkommender See außer Sicht war. Ich nehme Verfolgung auf, will möglichst vor Dunkelwerden noch zum Schuß kommen, weil die Möglichkeit, ihn bei der schweren See, der schlechten Sicht und in dunkler Nacht zu verlieren, groß ist.

Um 22.00 Uhr Verfolgung abgebrochen. Bei dem Versuch, mit äußerster Kraft und Großer Fahrt vor der See zu laufen, zweimal mit dem Boot untergeschnitten. Durch Hartruder, Anblasen und Fahrtverminderung kommt das Boot gut aus der See heraus. Auf der Brücke gibt es kein Halten, Kommandant und Wache sind nach einer halben Stunde halb ertrunken. Durch Turmluk, Sprachrohr und Dieselzuluftmast innerhalb kürzester Zeit fünf Tonnen Wasser ins Boot.

Der Dampfer läuft genau vor der See, muß selber kreuzen, Abstand vergrößert sich, blutenden Herzens Verfolgung abgebrochen . . .[2]"

Die Gewalt des Sturms war derart groß, daß der Konvoi HX-230 in alle Himmelsrichtungen zerstreut wurde. Das Schiff mit dem Kommodore an Bord kenterte mit der gesamten Besatzung in der tosenden See. Nur einem U-Boot gelang es, einen Nachzügler zu torpedieren. Das lag an der hervorragenden Leistung der von Island kommenden RAF-Liberators, die auch während des Orkans Luftsicherung flogen und die verfolgenden U-Boote daran hinderten, mit dem Konvoi in Fühlung zu kommen [3].

Als der Sturm nachließ, standen die U-Boote zu weit ab, um noch heranzuschließen. Der Kontrast der letzten zehn Märztage zu den vergangenen Tagen dieses Monats war augenscheinlich, doch die Fol-

[2] Siehe Dönitz a. a. O., Seite 323.

[3] Es handelte sich um die Maschinen der RAF No. 120 Squadron, wahrscheinlich die beste U-Jagd-Squadron während des Krieges.

gen waren noch nicht eindeutig erkennbar. Zwei Konvois passierten die Aufklärungsstreifen, aber nur ein Schiff ging verloren. Daß dieser geringe Verlust teilweise dem Wetter zugeschrieben werden mußte, lag klar auf der Hand, ebenso wie die fürchterlichen Stürme im Januar 1943 eine Atempause von einigen Wochen gebracht hatten. Aber das Auftreten der Support Groups, der ersten Geleitträger und der Langstreckenflugzeuge über dem „Luftloch" hatten immerhin eine Wirkung, die man nicht sogleich zur Gänze erfaßte.

Die Aufstellung der Support Groups hatte der CINCWA seit langem geplant, aber die Schiffe waren bisher nicht zur Verfügung gestanden. Als endlich im März mehr Fahrzeuge von den Werften und aus der Reparatur kamen, zog man aus den hart bedrängten Escort Groups Einheiten für die Support Groups ab, und nach Churchills Entscheidung, die Murmansk-Konvois zeitweilig einzustellen, stießen vorübergehend zusätzliche Zerstörer der Home Fleet zum Western Approaches Command. Die USA detachierten den Geleitträger *„Bogue"* und fünf Begleitzerstörer. Sechs Support Groups wurden gebildet und sofort in den Kampf geworfen.

Abgesehen von den Vorteilen, daß jede Gruppe als Team zusammenarbeitete und mit der Doktrin des jeweiligen Escort Commander sowie mit dem entsprechenden Aktionsplan vertraut war, galt jede Support Group als mobile Streitmacht, die man überall da einsetzen konnte, wo die Lage am schlimmsten war. Sobald sie einmal in der Nähe eines bedrohten Konvois stand, jagte sie die U-Boote bei jeder sich bietenden Gelegenheit und vernichtete sie bei der Bildung eines Rudels in koordinierten Angriffen. Ebenso wichtig war, daß sie nicht wie die Escort Groups zur engeren Sicherung des Geleitzuges gehörte. Die Fahrzeuge einer Support Group konnten also einem U-Boot-Kontakt nachgehen, bis das U-Boot versenkt war oder infolge Erschöpfung seiner Batterien und der Luftzufuhr nach oben kommen mußte.

Ein zweiter Faktor, daß sich die Waagschale der Schlacht im Atlantik zugunsten der Alliierten neigte, war die Ankunft der Geleitträger, die in der Nähe eines gefährdeten Konvois operierten und während der Überfahrt mit ihren Maschinen Luftsicherung flogen. Somit hörte das „Luftloch“ zu bestehen auf, und die U-Boote konnten in Zukunft in diesem Seegebiet nicht mehr über Wasser marschieren, ohne Gefahr zu laufen, ständig aus der Luft angegriffen zu werden.

Bei schwerem Wetter waren die relativ kleinen Geleitträger jedoch hilflose Schiffe, und in dem stürmischen Nordatlantik konnten die Maschinen oft gar nicht aufsteigen. Um zum damaligen Zeitpunkt den Geleitzügen Luftsicherung zu geben, brauchte man die Langstreckenbomber. Aber während der Winterkrise standen nur wenige Maschinen des Coastal Command No. 120 Squadron von Island zur Verfügung. Im Frühjahr 1943 wurde aufgrund starken britischen Druckes eine drastische Neuverteilung von Liberator-Maschinen zur U-Jagd von den USA vorgenommen. Bereits im Sommer 1943 spürte man deren Anwesenheit. Die Zuteilung von Langstreckenbombern zur U-Jagd fand allerdings größten Widerspruch. Andererseits war nach Meinung mancher Marineoffiziere und Historiker die Tatsache, daß nicht einmal die kleinste Anforderungszahl dieser Flugzeuge bewilligt wurde, eine der Hauptursachen für die kritische Lage der Alliierten im März 1943.

Anfang April 1943 wagte niemand in den Marinestäben der Alliierten, die Zuversicht auszusprechen, daß diese Ruhe in den letzten zehn Tagen mehr als nur eine kurze Zwischenpause sein könnte. Die ersten zehn Tage im April 1943 vergingen jedenfalls ohne ernsthafte Angriffe. Heute ist bekannt, daß nach den harten Konvoischlachten im März 1943 die meisten U-Boote aus dem Nordatlantik wegen Reparaturen und Erholung der Besatzungen zurückgezogen wurden, so daß auf den nördlichen Konvoirouten zeitweise ein deutsches U-Boot-Vakuum entstand. Selbst als gegen Mitte April 1943 wiederum neue U-Boote in beträchtlicher Stärke erschienen, kamen die Konvois dank der verstärkten Sicherung, der Support Groups und der Luftsicherung mit nur geringen Verlusten durch. Als die günstige Lage auch noch in der dritten Woche anhielt, wandelte sich der extreme Pessimismus von Mitte März auf seiten der Alliierten beträchtlich. Das Vertrauen war wieder so groß geworden, daß man beschloß, einen stark gesicherten Konvoi durch eine U-Boot-Konzentration zu schicken und die Schlacht auszukämpfen. Es wäre aber falsch, diesen Konvoi HX-233 nur als Lockvogel bezeichnen zu wollen; er sollte allerdings die U-Boote auf sich ziehen und ihnen, wenn sie heranschlossen, eine schwere Niederlage bereiten. Die Alliierten waren für diesen Fall nicht mehr länger im Zweifel, daß der Erfolg auf ihrer Seite sein werde. HX-233 war der bedeutendste nach Osten marschierende Konvoi in diesem Monat.

Die Mid-Ocean Escort Group setzte sich aus der erfahrenen Group A3 unter Captain Heineman zusammen. Ihr gehörten eine Reihe neuer schneller Schiffe an, wie der kanadische Zerstörer *„Skeena"* und der Küstenwachkutter *„Duane"*, der für die beschädigte *„Campbell"* zugeteilt worden war. Group A3 war aber immer noch eine sehr ruhebedürftige Einheit. Nach einem Aufenthalt von nur drei Tagen in St. John's übernahm sie von der Local Escort vor den Neufundlandbänken die Sicherung und steuerte mit Kurs nach Osten. Die Route lag diesmal viel südlicher als gewöhnlich, außerdem in ruhigeren und wärmeren Gewässern. Am zweiten Tag stießen *„Arvida"* und *„Dianthus"*, die später aus St. John's ausgelaufen waren, zum Konvoi und verstärkten somit die Sicherung auf acht Kriegsschiffe. Radar und Asdic arbeiteten auf allen Geleitfahrzeugen einwandfrei – im Gegensatz zum Konvoi SC-121. Man nutzte das gute Wetter, und mehrere Fahrzeuge übernahmen Öl aus dem sie begleitenden Flottentanker.

Die Sicherungsfahrzeuge befanden sich auf ihren vorgeschriebenen Positionen, als am 16. April 1943 gegen 02.40 Uhr *„Spencer"* Radarkontakt erhielt und auf die Peilung zusteuerte. Das U-Boot tauchte in 3000 m Entfernung, worauf der Küstenwachkutter elf Wasserbomben warf. Kurze Zeit darauf hatte er den Kontakt wiedergewonnen, und *„Spencer"* feuerte ohne Ergebnis eine Hedgehog-Salve. Anschließend ortete man das Boot nicht mehr. Während der Nacht setzte *„Spencer"* die Jagd fort und erhielt um 04.16 Uhr nochmals Asdic-Kontakt. Ein Wasserbombenangriff blieb jedoch erfolglos. Gegen Morgengrauen kam eine kanadische Fregatte zu Hilfe. Die Geleitstreitkräfte waren jetzt so zahlreich, daß die Fahrzeuge zur U-Jagd detachiert werden konnten, bis das U-Boot vernichtet war. Erst am spä-

ten Morgen gaben beide Schiffe die Suche auf und kehrten zum Konvoi zurück. Das U-Boot setzte dadurch keine Sichtmeldung ab, und während der Nacht erfolgten auch keine Angriffe auf die Frachter.
Am folgenden Morgen um 03.12 Uhr ortete man erneut ein Ziel, auf das *„Spencer“* mit AK zulief. Das U-Boot tauchte, aber *„Spencer“* und *„Dianthus“* hielten es weiterhin unter Wasser. Die Jagd dauerte über zwei Stunden, als gegen 05.39 Uhr *„Arvida“* die Torpedierung der *„Fort Rampart“* meldete. *„Spencer“* sicherte nun *„Arvida“*, die die Überlebenden auffischte, als man kurz darauf das U-Boot ortete. Eine Hedgehog-Salve zeigte keinen Erfolg, und der Kontakt ging verloren. Beide Fahrzeuge suchten daraufhin systematisch das Gebiet ab. Im Morgengrauen erreichte sie die willkommene Nachricht, daß die 3. Support Group mit Zerstörern der Home Fleet unter Captain McCoy zum Konvoi gestoßen wäre, sie greife bereits in 14 sm Entfernung ein U-Boot an. *„Spencer“* lief daraufhin zum Konvoi zurück, da sich immer mehr U-Boote um ihn konzentrierten; sie wurden aber jetzt von der Support Group unter Wasser gedrückt.
„Spencer“ hatte gerade wieder ihre Position eingenommen, als sie um 10.50 Uhr auf 4500 m voraus vom Konvoi mit Asdic ein U-Boot erfaßte. Sie drehte nach Backbord auf das Ziel zu, das auf den Konvoi lief. Der Küstenwachkutter belegte das U-Boot mit elf Wasserbomben, entfernte sich von der Wurfstelle und erhielt schnell wieder Kontakt. Eine weitere Wasserbombensalve detonierte im Meer. Das angeschlagene U-Boot unterlief den Konvoi, und *„Spencer“* verfolgte es mitten durch den Geleitzug. Alles sah nach einem Erfolg aus. Als man zwischen der Kolonne sechs und sieben das U-Boot wiederum ortete, schoß der Küstenwachkutter eine Hedgehog-Salve.
Gegen 11.38 Uhr tauchte das U-Boot in einer Entfernung von 2200 m auf. Die Geschütze der *„Spencer“* eröffneten das Feuer, und die Besatzung rannte zu ihren Gefechtsstationen, um auch die anderen Geschütze einzusetzen. Die Geschützbedienung auf dem U-Boot kletterte zur 2-cm-Flak und überschüttete den Küstenwachkutter mit den Geschossen. *„Spencer“* erwiderte das Feuer mit allen Kalibern. *„Duane“* kam auf und feuerte mehrere Breitseiten. Auch einige Handelsschiffe

achteraus beteiligten sich an dem Gefecht. *„Spencer"* befand sich zwischen den Frachtern und dem U-Boot. Das Schießen der Handelsschiffe ließ viel zu wünschen übrig. Ihre Granaten flogen über die *„Spencer"* und um sie herum; ein Geschoß traf den Küstenwachkutter an der Steuerbordseite, die Splitter sausten über das Deck. Von Freund und Feind beschossen, hielt *„Spencer"* ihr Feuer aber nicht zurück. Nach drei Minuten war durch genau liegende Salven der beiden Küstenwachkutter der U-Boot-Turm nur noch ein rauchender Trümmerhaufen. Die Besatzung sprang ins Wasser, und das U-Boot drehte sich hilflos im Kreis. *„Spencer"* setzte zum Rammstoß an. Beim Näherkommen bemerkte man erst, daß die Besatzung das U-Boot bereits verlassen hatte. Der Kommandant befahl nun „Ruder Hart Backbord" und sagte zum Wachoffizier: „Wir brauchen das verdammte Ding nicht mehr zu rammen."
Acht Mann der Besatzung der *„Spencer"* waren verwundet, davon einer schwer. Das Schiff ging auf Parallelkurs zum U-Boot, und über Lautsprecher wurden die Männer zu den Rettungsbooten befohlen.
Als sich der Kutter längsseits des U-Bootes, das immer noch langsame Fahrt voraus machte, näherte, sprang Lieutenant Ross Bullard auf den Turm, eine .45-Automatik an seiner Hüfte und einen Sack Handgranaten auf der Schulter. Seine erste Aufgabe war, eine Handgranate durch das Turmluk zu werfen. Vielleicht verspürten einige beherzte U-Boot-Fahrer in der Zentrale noch Lust zu einem Kampf. Als er jedoch durch das Turmluk schaute, sah er unten drei tote Seeleute. Die Zentrale war nur noch ein Trümmerhaufen und voller Blut. Eine Handgranate war also nicht mehr erforderlich. In den Turm drang das Wasser ein, als das U-Boot immer tiefer absackte. Bullard mußte den Versuch aufgeben, in die Zentrale vorzudringen. Man konnte das U-Boot nicht mehr retten, aber trotzdem war der Lieutenant der Küstenwache seit über einem Jahrhundert der erste Amerikaner, der ein noch in Fahrt befindliches feindliches Kriegsschiff enterte. Er nahm nun die Patronen aus der Pistole, feuerte nur die im Lauf befindliche Kugel ab und warf die Waffe in den Kutter; da er der Waffenoffizier war und für alle Feuerwaffen an Bord die Verantwortung trug, wollte er die .45-Auto-

matik auf keinen Fall verlieren. Als das U-Boot unterging, sprang er ins Wasser.

Die Küstenwachkutter fischten inzwischen die Überlebenden auf. *„Spencer"* rettete 19 und *„Duane"* insgesamt 22 Mann. Alle waren sehr mitgenommen, einige verwundet, und viele hatten einen Schock erlitten. Ein ziemlich nervöser Offizier sprach fast fließend Englisch. Obwohl man ihm versicherte, alle nach Möglichkeit zu retten, so befürchtete er, daß die Kutter trotz der Rufe seiner Besatzung nicht stoppen würden. „Es war nicht leicht im U-Boot", wiederholte er mehrmals. „Die Wasserbomben waren schlimm. Im Innern sah es böse aus. Alles fiel herunter, es roch und verletzte die Augen."

Er beschrieb dann, wie sich das U-Boot in Angriffsposition gesetzt hatte: „Wir kamen nach oben und sahen Sie durch das Periskop, aber Sie entdeckten uns auch, und jetzt wußten wir, daß alles zu Ende war. Unsere Chance, Sie zu erwischen, war vorüber. Wir fürchteten uns vor den Wasserbomben. Es ist schrecklich, wenn sie das Boot durchschütteln. Wir gingen tiefer. Die Wasserbomben explodierten. Nichts funktionierte mehr." Man verlor die Kontrolle, redete er weiter, der Bootskörper leckte, und eine Welle war gebrochen. Das U-Boot blies die Tanks aus und tauchte auf. Als das ungleiche Artillerieduell über Wasser begann, sprang er ins Wasser.

Während er Kaffee trank und ruhiger wurde, berichtete er, wie gern sie ein großes Geleitfahrzeug wie die *„Spencer"* versenkt hätten. „Wenn Sie uns nicht so schnell gesehen hätten", meinte er, „wären Sie wahrscheinlich jetzt nicht die Sieger."

Ein anderer Überlebender war sehr aufgeregt und klagte die Küstenwachkutter an, die im Wasser treibenden Schiffbrüchigen mit MGs unter Feuer genommen zu haben. Tatsächlich stellte der Küstenwachkutter das Feuer ein, als es klar war, daß die Besatzung ihr Boot verließ, und begann sofort mit der Rettung. Aufgrund solcher falschen Anschuldigungen entstehen dann die sogenannten Greuelgeschichten. Daß man die Überlebenden gut behandelte, nahm ein weiterer U-Boot-Offizier als selbstverständlich an, der sagte, daß „jeder ehrenhafte Soldat einen waffenlosen feindlichen Soldaten gut behandelt".

Die meisten Besatzungsmitglieder des U-Bootes galten als beeinflußt und waren nicht sehr gesprächig. Die Offiziere weigerten sich sogar, ihren Rang und ihre Nummer anzugeben, wie es die Genfer Konvention erfordert. Als jedoch einer von der Mannschaft des Küstenwachkutters mit Gewalt einen Ring vom Finger eines deutschen Matrosen zog, dies aber gemeldet wurde und er den Ring zurückgeben mußte, nannte der dankbare deutsche Matrose freiwillig die Offiziere unter den Überlebenden. Der älteste gerettete Offizier, Leutnant z. S. Peter Paul Moeller, sprach wenig; vermutlich verstand er kein Englisch und nicht viel besser die Versuche der Amerikaner, sich deutsch zu verständigen. Als man die Gefangenen jedoch in Irland an Land setzte, begab er sich zum Kommandanten, Commander Berdine, und dankte ihm in einem fehlerlosen britischen Akzent für die Behandlung seiner Leute. Ein anderer Offizier war ebenso verschwiegen; als man ihn auf das Deck der *„Spencer"* brachte, schaute er auf die sich drehende Radarantenne am Mast, zeigte darauf und rief aus: „Verdammtes Radar."

Ein Offizier kritisierte seinen Kommandanten, am Tag und bei ruhigem Wetter unter Wasser anzugreifen. Tatsächlich kam U-175 durch einen Zufall in diese Situation. Als das U-Boot zuerst den Konvoi sichtete, lief *„Spencer"* von achtern durch die Kolonnen, und kein Geleitfahrzeug stand voraus vom Konvoi. Das U-Boot setzte sich durch eine augenscheinlich große Lücke innerhalb des Sicherungsringes in Angriffsposition. In diesem Augenblick scherte *„Spencer"* aus der Kolonne und füllte somit die Lücke voraus vom Geleitzug. Hier erhielt man dann auch sofort Kontakt. Der Küstenwachkutter hatte rechtzeitig seine Position eingenommen.

Nach der Versenkung von U-175 ortete man nur noch ein U-Boot in der Nähe des Konvois. Am 18. April 1943 meldete kurz nach Mitternacht ein Flugzeug ein U-Boot, das 6300 m voraus vom Konvoi tauchte. *„Spencer"* lief zu der Position und verfolgte den Kontakt bis zum Konvoi zurück, aber die geworfenen Wasserbomben brachten kein Ergebnis. Ein Schiff wurde nicht torpediert.

Rear-Admiral Samuel Eliot Morison, der US-Marine-Historiker, beurteilt die Gefechte der *„Spencer"* wie folgt: „Dies war bezeichnend für die Ausbildung und Disziplin der Küstenwachkutter der „Hamilton"-Klasse. Vor einem Jahr hätte es kein Escort Commander gewagt, in der Nacht aus Furcht vor einer Kollision zwischen den Dampfer-Kolonnen auf- und abzulaufen [4]."

Das konnte man aber nicht so allgemein von den Handelsschiffen sagen. Zwei US-Frachter, die einem Torpedo auswichen, kollidierten bei hellem Tageslicht. Die Besatzung des einen Schiffes ging sofort von Bord, so daß der Frachter von einer britischen Schlepperbesatzung eingebracht werden mußte. Aber wenn man einen schnellen — und ungünstigen — Vergleich zwischen der Handels- und der Kriegsmarine zieht, so sollte man vor allem nicht vergessen, daß die Handelsflotte sich rasch vergrößerte; oft mußte ein Kapitän die Besatzung annehmen, die sich ihm eben anbot. Viele Seeleute waren unerfahren, ihre Ausbildung hatte man verkürzt. Wenn die Schiffe oft viel zu früh aufgegeben wurden, so geschah es manchmal auch nicht ohne Grund. Die Matrosen saßen des öftern auf hochexplosiven Munitionsladungen oder Flugbenzin, und nach einem Torpedotreffer oder einer Kollision konnte so ein Frachter jeden Augenblick in die Luft fliegen. Auf ihren langsamen und verwundbaren Dampfern fuhren sie Monat für Monat als einladende Ziele für die U-Boote. Die Kriegsschiffe mit ihrer höheren Geschwindigkeit und besseren Manövrierfähigkeit erhielten nur selten einen Torpedotreffer. Obgleich die Matrosen der Handelsschiffahrt eine höhere Löhnung erhielten als die Besatzungen der Geleitfahrzeuge, hätten doch wenige von diesen mit ihnen getauscht. Auf jeden Fall handelte es sich um mutige Männer, die einem gefährlichen Beruf nachgingen.

Am 20. April 1943 wurde der Konvoi der britischen Local Escort vor der Küste Irlands übergeben, abzüglich eines Schiffes, das den U-Booten zum Opfer gefallen war. Der Gegensatz zum März 1943, als diese Gruppe nur 36 von 59 der in ihrem Geleit fahrenden Schiffe

[4] Samuel Eliot Morison: History of United States Naval Operations in World War II. Volume One: The Battle of the Atlantic 1939—1943. S. 346. Boston 1960.

nach England gebracht hatte, galt als ein weiteres Zeichen für die sich ändernde Situation.

Als Group A3 nach Loch Foyle und Londonderry zur wohlverdienten Ruhe lief, konnte sie in jeder Hinsicht zufrieden sein. Der durch U-Boote verlorengegangene Frachter war schnell gerächt worden. Noch wichtiger jedoch war die Art, wie Geleitfahrzeuge und Flugzeuge über jedes U-Boot herfielen, das durch den Sicherungsring eindringen wollte. Sie vertrieben die Boote nicht nur, sondern drückten sie so lange unter Wasser, bis sich der Konvoi außer Sichtweite befand. Von acht gegen den Konvoi angesetzten U-Booten kam nur eins in Angriffsposition.

Dönitz glaubte, daß in gewisser Hinsicht das Wetter dafür verantwortlich sei, wenn die U-Boote nicht in den Sicherungsgürtel eindrangen. Als der nächste Konvoi, der auf der Route wie HX-233 lief, am 18. April 1943 gesichtet wurde, weigerte er sich, die Boote zum Angriff heranschließen zu lassen; denn „die windstille Wetterlage war für sie zu ungünstig [5]".

Im KTB des BdU heißt es für diesen Tag: „Gegen eine Operation in diesem Seegebiet sprechen die meist in keinem Verhältnis zum Erfolg stehenden hohen Verluste."

Gegen Ende April 1943 waren die Verluste der Alliierten in diesem Monat auf weniger als die Hälfte des vergangenen Monats zurückgegangen, während die U-Boot-Verluste, fünfzehn auf allen Meeren,

[5] Siehe Dönitz a. a. O., S. 329. Die Kombination „ruhige See und neues amerikanisches SG-Radar" war tatsächlich ein beträchtliches Hindernis. Mehrere Monate später erfaßte das neue SG-Radar auf einem Geleitfahrzeug, das einen nach dem Mittelmeer laufenden Konvoi sicherte, zeitweilig ein Ziel 10 000 m achteraus vom Geleitzug. Optisch war die Ortung nicht auszumachen. Man gab die Information an den Geleitträger „Bogue" weiter, der ebenfalls am Konvoi stand. Allerdings glaubte man nicht daran, so daß von der „Bogue" kein Torpedobomber startete. Statt dessen entsandte man einen Jäger ohne Wasserbomben. Kurze Zeit später meldete der Pilot aufgeregt ein U-Boot auf Sehrohrtiefe. Bei der ruhigen See erfaßte das SG-Radar das Periskop auf eine Entfernung von mehr als fünf sm. Obgleich dies außergewöhnlich war, ist es doch bezeichnend für die Schwierigkeiten, mit denen die U-Boote bei absolut ruhiger See zu kämpfen hatten.

gleichgeblieben waren. Die Schlacht war noch lange nicht gewonnen, aber das Pendel hatte sich bereits wiederum etwas der Mitte genähert.

Zu Beginn des Monats Mai 1943 erreichte die U-Boot-Waffe im Nordatlantik ihre größte Stärke seit dem Krieg. Sechzig U-Boote lauerten in vier großen Aufklärungsstreifen südwestlich von Island, vor Neufundland, in der Biskaya und auf den Routen nach Gibraltar. Aber das alliierte HF/DF-Netz ortete die aufgestellten U-Boot-Gruppen mit einer ungewöhnlichen Genauigkeit. Drei Konvois, auf die die U-Boote warteten, leitete man sicher durch radikale Ausweichmanöver um sie herum [6].

Aber bei so vielen auf See stehenden U-Booten gab es noch immer keine feste Hoffnung, daß die Konvois weiterhin unentdeckt bleiben würden. Am 4. Mai 1943 lief der vierte Konvoi, ONS-5, direkt in das Zentrum eines Aufklärungsstreifens und wurde auch sofort gesichtet. Für die Deutschen war die taktische Ausgangslage äußerst günstig, denn dreißig U-Boote standen auf beiden Flanken dicht am Geleitzug und weitere elf Boote voraus. Wenn sich Dönitz im April wegen der ruhigen See Sorgen gemacht hatte, so jetzt nicht mehr. Der Geleitzug war sowohl von U-Booten angegriffen als auch durch einen Sturm aufgehalten und zerstreut worden. Nur unter großen Schwierigkeiten gelang es der Escort Group B 7 unter Commander Peter Gretton [7] auf der *„Duncan"*, dreißig Frachter zu einem Konvoi neu zu formieren. Ein Dutzend Nachzügler bildete zwei Gruppen, die weit achtern vom eigentlichen Konvoi standen, und nur je ein Geleitfahrzeug sicherte sie. Um die Situation noch zu verschlimmern, konnten die

[6] Im Monat Mai 1943 änderten die Alliierten zum ersten Mal seit einem Jahr den Funkschlüssel. Der B-Dienst war nicht mehr in der Lage, den Code zu brechen. Dönitz entbehrte so eine seiner wertvollsten Quellen über die alliierten Schiffsbewegungen. Die Folgen zeigten sich sofort darin, daß man kaum noch Fühlung an alliierten Konvois bekam.

[7] Gretton, heute Vice-Admiral Sir Peter Gretton, K.C.B., D.S.O., O.B.E., D.S.C., R.N. (Ret.), gehörte zu den besten Escort Commander im Kriege. „Gretton konnte", sagte ein anderer Offizier, „ein U-Boot in 40 sm Entfernung riechen und sofort darauf zulaufen."

Geleitfahrzeuge in dem schlechten Wetter von dem Konvoitanker keinen Brennstoff übernehmen.

Als gerade an diesem Tag die U-Boote Fühlung bekamen, mußte Gretton mit seinem Schiff nach Neufundland zur Ölübernahme zurücklaufen. Kurz darauf folgten der *„Duncan"* drei Zerstörer der 3. Support Group, die erst soeben zur Verstärkung der Sicherung zum Konvoi gestoßen waren. Aber auch sie hatten kaum noch Öl in ihren Bunkern. CINCWA befahl daraufhin sofort der 1. Support Group, aus St. John's auszulaufen, aber sie konnte nicht vor dem Angriffsbeginn am Geleitzug eintreffen. Der BdU sah der Schlacht mit großer Zuversicht entgegen, als die Nacht zum 4. Mai 1943 hereinbrach und der Sturm sich legte.

Während der Nacht griffen elf U-Boote an und versenkten fünf Schiffe. Anderntags war der Konvoi in alle Winde verstreut, und in Tagesangriffen gingen weitere vier Schiffe verloren. In der Nacht zum 5. Mai 1943 blieben nur sieben Geleitfahrzeuge beim Konvoi, aber sie waren nach den tagelangen Kämpfen und durch das schwere Wetter sehr mitgenommen. Alle Fahrzeuge verfügten nur noch über sehr wenig Brennstoff, und einige hatten nicht mehr viele Wasserbomben an Bord. Der Geleitzug befand sich außerhalb der Reichweite der landgestützten Flugzeuge, und die 1. Support Group würde erst am folgenden Tag eintreffen. Zum Angriff sammelten sich dreißig U-Boote, so daß einer der Zerstörer-Kommandanten meinte: „Der Konvoi scheint der sicheren Vernichtung entgegenzugehen."

Aber mit Einbruch der Dunkelheit kam Nebel auf, und die Geleitfahrzeuge waren nun durch Radar den U-Booten weit überlegen.

Als sich die U-Boote durch den dichten Nebel und in der Dunkelheit dem Konvoi näherten, erfaßten die Geleitfahrzeuge sie sofort und griffen ihrerseits an. In einem wilden Nachtkampf versuchten die U-Boote, 24mal zum Schuß zu kommen, aber alle wurden immer wieder abgedrängt. Die Geleitfahrzeuge versenkten vier U-Boote, zwei durch Rammung und zwei durch Wasserbomben. Drei weitere erlitten schwere Beschädigungen. Gegen 04.00 Uhr verloren die U-Boote vollständig die Fühlung zum Konvoi.

Nach Tagesanbruch erschien die 1. Support Group, überraschte mehrere verfolgende U-Boote und vernichtete eines. Ein Canso-Flugboot der RCAF verzeichnete gleichfalls einen Erfolg und schickte ein U-Boot auf den Meeresgrund. Die kleine Korvette *„Pink"*, die vier Nachzügler sicherte, trug ebenfalls ihren Teil zum Sieg bei, indem sie U-192 versenkte, als das Boot die Gruppe anzugreifen versuchte. Um die deutsche Niederlage noch zu vergrößern, waren U-439 und U-659 schon am 3. Mai kollidiert, als sie an den Konvoi heranschlossen. Beide Boote gingen unter.

Nachdem der BdU immer mehr Meldungen über die Lage erhalten hatte, brach er den Kampf ab. Zwölf Frachter waren versenkt worden, aber dafür auch sieben U-Boote verlorengegangen, zwei weitere durch Kollision.

Dönitz, durch die vernichtende Niederlage in der Schlacht um den Konvoi ONS-5 selbstverständlich enttäuscht, stellte die restlichen Boote der drei Gruppen sofort neu auf. Aber nur 18 Boote konnten noch als einsatzbereit gelten. Er setzte sie trotzdem gegen die nach Osten laufenden Konvois HX-237 und SC-129 an.

Aus dem Geleitzug HX-237 schossen die Deutschen drei Schiffe heraus, doch die Sicherung, unterstützt von der 5. Support Group, dem Geleitträger *„Biter"* und Langstreckenflugzeugen, vernichtete ein U-Boot.

Den SC-Geleitzug sicherte die kampferfahrene Escort Group B 2, die wieder unter dem Befehl von Donald Macintyre auf der *„Hesperus"* stand. Macintyre war neben dem berühmten *„Johnny"* Walker der größte U-Boat-Killer. Unter seinen Opfern befanden sich Otto Kretschmer auf U-99 und Joachim Schepke auf U-100, zwei der erfolgreichsten U-Boot-Kommandanten der deutschen Kriegsmarine. Angesichts dieser hervorragenden Escort Group gelang es nur dem alten Gegner von SC-107 und SC-118, Siegfried von Forstner auf U-402, den Sicherungsring zu durchbrechen und während des Tages im Unterwasserangriff zwei Schiffe auf den Grund des Meeres zu schicken. Später, mit Wasserbomben angegriffen, wurde sein Boot schwer beschädigt. Die Überwasserstreitkräfte und Flugzeuge versenkten zwei U-Boote.

Beinahe wäre ein weiteres U-Boot den Sicherungsstreitkräften zum Opfer gefallen. Sein Entkommen gehört zu den Sagas des zweiten Weltkrieges, die sich wirklich ereignet haben. *„Hesperus"* überraschte U-223 aufgetaucht, drückte es unter Wasser und belegte es mit Wasserbomben. Die Lage im U-Boot war verzweifelt, so daß der Kommandant, Oberleutnant z. S. Gerlach, beschloß, aufzutauchen und sich durchzukämpfen. Macintyre lief mit der *„Hesperus"* auf das U-Boot zu und feuerte mit allen Geschützen. Er warf Wasserbomben längsseits des U-Bootes, das hilflos auf der See trieb. Trotz der Beschädigungen konnte Gerlach wieder Fahrt aufnehmen, und als *„Hesperus"* nochmals zum Wasserbombenangriff anlief, feuerte U-223 Torpedos auf den Zerstörer. Als diese ihr Ziel verfehlten, nahm Gerlach Kurs auf *„Hesperus"*, die aus allen Rohren feuerte, und versuchte sie zu rammen. Schließlich stoppte das U-Boot, es konnte weder manövrieren noch Torpedos losmachen. *„Hesperus"* besaß nicht mehr viele Wasserbomben, und ihr Geschützfeuer schien keine große Wirkung zu zeigen. Da der Zerstörer gerade von einer dreimonatigen Werftzeit nach Rammung von U-357 im Dezember 1942 zurückgekommen war, wollte Macintyre sein Schiff nicht noch einmal beschädigen. Er beschloß daher, das Boot durch leichtes Rammen zum Kentern zu bringen und dann mit AK voraus zu laufen. Das U-Boot legte sich auch über. Als der Zerstörer dann aber mit dem Bug längs des Bootskörpers fuhr, richtete sich das U-Boot wieder auf. Dennoch nahm Gerlach an, daß das U-Boot untergehen werde und gab seiner Besatzung den Befehl, sich auf Deck zu begeben. Ein verwundeter Matrose fiel über Bord, ein anderer, der den Befehl mißverstand, sprang ins Wasser. Als man auf der *„Hesperus"* beobachtete, daß die Deutschen ihr Boot verließen, da es wohl bald sank, lief man zum bedrohten Konvoi zurück.

Durch das Ablaufen des Zerstörers wie durch ein Wunder gerettet, machten sich die Deutschen jedoch an die Arbeit, und am folgenden Nachmittag waren die Notreparaturen beendet. Anschließend nahm U-223 Kurs auf St. Nazaire, das sicher nach zwölf Tagen erreicht wurde. Ebenso abenteuerlich war das Schicksal des Besatzungsmitgliedes, das über Bord gesprungen war und in der Nacht verschwand. Der Matrose trieb mehrere Stunden mit seiner Schwimmweste ab, als zu seiner Überraschung in 45 m Entfernung ein U-Boot auftauchte, ihn an Bord nahm und später zurückbrachte.

Der Sieg über die U-Boote stand fest, als die Group B 7 unter Gretton nach dem Erfolg mit ONS-5 den Geleitzug SC-130 nach Osten durch die Wolfsrudel brachte und ohne eigene Verluste drei U-Boote versenkte. Hinter diesem Geleitzug folgte HX-239 mit einer starken Sicherung, der 4. Support Group und einem Geleitträger. Auch HX-239 kam ohne Verluste durch, aber zwei U-Boote wurden vernichtet.

Die U-Boot-Offensive war damit zusammengebrochen. Als die beiden Konvois England erreichten, berichtete der U-Boot-Raum in der Admiralität, daß der Funkverkehr der U-Boote im Nordatlantik aufgehört habe.

Dönitz hatte bis zum 22. Mai 1943 in den ersten drei Wochen dieses Monats 31 U-Boote verloren. Nun zog er sie aus dem Nordatlantik zurück. Die Kombination von verbessertem Radar, HF/DF, starken Sicherungsstreitkräften und Support Groups, aber auch die ständig steigende Zahl von Flugzeugen über den Konvois machten es den U-Booten unmöglich, über Wasser zu bleiben. Mit dem Verlust ihrer Überwassermobilität konnten sich die gefährlichen Wolfsrudel nicht mehr in überwältigender Anzahl konzentrieren.

„Wir waren", schreibt Dönitz, „in der Atlantikschlacht unterlegen [8]."

Acht Wochen und drei Tage, nachdem die U-Boot-Offensive ihren Zenit erreicht hatte, war sie schon wieder zusammengebrochen. So schnell hatte sich die Lage geändert, daß mehrere Wochen vergingen, ehe das volle Ausmaß des Sieges bei den Alliierten erkannt wurde. Als aber der Sommer vorüberging und die Konvois praktisch unbehelligt blieben, spürte man von den Wüsten in Afrika bis zu den weit entfernt liegenden Atollen im Pazifik immer mehr die Auswirkungen des Sie-

[8] Siehe Dönitz a. a. O., S. 334.

ges der Geleitstreitkräfte. Damit war der Weg frei zur Aufstellung der Invasionsflotte für die großen Offensiven an Land, die den Endsieg brachten.

Die Abwesenheit der U-Boote auf den Atlantik-Schiffsrouten nach dem Monat Mai 1943 dauerte bis zum Herbst des Jahres. Während dieser Zeit wurden sie mit verstärkter Flakbewaffnung und Radarwarngeräten ausgerüstet. Später im Jahr nahmen sie dann den Kampf wieder auf, aber angesichts der überwältigenden alliierten Übermacht gehörte die Wolfsrudel-Taktik mit wenigen Ausnahmen der Vergangenheit an.

Die Schlacht im Atlantik als entscheidender Einfluß auf den Ausgang des Krieges endete im Mai 1943, aber die U-Boote kämpften hinhaltend bis zum bitteren Ende und zahlten hierfür einen fürchterlichen Preis. Insgesamt gingen 785 U-Boote verloren, und von 39 000 U-Boot-Fahrern, die auf Feindfahrt ausliefen, kehrten 32 000 nicht mehr zurück. Alliierte Schiffe und Flugzeuge, die immer überlegener wurden, beherrschten die Meere und jagten die U-Boote, wo immer sie sich zeigten. Dennoch liefen die U-Boot-Fahrer weiterhin aus, und ihre Moral blieb größtenteils intakt. In der Kriegsgeschichte findet man kaum bessere Beispiele eines ungebrochenen Mutes oder eines noch stärkeren Elans.

Wie hielten die Deutschen ihre U-Boot-Waffe zusammen, während sie Verluste erlitt, die unter normalen Verhältnissen zur Auflösung geführt haben würden? Und warum wurde angesichts einer hoffnungslosen Lage der Kampf fortgesetzt?

Der hauptsächliche Grund für die Fortführung der Schlacht lag in der Bindung gewaltiger alliierter Streitkräfte durch eine verhältnismäßig kleine U-Boot-Waffe. Obwohl es ihr nach dem Mai 1943 selten gelang, den alliierten Konvois bedeutenden Schaden zuzufügen, zwang allein ihre Anwesenheit die Alliierten, starke Sicherungsstreitkräfte abzustellen. Die gegen die deutsche U-Boot-Waffe eingesetzten Männer, Flugzeuge und Schiffe standen für die kommende Invasion Europas nicht zur Verfügung.

Die Operationsabteilung der deutschen U-Boot-Führung war sich gewiß der innerhalb der Flottillen erlittenen Verluste bewußt, und den Ernst der Lage erkannten auch die von Feindfahrt zurückkehrenden erfahrenen Kommandanten. Aber in fast allen Fällen ging das U-Boot unter, bevor die hohe Moral und Disziplin seiner Besatzung zusammenzubrechen begann. Die neuen Boote befehligten gewöhnlich jüngere Kommandanten, die zum erstenmal in dieser Eigenschaft hinausfuhren, und mit dem Optimismus und dem Schwung der Jugend sorgten sie sich mehr darum, den Feind zu treffen, als daß sie selbst getötet werden könnten. Ein normaler Mensch gibt sein vorzeitiges Ende doch kaum zu, auch nicht in solchen außergewöhnlichen Fällen. Wie vorauszusehen war, fielen viele der neuen Kommandanten bereits bei der ersten Unternehmung, aber nach zwei oder drei Feindfahrten lief ihre Zeit todsicher ab. Sie verfügten ja noch nicht über die unbedingt erforderliche Erfahrung.

Vielleicht war es das Versprechen ihrer Führer, daß ihre Lage nur zeitweilig verzweifelt sein würde, neue Waffen müßten das Blatt wieder wenden. Daher erduldeten sie die Leidensmonate.

Zu den neuen Waffen gehörten hauptsächlich die neuen schnellen U-Boote, der Schnorchel, der es den U-Booten erlaubte, tagelang unter Wasser zu bleiben, und der neue *„Zaunkönig"*-Torpedo. Auch arbeitete man an der Ausschaltung des alliierten Radars.

Auch neue Taktiken wurden eingeführt. Die bedeutendste war die Ausrüstung der U-Boote mit zahlreichen Flakgeschützen, so daß sie über Wasser bleiben und den Kampf mit den Flugzeugen aufnehmen konnten. Zu Anfang erzielte man mit diesem Verfahren auch einige Erfolge, aber die Flugzeuge änderten schnell ihrerseits die Taktik, und so erlitten die U-Boote in den folgenden Monaten derart schwere Verluste, daß die Deutschen es aufgaben, sich über Wasser durchzukämpfen [9].

Die neuen schnellen U-Boote kamen im Jahre 1945 an die Front und

[9] Die Entscheidung, die Flugzeuge über Wasser zu bekämpfen, gehört zu den größten taktischen Fehlern von Dönitz. Während der 94 Tage, als der entsprechende Befehl in Kraft war, schossen die U-Boote 57 Flugzeuge ab, aber 28 U-Boote gingen dabei verloren und weitere 22 wurden beschädigt.

erzielten einige wenige Erfolge. Es ist unleugbar, daß es sich hier um eine gefährliche neue Waffe handelte. Aber diese U-Boote kamen zu spät und in zu geringer Zahl, um den Ausgang des Krieges noch zu beeinflussen; er war längst entschieden.

In der Rückschau übertrifft die Schlacht im Atlantik alle anderen Seeschlachten der Geschichte, und ihre Auswirkung ist auch in vieler Hinsicht bedeutsamer als die Schlachten von Waterloo, Gettysburg oder die Marne-Schlacht.

Roskill schreibt über die Konvoischlachten im Mai 1943: „... da Konvoischlachten nur durch Längen- und Breitengrade bezeichnet werden und keinen Namen haben, die im Gedächtnis haften wie die Seeschlacht vor Matapan, so erinnert man sich kaum an den Sieg im Mai 1943. Doch war er in seiner Art so entscheidend wie die Luftschlacht über England im Jahre 1940; denn niemals wieder war die deutsche Kriegsmarine in der Lage, unsere Lebenslinien ernsthaft zu bedrohen – geschweige denn sie noch einmal abschneiden zu können [10]."

Nicht nur in den strategischen Auswirkungen, sondern auch in der Zahl der betroffenen Handelsschiffe war die Schlacht im Atlantik von gigantischen Ausmaßen. Insgesamt liefen von und nach Großbritannien 85 775 Schiffe in 2889 gesicherten Geleitzügen über den Atlantik. Von ihnen gingen 654 aus den Konvois verloren und 1578 Einzelfahrer mit insgesamt 11 899 732 BRT allein im Nordatlantik. Über die Hälfte davon waren britische Schiffe. 30 248 Mann der britischen Handelsmarine fanden dabei den Tod, damit Großbritannien überlebte, um weiterkämpfen zu können.

In diesem Kampf, dessen Verluste zum großen Teil von den Matrosen der britischen Handelsmarine getragen wurden, ist der Sieg hauptsächlich den beiden Royal Navies zuzuschreiben, die in den 45 Monaten bis zum Frühling des Jahres 1943 meistenteils allein kämpften, da amerikanische Hilfe erst im letzten Drittel der Krise eintraf. Einige hundert Kriegsschiffe und Flugzeuge und nicht einmal 50 000 Mann der alliierten Geleitstreitkräfte waren die Stütze, von der der Ausgang

[10] Siehe Roskill: The Navy at war. Seite 277.

des zweiten Weltkrieges abhing [11]. Nur verhältnismäßig wenige ihrer Landsleute wußten damals von dem verzweifelten Kampf, den sie auf den kalten und grausamen nördlichen Gewässern zu bestehen hatten. Hätten sie versagt, wären die Folgen katastrophal gewesen, und die Niederlage der Alliierten wäre auf dem Fuß gefolgt. Die eindeutige Tat in der Hingabe und der Tapferkeit jener Männer auf den „sturmumtosten und weit entfernten Schiffen" wird insofern immer im Gedächtnis der Nachwelt bleiben, als sie in dieser ernsten und blutigen Winterkrise nicht versagt haben.

[11] Zu dem Sieg im Mai 1943 trugen außer den 12 Ocean Escort Groups noch sechs Support Groups, zwei oder drei Geleitträger und ungefähr 40 Langstrecken-Liberator-Maschinen bei.

Anhang

VERGELTUNG

Die folgenden U-Boote wurden bei den Konvoischlachten während der Winterkrisis erwähnt. Die wagemutigen U-Boot-Kommandanten befanden sich in der Minderheit, aber sie erzielten dafür auch die meisten Erfolge. Oft begaben sie sich in größte Gefahr, und nur wenige überlebten. Die meisten von ihnen ereilte ihr Schicksal schnell nach den Erfolgen. Im Durchschnitt lebten sie nur noch sechs Monate nach den Konvoischlachten. Von 59 in diesem Buch erwähnten U-Booten gingen 52 auf See verloren.

U-Boot	Kommandant	Untergang	versenkt von:	Ort
U-520	Schwartzkopf	3. 10. 1942	RCAF Sqdn 10	Nordatlantik
U-658	Senkel	30. 10. 1942	RCAF Sqdn 145	Nordatlantik
U-132	Vogelsang	3. 11. 1942	Explosion	Nordatlantik
U-626	Bade	17. 12. 1942	US-„Ingham“	Nordatlantik
U-187	Munnich	4. 2. 1943	HMS-„Vimy“ und „Beverly“	Nordatlantik
U-609	Rudloff	7. 2. 1943	franz. Korvette „Lobelia“	Nordatlantik
U-442	Hesse	12. 2. 1943	RAF Sqdn 48	vor Portugal
U-225	Leimkuhler	21. 2. 1943	US-„Spencer“	Nordatlantik
U-606	Döhler	22. 2. 1943	US-„Campbell“ und poln. Zerstörer „Burza“	Nordatlantik
U-522	Schneider	23. 2. 1943	HMS-„Totland“	Nordatlantik
U-432	Eckhardt	11. 3. 1943	franz. Korvette „Aconit“	Nordatlantik
U-444	Langfeld	11. 3. 1943	HMS-„Harvester“ und franz. Korvette „Aconit“	Nordatlantik
U-384	v. Rosenburg-Gruszcynski	19. 3. 1943	RAF Sqdn 120	vor Island
U-632	Karpf	6. 4. 1943	RAF Sqdn 86	vor Island
U-175	Bruns	17. 4. 1943	US-„Spencer“	Nordatlantik
U-192	Happe	5. 5. 1943	HMS-„Pink“	Nordatlantik
U-438	Heinsohn	6. 5. 1943	HMS-„Pelican“	Nordatlantik
U-465	Wolf	7. 5. 1943	RAAF Sqdn 10	vor Kap Ortegal
U-89	Lohmann	12. 5. 1943	HMS-„Biter“ Sqdn 811 HMS-„Broadway“ und „Lagan“	Nordatlantik
U-266	v. Jessen	14. 5. 1943	RAF Sqdn 86	Nordatlantik

U-Boot	Kommandant	Untergang	versenkt von:	Ort
U-456	Teichert	13. 5. 1943	HMS-„Lagan“ HMS-„Drumheller“ RAF Sqdn 423	Nordatlantik
U-753	v. Manstein	15. 5. 1943	unbekannt	südwestl. v. Island
U-381	v. Puckler	19. 5. 1943	HMS-„Duncan“ und „Snowflake“	Nordatlantik
U-521	Bargsten	2. 6. 1943	Bewacher 565	vor d. Küste Virginias
U-435	Strexlow	9. 7. 1943	RAF Sqdn 179	westl. v. Figueria
U-409	Massman	12. 7. 1943	HMS-„Inconstant“	nördl. v. Algier
U-527	Uhlig	23. 7. 1943	US-„Bogue“ Sqdn VC-9	südl. d. Azoren
U-614	Sträter	29. 7. 1943	RAF Sqdn 172	vor Kap Finisterre
U-591	Zeismer	30. 7. 1943	USN Sqdn VB-127	vor Pernambuco
U-462	Vowe	30. 7. 1943	RAF Sqdn 502	Nordatlantik
U-454	Hackländer	1. 8. 1943	RAAF Sqdn 10	nördl. v. Kap Finisterre
U-604	Höltring	11. 8. 1943	selbstversenkt nach Angriff von VB-129, VB-107 und US-„Moffett“	östl. v. Pernambuco
U-84	Uphoff	24. 8. 1943	US-„Core“ Sqdn VC-13	vor den Azoren
U-523	Pietzsch	25. 8. 1943	HMS-„Wanderer“ und „Wallflower“	südwestl. v. Island
U-338	Kinzel	20. 9. 1943	RAF Sqdn 120	westl. v. Vigo
U-229	Schetelig	22. 9. 1943	HMS-„Keppel“	Nordatlantik
U-221	Trojer	27. 9. 1943	RAF Sqdn 58	südwestl. v. Island
U-460	Schnorr	4. 10. 1943	US-„Card“ Sqdn VC-9	nördl. d. Azoren
U-643	Speidel	8. 10. 1943	RAF Sqdn 86 und 120	Nordatlantik
U-402	v. Forstner	13. 10. 1943	US-„Card“ Sqdn VC-9	nördl. d. Azoren
U-631	Krüger	17. 10. 1943	HMS-„Sunflower“	südl. v. Grönland
U-600	Zurmuhlen	25. 11. 1943	HMS-„Bazley“ und „Blackwood“	nördl. d. Azoren
U-377	Kluth	Jan. (?) 1944	unbekannt	Nordatlantik
U-305	Bahr	17. 1. 1944	HMS-„Wanderer“ und „Glenarm“	südwestl. v. Irland
U-91	Hungerhausen	25. 2. 1944	HMS-„Affleck“, „Gore“ und „Gould“	Nordatlantik
U-603	Bertelsmann	1. 3. 1944	US-„Bronstein“	Nordatlantik
U-653	Kandler	15. 3. 1944	HMS-„Vindex“, „Starling“ und „Wild Goose“	Nordatlantik
U-223	Gerlach	30. 3. 1944	HMS-„Laforey“, „Tumult“, „Hambledon“ und „Blencathra“	Mittelmeer
U-68	Lauzemis	10. 4. 1944	US-„Guadalcanal“ Sqdn VC-58	vor den Azoren

U-Boot	Kommandant	Untergang	versenkt von:	Ort
U-441	Hartmann	18. 6. 1944	Poln. Sqdn 304	nordöstl. v. Ushant
U-413	Sachse	20. 8. 1944	HMS-„Wensleydale", „Forester", und „Vidette"	südl. v. England
U-230	Eberbach	21. 8. 1944	selbstversenkt in Toulon während der Invasion	Toulon
U-262	Laudahn	erbeutet in franz. Hafen nach der Invasion, 1945		
U-260	Becker	12. 3. 1945	Mine	südwestl. von Kinsale
U-298	Gehrken	nach der Kapitulation in Bergen im Mai 1945 übergeben		
U-758	Feind	nach der Kapitulation in Kiel im Mai 1945 übergeben		
U-267	Knieper	selbstversenkt in Flensburg im Mai 1945		
U-704	Nolte	selbstversenkt in Vegesack im Mai 1945		
U-530	Wehrmuth	in Argentinien im Juli 1945 ausgeliefert		

BIBLIOGRAPHIE

W. S. Chalmers: Max Horton and the Western Approaches. London 1958.
W. S. Churchill: The Second World War. Siehe dt. Ausgabe.
K. Dönitz: 10 Jahre und 20 Tage. Frankfurt/Bonn 1963.
A. Easton: 50° North. London 1963.
W. Frank: Die Wölfe und der Admiral. Oldenburg/Hamburg 1953 ff.
P. Gretton: Convoy Escort Commander. London 1964.
H. A. Jacobsen und J. Rohwer: Entscheidungsschlachten des zweiten Weltkrieges. Frankfurt 1960.
E. J. King and W. Muir Whitehill: Fleet Admiral King. A naval record. New York 1952.
H. T. Lenton: German Submarines. Band 1 und 2. London 1965.
D. Macintyre: The Battle of the Atlantic. London 1961.
D. Macintyre: U-Boat Killer. London 1956.
S. Morison: History of United States Naval Operations in World War II. Band I und X. Boston 1947 und 1962.
T. Roscoe: United States Destroyer Operations in World War II. Annapolis 1953.
S. W. Roskill: The War at Sea. London 1954 ff.
S. W. Roskill: The Navy at War 1939–1945. London 1960. Siehe deutsche Ausgabe: Royal Navy. Britische Seekriegsgeschichte 1939–1945. Oldenburg/Hamburg 1961.
F. Ruge: Der Seekrieg 1939–1945. Stuttgart 1962. 3. Auflage.
J. Schull: The Far Distant Ships. Ottawa 1950.
United States Submarine Losses World War II. Washington 1963.
D. E. G. Wemyss: Walker's Group in the Western Approaches. Liverpool 1948.
M. F. Willoughby: The US Coast Guard in World War II. Annapolis 1957.

SIEGFRIED FRHR. VON FORSTNER

Kleines Porträt eines erfolgreichen U-Boot-Kommandanten

Auf dem Kampffeld, sei es im Kriege, wo es um Leben oder Tod geht, oder in der Sportarena in einem weniger gefährlichen Wettbewerb, heben sich immer einige Menschen klar über ihre Umgebung hervor, die über besondere und oft unbestimmte körperliche und geistige Kräfte verfügen, die es ihnen erlauben, Ziele zu erreichen, die den meisten Menschen verwehrt sind. Wenigen gelingt es mit offenbarener Leichtigkeit, als ob sie für den Erfolg geboren wären. Anderen gelingt dies nur durch eine verbissene Entschlossenheit und ein unerbittliches Training, angespornt von einem zähen Willen. Solche großen Männer haben ihre Veranlagung fast immer ererbt erhalten, aber es bleibt nur zu häufig offen, wem sie ihre Erbfaktoren verdanken. Denn die Eltern, von denen das Kind seine Charakterzüge wahrscheinlich ererbt hat, bilden auch die Umgebung, in der es heranwächst, und die Einflüsse beider, Eltern und Umwelt, können wohl nie eindeutig abgegrenzt werden.

Für Korvettenkapitän Siegfried Freiherr von Forstner blieb diese Frage freilich nahezu akademisch. Er wurde als Sohn eines Generals der Infanterie (Regimentskommandeur im ersten Weltkrieg und Träger des „Pour le mérite mit Eichenlaub") geboren und im Hinblick auf eine militärische Laufbahn für den Dienst am Vaterland erzogen. So trat der junge von Forstner, vierte Generation einer preußischen Familie, ebenfalls in den Soldatenstand. Sein Großvater und sein Urgroßvater waren ebenfalls Heeresoffiziere gewesen, und ein Onkel war Kommandant von U-1 und U-28 während des ersten Weltkrieges, in dessen Verlauf ein anderer Onkel in der Kaiserlichen Marine vor dem Feinde blieb. Als Siegfried und sein nächstjüngerer Bruder, Wolfgang-Friedrich, das entsprechende Alter erreicht hatten, meldeten sie sich zur Marine. Die beiden jüngsten Brüder traten später in das Heer ein [1].

Nach dem Besuch der Marineschule im Jahre 1933 und seiner Beförderung zum Leutnant zur See diente Siegfried Freiherr von Forstner zunächst auf dem Panzerschiff „Admiral Scheer" mit besonderer Ausbildung zum Artillerieoffizier. Anschließend fuhr er drei Jahre als ATO auf dem Leichten Kreuzer

[1] Den Krieg überlebte von den vier Brüdern nur Wolfgang-Friedrich, der nach der Versenkung seines U-Bootes U-472 in Gefangenschaft geriet.

„Nürnberg". Als Siegfried Freiherr von Forstner bei Ausbruch des Krieges erkannte, daß wohl die U-Boote, nicht aber die Leichten Kreuzer im Seekrieg eine Rolle spielen würden, meldete er sich zur U-Boot-Waffe. Im Dezember 1939 mußte die „Nürnberg" nach einem Torpedotreffer durch das britische U-Boot „Salmon" in die Werft, und so wurde von Forstner zur U-Boot-Ausbildung abkommandiert, einige Wochen vor der Norwegen-Unternehmung, an der fast die gesamte deutsche Flotte teilnahm.

Der Höhepunkt einer jeden Marineoffiziers-Laufbahn, daher wohl auch der Hauptgrund des Bestehens dieses Berufszweiges, ist der Kampf zur See. Siegfried Freiherr von Forstner, von dem Norwegen-Unternehmen ausgeschlossen, konnte in der U-Boot-Schule nur mit wachsender Ungeduld und Enttäuschung die Berichte über die Kämpfe in Norwegen verfolgen. Noch nicht genug – der im Mai 1940 eingeleitete Krieg im Westen endete nach kurzer Zeit mit dem deutsch-französischen Waffenstillstand. Damit schien auch der Krieg auf dem Meer zu Ende zu sein. Andererseits aber wurde die Operation „Seelöwe", die für den Herbst geplante deutsche Landung in England, verschoben, der Krieg gegen England stellte die U-Boot-Waffe vor neue Aufgaben.

Im September 1940 beendete Siegfried Freiherr von Forstner – inzwischen zum Kapitänleutnant befördert – die U-Boot-Ausbildung und kam sofort als Kommandantenschüler zu Kretschmer auf U-99. Kretschmer hatte sich gleich nach dem Wiederaufbau der U-Boot-Waffe im Jahre 1935 zu dieser Waffengattung gemeldet und war inzwischen zum erfolgreichsten deutschen U-Boot-Kommandanten aufgestiegen, gefolgt von Schepke auf U-100 und Prien auf U-47. Prien hatte in Scapa Flow das Schlachtschiff „Royal Oak" versenkt.

Aufgrund seines Ranges als Kapitänleutnant sollte Siegfried Freiherr von Forstner ein neues U-Boot übernehmen, ohne als WO gefahren zu sein. Ein Mindestmaß an Kampferfahrung sollte er als Kommandantenschüler unter Kretschmer sammeln. Die Feindfahrt war nur kurz. Immerhin hatte er Gelegenheit, zu sehen, wie ein äußerst erfahrener U-Boot-Kommandant mehrere Angriffe fuhr.

Als U-99 im Spätherbst 1940 zurückkehrte, erhielt Siegfried Freiherr von Forstner ein kleines Schul-U-Boot für die Zeit von fünf Monaten, dann erst konnte er sein neues U-Boot, U-402, in Danzig übernehmen. Man hatte ihn von U-99 nicht zu früh abkommandiert; kurz darauf wurde U-99 versenkt, und Kretschmer geriet in Gefangenschaft.

Nach der Indienststellung von U-402 bildete von Forstner im Sommer 1941 Boot und Besatzung aus. Im Oktober 1941 lief er zur ersten Feindfahrt aus; sie war nur ein ereignisloser Vorstoß in den Nordatlantik. Auf der zweiten Unternehmung vor den Azoren versenkte U-402 die „Llongibby Castle".

Die dritte Operation blieb bis zum letzten Tag erfolglos. Siegfried Freiherr von Forstner kochte vor Wut. Seiner Verbitterung machte er Luft in einem Brief an seine Frau Annamaria:
„Wir haben Krieg und schließlich ist das keine Erholung. Aber hier sitzen wir nun in einer endlosen blauen Wasserwüste unter ewig strahlender Sonne — kein Feind, überhaupt gar nichts — und andere müssen die ganze Last des Kampfes allein tragen. Es ist zum Verzweifeln."
Diese Unzufriedenheit war verständlich. Dennoch schlossen diese bisherigen erfolglosen Unternehmungen für den Kommandanten, der ein Neuling auf U-Booten war, die Chance in sich ein, selber zu lernen und seine Besatzung auszubilden. Die U-Boote erlitten besonders auf der ersten Feindfahrt die größten Verluste. Überlebten sie aber die erste Unternehmung, so hatten sie zumindest gelernt, vorsichtig zu sein. Alles andere erforderte Erfahrung, dies um so mehr, als die wagemutige Natur von Forstners stets auf Taten aus war. Einer seiner früheren Wachoffiziere erinnert sich an ihn aus diesen Tagen:
„Siegfried Freiherr von Forstner wurde U-Boot-Kommandant, ohne je als WO gefahren zu sein, folglich waren seine Erfolge zuerst nicht groß. Seinen Mangel an Erfahrung machte er durch Draufgängertum wett. Er ließ es leicht an der notwendigen Vorsicht fehlen."
Aber diese Charakterisierung ist für Siegfried Freiherr von Forstner doch nicht angemessen. Ein vernünftiges Eingehen auf ein Risiko hatte in diesem Fall weder mit Prahlerei noch Tollkühnheit zu tun, auch nichts mit plötzlicher Eingebung und unverschämtem Glück. Es gründete sich auf Realität und Vorbereitetsein, nur der Verstand konnte zuletzt bestimmend sein, kurz eine Verantwortung über sich selbst hinaus.
„Die hervorragendste Eigenschaft eines Erfolgsmenschen", sagt ein führender amerikanischer Psychologe, „ist seine Fähigkeit, Risiken auf sich zu nehmen. Während seines ganzen Lebens prüft er die Grenzen seiner Fähigkeiten."
Die Erfahrung im Kampf hat wiederholt bewiesen, daß solche Männer nicht nur äußerst selten Unfällen oder Unglücken ausgesetzt sind, sondern bei ihren Erfolgen auch weniger Verluste erleiden als jene, die immer auf Sicherheit bedacht sind. Die Versenkung des US-Bewachers „Cythera" (PY-26), die am letzten Tag der dritten Feindfahrt von Forstner im Operationsgebiet gelang, ist hierfür ein sprechendes Beispiel.
Im allgemeinen vermieden es die U-Boot-Kommandanten, Geleitfahrzeuge anzugreifen; denn die Boote befanden sich, wenn sie ein derartig schnelles und schwer zu treffendes Ziel verfehlten, zweifellos in der Rolle des Gejagten anstatt des Jägers, sie mußten die ausdauernden Wasserbombenangriffe eines Kriegsschiffes über sich ergehen lassen und entkamen meist durch Glück.
Um aber einen Erfolg auf seiner dritten Unternehmung zu erzielen, die seit

Wochen nichts eingebracht hatte, war Siegfried Freiherr von Forstner am 2. Mai 1942 bereit, jede Gelegenheit zu einem erfolgreichen Abschluß seiner diesmaligen Feindfahrt wahrzunehmen. Gegen 04.25 Uhr sichtete die Brückenwache auf U-402 rund 100 sm östlich von Kap Fear, North Carolina, in vier sm Entfernung ein Kriegsschiff, das mit 14 kn und Zickzackkursen nach Süden lief. Siegfried Freiherr von Forstner blieb mit seinem Boot über Wasser, setzte sich vor und schätzte Kurs und Geschwindigkeit. Zwei Stunden später stand er voraus in guter Angriffsposition und tauchte zum Unterwasserschuß. Zunächst konnte er durch das Angriffssehrohr nichts entdecken, aber um 06.41 Uhr machte er das Ziel in etwa 700 m Entfernung aus. Es war eine ideale Angriffsposition. Er feuerte einen Dreierfächer, zwei Torpedos trafen das unglückliche Fahrzeug mittschiffs. Dessen auf 45 m eingestellten Wasserbomben explodierten, als das Heck unterging, und nach kaum einer Minute versank auch das Vorschiff.
Von Forstner tauchte auf und lief auf die Untergangsstelle zu, die ein großer Ölfleck kennzeichnete. Er fand nur noch zwei Überlebende auf einem Floß, die er an Bord nahm. Bei dem Schiff handelte es sich um eine große Yacht, die vor einigen Monaten von der US-Marine übernommen und in einen Bewacher umgebaut worden war. Es war die 850 BRT große und 75 m lange „Cythera", die sich auf dem Weg von Norfolk nach Pearl Harbour via Panama-Kanal befand. Von 71 Offizieren und Mannschaften waren mit Ausnahme der zwei Geretteten alle untergegangen. Von diesen beiden Überlebenden, einem Sanitätsmaat und einem Matrosen, gehörte der erste zur Besatzung der „Oklahoma", die vor fünf Monaten in Pearl Harbour vernichtet worden war.
Von Forstner schrieb über die Überlebenden in einem Brief an seine Frau: „Wir hätten sie eigentlich hinter Schloß und Riegel halten sollen. Wie Du weißt, ist aber auf einem U-Boot ja nicht gerade reichlich Platz. Außerdem waren es nette Kerle und durchaus gutwillig. So aßen sie gemeinsam mit uns, und wir brachten sie auf unsere Art nach Hause, ohne daß dabei irgend jemand Schaden gelitten hätte. Beim Einlaufen empfing sie dann eine Wache und führte sie in der üblichen Weise ab, wie das nun einmal bei Kriegsgefangenen für richtig gehalten wird — sehr zur Bestürzung meiner Besatzung, welche von den beiden eingeladen worden war, sie nach dem Krieg zu Haus in den Staaten zu besuchen."
Auf der nächsten Feindfahrt wurde U-402 vor Kap Hatteras durch Wasserbomben schwer beschädigt und lief daraufhin zum Stützpunkt La Pallice zurück. Um diese Zeit schrieb er:
„Du weißt, es ist viel leichter, mit einem Erfolg zurückzuhumpeln, obgleich etwas schwerer zu ertragen, als gesund und munter nach einer vollkommen ereignislosen Feindfahrt nach dem Stützpunkt zurückzukehren — und trotz

solch ungünstiger Umstände noch die Disziplin aufrechtzuerhalten oder vielmehr sie als immer noch unerfahrener Kommandant bei einer Besatzung einzuführen, die noch durch den Kampf zusammengeschweißt und auf einen hohen moralischen Stand gebracht werden muß."
Auf vier nahezu ruhigen Unternehmen, auf denen er das Handwerk lernte, allerdings mit zwei Versenkungen und einem Wasserbombenangriff zur Gewöhnung, war die Besatzung von U-402 inzwischen fronterfahren geworden, ohne aber bisher die Härte eines richtigen Kampfes durchgestanden zu haben, die nur gegen einen gesicherten Konvoi gewonnen werden konnte. Als daher von Forstner bei seiner folgenden Feindfahrt im November 1942 auf die erste große Gruppe zahlreicher Ziele, den Konvoi SC-107, stieß, ging er entschlossen vor und setzte sich wie nur wenige Kommandanten unausbleiblichen Gefahren aus. Er erzielte hierbei aufgrund seiner Beharrlichkeit und seines unbekümmerten Wagemuts die bereits geschilderten großen Erfolge.
Auf der nächsten Unternehmung, als er es mit der außergewöhnlich starken Sicherung um den Geleitzug SC-118 zu tun hatte, war die Versenkung von sieben Schiffen eine der hervorstechendsten Leistungen im U-Boot-Krieg des jetzt vollkommen zuversichtlichen von Forstner. Er zog sich erst dann zurück, als er den letzten Torpedo verschossen hatte.
Nach dieser Geleitzugschlacht wurde von Forstner als Held empfangen, am Tage seines Einlaufens erhielt er das Ritterkreuz.
Der allgemeine Eindruck, der über seinen letzten Sieg entstanden war, ließ von Forstner noch mehr als früher zurückhaltend über seine Erfolge sein. Wenn aber die Leistungen seiner Besatzung erwähnt wurden, erwärmte er sich sichtlich, besonders über die Tat seines Obermaschinisten Fischer, der fieberhaft gearbeitet und mit der Hand ein Lager in den Backbordmotor eingesetzt hatte, so daß U-402 wieder in der Lage war, die Operation fortzusetzen und mit dem Konvoi erneut Fühlung bekam. Drängte man ihn nun und fragte, welche Rolle denn er dabei gespielt habe, antwortete er, so erinnert sich ein Freund, immer unter Lächeln: „Ich habe eigentlich meistens geschlafen. Wissen Sie, ich muß ja sozusagen im voraus schlafen, denn wenn es einmal losgeht, gibt es für mich keinen Schlaf mehr, bis alles vorbei ist."
Aber die Bereitschaft, seiner Besatzung einen großen Anteil an den Erfolgen zuzugestehen, hinderte ihn nicht daran, ein strenger Vorgesetzter [2] und gegenüber Nachlässigkeit unnachgiebig zu sein. Für den nunmehr fronterfahrenen U-Boot-Kommandanten zeichneten sich bald recht sonderbare Gefahren ab. Viele der neuen Männer waren in der Hitlerjugend zu sogenannten „Supermännern" erzogen worden, sehr zum Ärger des Kommandanten von

[2] Ein ehemaliger Untergebener erinnert sich seiner als „an einen äußerst korrekten Offizier, durch und durch preußisch".

U-402, der rasch erkannte, daß sie alle zu willig waren, sich Autorität anzumaßen, ohne ein tieferes Gefühl für Verantwortung und Selbstkontrolle zu besitzen [3]. Vor allem empfand er es als ärgerlich, dauernd einige der neuen Männer ermahnen zu müssen. Darüber sagte er einmal zu seiner Frau:
„Wenn es mir in ihrem Alter passierte, daß jemand es für nötig hielt, mir etwas zu sagen, dann hatte er aber mit Sicherheit kein zweites Mal mehr Grund dazu. Das kannst Du mir glauben." Aber er fügte sogleich hinzu: „Diese Jammerei über die Unzulänglichkeiten der jüngeren Offiziere, ohne etwas zu unternehmen, ist Dummheit. Wenn wir wirklich finden, daß sie in dieser oder jener Hinsicht nicht so sind, wie sie sein sollten, ist es unsere Sache, es ihnen zu sagen — und zwar so taktvoll und kameradschaftlich wie nur möglich. Wenn uns das zu mühsam ist, haben wir ebensoviel Schuld wie sie."
Innerhalb von zwei Monaten formte von Forstner die neuen Männer, daß sie in seine erfahrene Stammbesatzung integriert würden. Er wußte genau, daß nur ein schwaches Glied in der U-Boot-Besatzung allen das Leben kosten könnte. Daß es ihm gelang, bei seiner Besatzung durch ständige Ausbildung einen Sinn für den „esprit de corps" und dadurch Erfolge auf See zu erzielen, bewies der Stolz der Besatzung von U-402 auf ihren Kommandanten und auf ihr Boot. An Land, in La Pallice, prahlten sie davon gegenüber den französischen Mädchen, und die wesentlichsten Dinge wurden auch sofort von der französischen Untergrundbewegung an die Alliierten weitergegeben. Ein Bericht des amerikanischen Geheimdienstes aus dem Sommer 1943 enthält die Mitteilung, daß die Besatzung von U-402 an den Mützen rote „Bommel" trage, welche Freifrau Annamaria von Forstner gefertigt habe. (Von Forstner heiratete im Dezember 1940, während er auf seinem kleinen Schulboot die Übernahme des Kommandos von U-402 abwartete.)
U-402 lief im April 1943 zur 7. Feindfahrt aus und stieß Anfang Mai auf den Konvoi SC-129, der von der Escort Group B 2 gesichert wurde, dem alten Gegner vom Februar dieses Jahres. Jetzt befehligte sie Commander Donald Macintyre. Von allen U-Booten, die Fühlung mit dem Geleitzug hatten, gelang es nur U-402, auf Handelsschiffe zum Schuß zu kommen; es versenkte auch zwei Frachter. Aber die Geleitstreitkräfte schlugen hart zurück; U-402 mußte Wasserbombenangriffe über sich ergehen lassen und erlitt ernsthafte Beschädigungen. Außer Kontrolle, sank das U-Boot weit unterhalb der zulässigen Tauchtiefe. Als es schon schien, daß der ächzende, stöhnende Boots-

[3] Im Verlauf des Krieges waren viele der neuen U-Boot-Fahrer begeisterte Nationalsozialisten, sehr zum Unbehagen älterer Marineoffiziere, die vor Hitlers Machtübernahme in die Marine eingetreten und als Gruppe dem Nationalsozialismus nicht zugänglich waren. So hieß es doch auch, daß die Wehrmacht aus der preußischen Armee, der Kaiserlichen Marine und der NS-Luftwaffe bestehe.

körper dem gewaltigen Wasserdruck nicht mehr länger standhalten würde, kam das Boot doch wieder in Trimmlage. Doch explodierten immer noch die Wasserbomben um das U-Boot, das Ende war vorauszusehen. Von Forstner rief nun die meisten Besatzungsmitglieder in die Zentrale und betete mit ihnen. Endlich verloren die Geleitfahrzeuge den Kontakt, und U-402 entfernte sich in Schleichfahrt. Anschließend nahm es Kurs auf La Pallice.
Durch ein Besatzungsmitglied erfuhr die Frau des U-Boot-Kommandanten von dem knappen Entkommen des Bootes und von der Versammlung in der Zentrale. Auf ihre besorgten Fragen antwortete von Forstner: „Du siehst, was immer auch geschieht, wir sind dort draußen nicht verlassen, wenn es auch eines Tages so scheinen mag."
Als Folge der Beschädigungen mußte U-402 über drei Monate in der Werft bleiben, und von Forstner kam auf Urlaub nach Hamburg. Die nervlichen Belastungen eines fast dreijährigen Fronteinsatzes machten sich bemerkbar, ebenso nahm seine Enttäuschung über den Nationalsozialismus allmählich seine letzten Illusionen fort. Von einer Besprechung, zu der er befohlen worden war, kam er in düsterer, ja deprimierter Stimmung nach Hause: „Das ist doch wirklich die Höhe", explodierte er, „man hat uns gerufen, um uns zu sagen, daß wir den Feind hassen und verachten sollen, wir könnten sonst unsere Pflicht nicht erfüllen. Mein Verantwortungsbewußtsein braucht keine Stütze durch solche Gefühle. Allein schon der bloße Hinweis darauf ist eine Unverschämtheit. Warum soll ich die Feinde hassen? Sie verteidigen ihr Vaterland wie ich das meine. Sie verachten? Wozu? Keinem von uns dort draußen, der bei Sinnen ist, würde es auch nur im Traum einfallen, den Gegner zu unterschätzen. Täten wir es, so könnte das leicht unser Ende werden. Und außerdem — wie ausgesprochen dumm das wäre! Den Feind verharmlosen hieße doch nur, die eigene Leistung zu schmälern, wenn man bisher das Glück hatte, ihm über zu sein."
Gegen Ende seines Urlaubs begannen die schweren britischen Luftangriffe auf Hamburg. Alle Häuser in der Nachbarschaft gingen in Flammen auf, ausgenommen das kleine Haus des U-Boot-Kommandanten und das anliegende Gebäude. Von Forstner und seine Frau befanden sich während des Luftangriffs auf dem Dach und versuchten, die von den Bomben verursachten Brände zu bekämpfen. Zwei Feuerherde konnten sie löschen. Natürlich hatte von Forstner darüber seine unmißverständlichen Gedanken. „Dies ist einfach gemein", sagte er. „Draußen ist es schon schlimm genug. Aber wenn mich dort jemand angreift, kann ich mich doch wenigstens wehren und mit aller Kraft zurückschlagen, und das sage ich, ich tu's auch! Aber hier kann man ja nur ruhig dasitzen und das Beste hoffen, die reine Zielscheibe ist man. Und sich sagen zu müssen, daß alles, was wir draußen tun, so einen Angriff nicht verhindern kann!"

Als sich der Urlaub dem Ende näherte, war von Forstner immer stärker beunruhigt von dem, wie es ihm schien, unvermeidlichen Schicksal Deutschlands. Unter der alliierten Übermacht gingen täglich mehr und mehr U-Boote verloren, die Besatzungen ließen ihre Wertsachen bereits an Land zurück. Sie setzten ihren Letzten Willen und ihr Testament auf, ehe sie wieder zum Stützpunkt zurückkehrten, aber dennoch liefen sie weiter aus.

An einem der letzten Abende seines Urlaubs sprach von Forstner auch von der Möglichkeit, daß alliierte Geleitstreitkräfte eines Tages U-402 versenkten.

„Wenn ich sehe", sagte er, „daß ich das Spiel verloren und keinerlei Chance mehr habe, so kannst du sicher sein, daß ich keine Dummheit machen werde. Ich werde dann versuchen, meine Männer und mich zu retten. Der Krieg wird für uns damit zu Ende sein, und nach dem Krieg wird es mehr als genug für uns zu tun geben. Sollte es jedoch geschehen, daß das Boot in die Tiefe geht und wir nicht mehr herauskommen, so quäle dich nicht mit dem Gedanken, daß wir langsam ersticken müssen. Das läßt sich verhindern. Aber es ist das allerletzte Mittel, und du kennst mich gut genug, um zu wissen, daß ich es nur dann anwenden werde, wenn es sein muß."

U-402 verließ im September 1943 den Stützpunkt zur achten — und letzten — Feindfahrt. Es stieß zur Gruppe „Leuthen", die den Konvoi ON-202 im Nordatlantik angriff und zum erstenmal den neuen „Zaunkönig"-Torpedo einsetzte. Sechs Handelsschiffe und drei Sicherungsfahrzeuge wurden unter schweren Menschenverlusten versenkt, aber die Geleitstreitkräfte schickten dafür drei U-Boote auf den Meeresgrund. Während der Konvoischlacht beschädigte eine Liberator U-377 schwer 12 sm achtern vom Geleitzug. Das Boot wäre wahrscheinlich untergegangen, hätte von Forstner nicht herangeschlossen und mit seiner Flak das Flugzeug vertrieben. Diese erfolgreiche Abwehr dürfte sein späteres Handeln beeinflußt haben.

Am Morgen des 13. November 1943 steuerte von Forstner, der seit über fünf Wochen auf See stand, über Wasser einige Hundert Seemeilen nördlich der Azoren auf einen Treffpunkt mit einer „Milchkuh" zu, um seinen nahezu erschöpften Brennstoffvorrat zu ergänzen. Es war ein interessantes Zusammentreffen, da voraus von U-402 mit Westkurs der GUS-Geleitzug marschierte, den die Task Force 63 unter Captain Roy L. Raney, USCG, auf dem Küstenwachkutter „Bibb" sicherte. Außerdem gehörte zu den Geleitstreitkräften die „Ingham", also ein weiteres Fahrzeug, dem von Forstner, wie der „Bibb", in der Nacht vom 8. Februar 1943 mit knapper Not entkommen war. Nördlich des Konvois lief der US-Geleitträger „Card". Kurz nach Mittag sichtete eine TBF des Geleitträgers mit dem Piloten Lieutenant-Commander Howard M. Avery, USN, dem Squadron Commander der VC-9 auf der „Card", ein U-Boot 25 sm südlich des Trägers. Die Maschine griff im

Sturzflug mit den Maschinenwaffen feuernd an. Als das U-Boot nicht tauchte, kreiste Avery, der keine Bomben, sondern nur einen gegen aufgetauchte U-Boote unwirksamen Mk 24-Zielsuchtorpedo hatte, eine Seemeile achtern von U-402, außerhalb der Reichweite der Fla-Waffen des Bootes. Dabei bat er um Unterstützung. Eine weitere TBF mit dem Piloten Ensign B.C. Sheela griff daraufhin an. U-402 wurde zwar überrascht, aber die Wasserbombe detonierte in rund 180 m Entfernung. Jetzt ergriff von Forstner die Chance und tauchte. Als der Turm unter Wasser verschwand, setzte Avery zum Sturzflug an und warf den neuen Mk 24-Zielsuchtorpedo in ungefähr 90 m Entfernung von der Tauchstelle. Der Torpedo steuerte auf das Schraubengeräusch des U-Bootes zu und explodierte 25 Sekunden später unter einer gewaltigen Detonation. Einige Minuten später bezeichneten nur ein sich vergrößernder Ölfleck und zwei zylindrische Metallgegenstände das Grab von U-402. Auch dessen Kommandant und seine Besatzung waren für immer von der See abberufen.

Nach dem Kriege klagte man die U-Boot-Fahrer als die größten Verbrecher an, die mutwillig Tausende von unschuldigen Matrosen der Handelsschiffahrt getötet hätten. Ohne Zweifel richteten auch unsere Unterseeboote großen Schaden bei beträchtlichen Menschenverlusten an, aber daß der Tod durch ein Torpedo hinterhältiger sei als der durch eine Bombe, die in der Nacht hoch oben vom Himmel abgeworfen wird, ist genauso unhaltbar wie die Behauptung, daß ein Konvoi mit bewaffneten Handelsschiffen und gesichert von Kriegsschiffen ein wehrloses Ziel darstelle. Der Kontrast zwischen der sogenannten Willkür der U-Boot-Fahrer und des fast ritterlichen Rufes der deutschen Hilfskreuzer ist zum großen Teil der Tatsache zuzuschreiben, daß ein Hilfskreuzer ein Schiff gewöhnlich erst nach Anhalten versenkt und anschließend die Überlebenden aufnimmt.

Durch technische und taktische Beschränkungen waren die U-Boote verhindert, ebenfalls so zu handeln. Daraus leitete man dann die Anklagen mutwilliger Grausamkeit und Gefühllosigkeit ab. Aber sogar die Besatzung auf den alliierten Geleitfahrzeugen fischte zu jener Zeit unter weniger widrigen Umständen nicht einmal die eigenen Leute auf, ja mehr als ein Escort Commander wurde gerügt, weil er in Vernachlässigung seiner taktischen Aufgaben Schiffbrüchige gerettet hatte [4].

[4] Des öfteren zogen die Befehlshaber auf beiden Seiten die Vernichtung des Gegners der Rettung von Überlebenden vor. Das berühmteste Beispiel dafür ist die Versenkung des britischen Truppentransporters „Laconia" im August 1942. Nach dem Auftauchen stellte Hartenstein, der Kommandant von U-156, fest, daß sich an Bord des Schiffes 1800 italienische Kriegsgefangene, 971 Besatzungsmitglieder und Soldaten samt achtzig Frauen und Kindern befanden. Hartenstein begann sofort mit der

Nachdem sich die Leidenschaften des Krieges abgekühlt haben, erfordern die Tapferkeit, der Geist und die Hingabe, mit der die Männer der U-Boot-Waffe kämpften, den Respekt der Soldaten auf der anderen Seite. Daß die Deutschen einer Regierung dienten, die diabolische Ziele verfolgte, war ihr Unglück. Sie haben dies später bedauert. Andererseits kämpften auch sie damals wie die Alliierten für ihre Heimat und für ihr Volk. Als Berufssoldaten erfüllten sie ihre Pflicht und wußten wenig von den eigentlichen politischen Zielen des Krieges. Sie hätten allerdings auch keine Möglichkeit gehabt, um dagegen einzuwirken. Jene unter den alliierten Seeleuten, die gegen sie zum Kampfe antraten, verachteten das nationalsozialistische Regime mit allen seinen Folgen. Dennoch sind sie unter den ersten gewesen, die sich den Worten des Oberbefehlshabers der deutschen U-Boot-Waffe angeschlossen haben, die er gerade in bezug auf seine Soldaten niedergeschrieben hat: „Niemand sollte das Soldatentum des letzten Krieges herabsetzen; man verletzt sonst die Ehrfurcht vor denjenigen, die in Erfüllung ihrer Pflicht gefallen sind.“ [5]

Rettungsaktion, funkte die Position der Untergangsstelle an die Engländer und versprach, kein Schiff anzugreifen, das zur Unterstützung herbeilief. Der BdU befahl auch anderen U-Booten die Hilfeleistung und bat die Franzosen, Schiffe zu entsenden. Während die U-Boote über Wasser standen und sich auf ihren Decks die Schiffsbrüchigen aufhielten sowie große Rote-Kreuz-Flaggen zeigten, erschien eine US-Liberator, die nahezu eine Stunde über dem Schauplatz kreiste. Schließlich griff sie doch an und warf Bomben mitten unter die Überlebenden. Obgleich beschädigt, setzten die U-Boote die Rettungsarbeiten fort und zogen Hunderte von Schiffbrüchigen aus dem Wasser, die sie später an die französischen Kriegsschiffe übergaben. Als Folge dieses Angriffs gab Dönitz den Befehl heraus, daß in Zukunft keine Rettungsmaßnahmen mehr durchgeführt werden dürften. Dieser Befehl gehörte während des Nürnberger Prozesses zu einem der Anklagepunkte gegen ihn. Er wurde jedoch hiervon freigesprochen.

[5] Siehe Dönitz a. a. O., Seite 469.

GEBRÄUCHLICHE MARINEAUSDRÜCKE

AK = Äußerste Kraft
AO = Artillerieoffizier
Asdic = Britisches Ortungsgerät gegen getauchte U-Boote
Backbord = linke Seite des Schiffes
BdU = Befehlshaber der U-Boote
BRT = Bruttoregistertonne
CB = britische Medaille Companion of the Order of the Bath
CBE = britische Medaille Commander of the Order of the British Empire
CGT (Coast Guard Cutter) = Küstenwachkutter
CTG (Commander Task Group) = Befehlshaber der Task Group
DSC (Distinguished Service Cross) = Verdienstkreuz
DSO (Distinguished Service Order) = Militär-Verdienstorden
entern = klettern
Escort group = Geleitstreitkräfte
FT = Funktelegramm
Hedgehog = Wasserbombenwerfer
HF/DF (High frequency direction finding) = Kurzwellenpeilung
hieven = hochziehen
Klar = im vorschriftsmäßigen Zustand (seeklar, gefechtsklar)
L. I. = Leitender Ingenieur
Luk = Öffnung im Deck eines Schiffes
Messe = Aufenthaltsraum
NO = Navigationsoffizier
Peilung = Richtungsbestimmung
PPI-Radar (Plan position indicator) = Anzeigegerät am Radar-Rundsuchgerät
Radar = Radio detection and ranging
RAF (Royal Air Force) = englische Luftwaffe)
RCAF (Royal Canadian Air Force) = kanadische Luftwaffe
Reling = Brüstung um das freiliegende Deck
Ret. (Retired) = a. D.
Sqdn (squadron) = Fliegerstaffel
Steuerbord = rechte Seite des Schiffes
Task force = Kampfverband
Task group = Kampfverband
Trimm = Schwimmlage des Schiffes
Wabo = Wasserbombe
WO = Wachoffizier
I. WO = Erster Wachoffizier (spr. Eins We O)
II. WO = Zweiter Wachoffizier (spr. Zwei We O)

REGISTER

Bildquellennachweis:

Bibliothek für Zeitgeschichte, Stuttgart; – Canadian Forces photo; – E. C. Armées; – Imperial War Museum; – Musée de la Marine; – National Archives – Navy Department; – Newport News Shipbuilding photo; – Official USCG photos; – Official USN photo; – Annamaria Rapp, Oberreute; – U.S. National Archives; – John M. Waters.